JN278040

明治大学社会科学研究所叢書

フランスの選挙

―その制度的特色と動態の分析―

Shigeru YAMASHITA
山下 茂 著

第一法規

はしがき

　本書は、国・地方を通じる政治の世界に適切な人材を確保するために、どのようにして人材を調達し、育成訓練し、活躍させ、業績評価すればよいか、そのために制度上で工夫できることは何か？という問題意識の上に立ち、さまざまな政治の制度全体の中で、とくに選挙の制度に焦点を当てて見た論稿である。

　筆者の関心は、究極的には我が国における制度設計にある。その参考として、本書では、異なる範疇の選挙ごとに独特の制度的な工夫を組み入れているフランスでの選挙制度を取り上げ、我が国との比較を常に視野に入れつつ、その制度の仕組みと機能を事例を分析しながら解明する。

　この目的を達成するために、本書では、実証データを観察しながら、細かな点を叙述する場合が多いので、お読み頂く読者の方々には、始めから「通読」するのではなく、まず最後の「提言」と「結論」を見て頂くようにお願いしたい。それで興味が湧くようであれば、第4編、第3編と遡上し、そこから制度の説明とその機能を実証する部分である前半部の必要なところだけを斜め読みして頂ければ効率的であろうと推測している。

　フランスで公権力行使に関わる人々の選挙は、我が国でも一般に知られている共和国大統領選挙や国民議会（国会下院）選挙の他に、「コミューン」や「県」（デパルトマン）さらには最も広域的な（いわば「超広域」レベルの）地方自治単位たる「州」（レジオン）の選挙という地方団体の選挙がある。フランスにおける公職選挙では、各統治レベルごとに差異のある独特の仕組みが組み込まれており、選挙の過程や結果にも、そうした仕組みが生む特徴が現れる。

　主要な外国での政治動向については、報道や専門家の研究によって、さまざまな情報を我が国でも得ることが出来るが、政治世界のアクターたちを生

み出し消し去る選挙制度の具体的な仕組みとその実際の作動については、あまり周知されていないように思われる。とくに地方選挙については制度も実態も知られていない。選挙の投票率、党派別得票率、結果たる議席数や、世論調査での支持率についてのヴィヴィッドな情報には関心が注がれやすいが、それらを各国それぞれの方法で関連付けている選挙「制度」については、ごく一部の国について以外は、我が国における制度設計の参考にもなりうるような正確な情報は不足しているのではなかろうか？　英国とも米国とも異なる独自の政治システムを持つフランスについても、そうした事情は変わらないように思う。

　筆者は、西洋キリスト教暦での20世紀末から21世紀初頭の4年ほどの間、（財）自治体国際化協会のパリ事務所長として、フランスに滞在した。その間、共和国大統領から小さな村の議員まで、各種の選挙が折々に執行され、フランスの選挙制度が果たす機能を実際に観察する機会が生まれた。本書は、その経験を生かして、それらの選挙の結果についての具体的な事例の分析を通じて、特色あるフランス選挙制度の仕組みを具体的に理解するとともに、その制度の働き方を動態的に解明しようとするものである。

　叙述する内容は、小は小さなコミューンから大は欧州議会に至るまで、フランスにおける各統治レベルでの選挙制度の仕組み方を理解することと、それを基盤にした有権者の党派支持と投票行動そして政治勢力の離合集散が、選挙執行の結果たる議席配分や勢力関係等に与える影響を中心とする。そのうえで、選挙制度が、フランスの政治世界における人材調達にどのような効果をもたらしているか、我が国との比較において、どのような注目すべき特色をもっているかを解明し、結論として、我が国での選挙制度の設計に参考にしうる点は何かを論じていく。これだけでも、ご覧のとおりの分量になってしまうのだから、それら以外に関する叙述は、必要な場合のみに限り、ごく簡略にする。

　なお、選挙などの制度が持つ機能を説明するために、各政治勢力に対して「左」「右」「極右」「極左」などマスコミ的な「分かりやすい」レッテルを便

宜上の理由から貼りつける。読者はこの点とくに留意して頂きたい。そのよう..な区分をした場合は、通常、「左」の中に社会党（PS）、共産党（PCF）そして緑の党が含まれ、「右」には保守・中道系のUMP（シラク派。かつてのRPRが中心）やUDFが、「極右」にはル・ペンの率いる国民戦線（FN）などが含まれる。マスコミでは、こうした主要な政治勢力以外の少数党派は、統計上で「諸派」と一括りにされたりする。また、各マスコミ自体の政治的な立場の違いもあって、同一の当選者や「党派」が、「極左」から「極右」まで1列に並べた画一的な1次元だけのモノサシのうえで、どのあたりに位置するのかの判断も食い違い「集計」データが違う。それは使う「モノサシ」自体の単純さの孕む問題でもある。しかし今日なお、フランスでも、政治状況を論じる場合に、政治家自身を含めてごく当たり前に使われている尺度ではあるから、本書でも便宜上の理由から「左」「右」の1次元的区分を利用していく。

　本書では、基本的に、フランス国内で発行されている全国紙に掲載された各種選挙についての記事やデータ、関係諸法令の規定、国会両院や中央政府の公刊印刷資料とホームページなど、公知の事実についての情報を原資料としている。選挙結果についてのデータや政治過程の実例についての情報は、ほとんど全てが、フランスの有力日刊紙である『ル・モンド』（Le MONDE）、『ル・フィガロ』（Le FIGARO）、『レ・ゼコー』（Les ECHOS）のいずれかに依拠している。掲げた図や表は、とくに断らない限り、そうしたデータを元にして、比較対照や分析検討をしやすいように、筆者が適宜整理してまとめたものである。政治家の経歴や現職等については、仏国内での基本的な情報源として関係者に利用されている公刊資料のうち、主として2003年版までの『Bottin des communes』、『Guide du pouvoir』、『Profession politique : le guide』を参照するとともに、インターネット上で地方団体など公的機関が提供している情報を利用している。

　そのような事情から、以下の叙述では、多くの場合、それぞれの選挙が執行された時点あるいは2003年時点までの情報を記載している。たとえば登場

する政治家たちは、選挙での当落や立場の変化があり、論述の中で示した地位がその直後に変わったりしているが、本書はフランス政治の動向自体を追跡することを主目的としたものではなく、政治家たちの動きは、各選挙の制度と動態を理解しやすくするために記されているに過ぎないので、むしろ選挙執行時点での情報を引照するようにしている。この点、政治の動きそのものを追跡している方々は、とくにご留意頂きたい。なお2007年に予定される共和国大統領選挙の有力候補者たるサルコジ（中道・右派）とロワイヤル（左派）の2人については、最近までの若干の情報を追加してある。

　本書の大部分の元となった原論稿は次の3つである。執筆順に列記すると、
・山下茂　「フランス地方自治管見―政治家を人材調達、育成訓練、業績評価する制度的工夫」、月刊『地方自治』第653号〔平成14年4月号〕所収
・同　　　「フランス選挙制度の特色と動態―地方選挙を中心として」(1)～(12)、月刊『自治研究』（良書普及会～第一法規）第78巻第12号〔平成14年12月号〕～第80巻第4号〔16年4月号〕所収
・同　　　「フランスの「州」選挙制度―その特色と動態―」、毎年刊『ガバナンス研究』No.2、〔2005年〕、明治大学大学院ガバナンス研究科紀要所収。

　今回、一書にまとめるにあたっては、内容が重複する部分は整理し、全体を統合したうえで体系的にした。「国政選挙」を先に置いて、大統領、国民議会、上院の順に叙述し、その後に「地方選挙」について、コミューン、県、州の順に叙述し直している。ただ、制度についての叙述の重点は、我が国には十分に知られていない地方選挙の部分にあることは、元の3論稿におけると変わっていない。

　なお本書にまとめるに際して、少しでも読みやすくするため、『自治研究』の連載で提示した事例のうち、いくつかは削除した。削除した事例（および

はしがき

その事例としての意義)は、本書の末尾(参考文献等のうしろの〔付録〕)にリストにして示してあるので、より詳細な情報を参照して下さる読者は、お手数ながら原論稿の該当部分を参照頂きたい。

　地方選挙制度自体や選挙管理事務の実態については、(財)自治体国際化協会から発刊されているクレア・レポートNo.105「フランス地方選挙のあらまし」(1995年7月)、および同No.222「フランス地方選挙の制度と実態―コミューン議会議員選挙・県議会議員選挙―」(2001年11月)を、また選挙制度と不即不離の関係にある地方団体の内部組織などについては同協会刊『フランスの地方自治』(平成14年1月刊)をも参照されたい。これらは筆者が所長として勤務していた同協会パリ事務所において、それぞれ関係資料などの情報収集や現地での実地調査等を踏まえてとりまとめたものであり、後2者については、著述の全体構成から訳語選択まで含めて筆者自身が仕事上の責任を負っている。

　それらの刊行物は、我が国の地方行政関係者への情報提供を主目的とするという性質から、実務的な観点からの制度と実態の説明を中心としており、制度の持つ政治的な機能や選挙を巡る政治過程などには言及していない。本書は、そのような制約を離れて論点を設定し、実態の解明に加えて、筆者の個人的な見解まで含む分析を試みている。したがって言うまでもなく、本書自体は筆者の個人的な論稿である。

　本書は、明治大学の社会科学研究所の学術研究叢書(略称「社会科学研究所叢書」)の一つとして、大学からの出版助成を頂くことによってはじめて公刊しえたものである。平成16年4月に新しく発足した公共政策大学院ガバナンス研究科の教授に就任してから日が浅い筆者に、このような機会を頂いたことは、ひとえに中邨章副学長・大学院長をはじめとする学内各位のご配慮の賜物であり、厚く感謝申し上げたい。

　また、現今の厳しい出版事情の中にもかかわらず、本書の元となった論稿を12回にもわたり月刊専門誌『自治研究』に掲載して頂いたうえ、このよう

な単行本の形での出版までもご快諾頂いた（株）第一法規の各位には、格別のご理解とご協力に敬意と感謝の念を捧げさせて頂きたい。出版にあたって筆者の我がままを形にして下さった佐藤香氏、山崎嘉絵氏の御二人には、とくに御礼申し上げたい。

　原論稿の『自治研究』への連載のうち始めの2回は、大正時代末以来の発行所たる良書普及会によって同誌が発行されていた最後の時期になった。筆者は、昭和52年12月号以降断続して46回に及ぶ「英国の地方自治」と題する論稿の掲載を端緒として、主要な論稿は同誌を発表の場とさせて頂いてきた者であり、同誌なかりせば、筆者の今日の立場も無かった。日本国政府派遣による英国留学から帰国して間もない若輩者のうちから、伝統と権威ある同誌に発表の機会を与えて下さった今は亡き河中一学同会社長から頂いた長年にわたる御理解あればこそである。拙い内容ながらも単行本となる本書を、その御恩に報いる御報告の一つとさせて頂く。

　『自治研究』は、良書普及会の解散後、（株）第一法規がその刊行を引き継いで下さった。筆者の原論稿が無事に完了に至ったのも、そのお蔭である。そもそも同誌の刊行が継続されていなければ、原論稿自体が完了しなかった。この点からも（株）第一法規には改めての深甚な感謝の念を捧げたい。

　さらに、筆者にフランスで仕事する機会を与えて下さった旧自治省と（財）自治体国際化協会の上司・同僚各位、在仏中に御厚誼頂いたフランスの地方自治関係者各位に感謝したい。最後に私事ながら、4年に及んだ単身赴任期間中も筆者を支え続けてくれた妻栄美と2人の娘たちへの感謝の気持ちを記すことをお許し頂きたい。

平成19年1月　神田駿河台にて　　　　　　　　　　　山下　茂

フランスの選挙
―その制度的特色と動態の分析―

はしがき

■目　次■

序　　フランスにおける選挙のあらまし …………………………………… 1
　　第0−1章　21世紀初頭における各種選挙の執行状況 …………… 1
　　第0−2章　各選挙のあらまし：それぞれの注目点 ……………… 4
第1編　国政選挙 ……………………………………………………………… 17
　　第1−1章　国の統治構造と公選職 ………………………………… 17
　　第1−2章　共和国大統領の選挙 …………………………………… 18
　　第1−3章　国民議会（国会下院）の選挙 ………………………… 26
　　第1−4章　国会上院の選挙 ………………………………………… 42
　　第1−5章　「補充人」制度 ………………………………………… 44
　　補　論　　　欧州議会議員選挙 ……………………………………… 49
第2編　地方選挙 ……………………………………………………………… 53
　　第2−1章　地方団体の自治組織構造と公選職 …………………… 53
　　第2−2章　コミューンの選挙 ……………………………………… 55
　　第2−3章　3大都市の選挙 ………………………………………… 85
　　第2−4章　コミューン選挙の無効による「やり直し」 ………… 99
　　第2−5章　コミューン間広域行政組織の選挙 ………………… 105
　　第2−6章　県（デパルトマン）の選挙 ………………………… 119
　　第2−7章　州（レジオン）の選挙 ……………………………… 132
　　第2−8章　異なる範疇の選挙の同時実施 ……………………… 148
第3編　公選職への人材調達 ……………………………………………… 157
　　第3−1章　公選職の兼任 ………………………………………… 158

(7)

第3－2章　政治家たちのたどる道筋 ……………………………167
　第3－3章　一般被用者の公選職進出に際しての法的身分保障 ……178
第4編　フランス選挙制度の特色 ………………………………………189
　第4－1章　選挙制度を見る視点 …………………………………189
　第4－2章　フランス選挙制度の特色 ……………………………192
結　論　政治エリートを磨き育てるフランス選挙制度 ………………217
提　言　制度ならば改革できる …………………………………………221
〔参考文献等と原論稿〕……………………………………………………225
〔索　引〕……………………………………………………………………229

目 次

■細目次■

序　　フランスにおける選挙のあらまし ………………………… 1

第0－1章　21世紀初頭における各種選挙の執行状況 ………… 1
　0－1－1節　2001年から2004年で一巡した各種選挙 ………… 1
　0－1－2節　2回投票制での投票データ分析に際しての留意点 … 2
第0－2章　各選挙のあらまし：それぞれの注目点 …………… 4
　0－2－1節　2002年春共和国大統領選挙 ……………………… 4
　0－2－2節　新首相の任命（2002年5月のケース） ………… 5
　0－2－3節　国民議会（国会下院）総選挙 …………………… 6
　　(1) 選挙制度の概略 ……………………………………………… 6
　　(2) 実際の状況と結果 …………………………………………… 6
　　(3) 第1回目の投票 ……………………………………………… 7
　　(4) 第2回目の投票 ……………………………………………… 7
　0－2－4節　国会上院議員選挙 ………………………………… 8
　　(1) 選挙制度の概略 ……………………………………………… 8
　　(2) 実施状況と結果 ……………………………………………… 9
　0－2－5節　地方選挙（2001年春の統一選挙）―コミューンと県
　　………………………………………………………………………10
　　(1) 地方選挙制度の概略 …………………………………………11
　　(2) コミューン議会の選挙 ………………………………………12
　　(3) 県議会の選挙 …………………………………………………13
　0－2－6節　州議会の選挙（2004年春の統一選挙） …………14
　　(1) 選挙制度の概略 ………………………………………………14
　　(2) 実施状況と結果 ………………………………………………15

第1編　　　国政選挙 …………………………………………………17

　第1－1章　　国の統治構造と公選職　……………………………17
　第1－2章　　共和国大統領の選挙　………………………………18
　　1－2－1節　2002年春共和国大統領選挙　……………………18
　　　(1)　大統領選挙1回目の投票結果　………………………………18
　　　(2)　大統領選挙2回目（決選）投票の状況と結果　……………20
　　1－2－2節　選挙結果の解釈：「極右」勢力は抑制されたのか？ …21
　　　(1)　得票率は低下したが得票は増加　……………………………21
　　　(2)　2回の投票の間における票の「移行」　……………………22
　第1－3章　　国民議会（国会下院）の選挙　……………………26
　　1－3－1節　国民議会議員選挙は「小選挙区単記式2回投票制」…26
　　1－3－2節　中道・保守系政治家たちの状況　………………26
　　　(1)　ボルドーのジュペ：保守合同の成果で順当に当選　………26
　　　(2)　ストラスブール：市関係3選挙区で勝敗が分かれる　……27
　　　(3)　エクス・アン・プロヴァンス：2回投票制が世代交代を実現 ……30
　　　(4)　リヨン：分裂を回避した保守が4区すべてを確保　………30
　　1－3－3節　左派政治家たちの状況　……………………………32
　　　(1)　ナントのエイロー：1回目投票で当選　……………………32
　　　(2)　ソーミュールのマルシャン：2回目に団結した「右」に敗退 ……32
　　　(3)　リールのオブリ：衝撃的な敗北　……………………………33
　　　(4)　ジョスパン連立左派内閣時代の閣僚たち　…………………35
　　1－3－4節　「極右」の状況――決選進出とその結果　………37
　　1－3－5節　「三つ巴」決選の行方　………………………………38
　　　(1)　全体的状況　……………………………………………………38
　　　(2)　2回投票の間で順位が変動した事例：「ガール県第2区」………40
　第1－4章　　国会上院の選挙　……………………………………42
　　1－4－1節　2001年9月上院議員選挙時点の選挙制度　………42

(10)

1－4－2節　上院選挙制度の改革 …………………………42

　　　1－4－3節　2004年9月上院議員選挙の結果 ……………43

　第1－5章　「補充人」制度 ………………………………………44

　　　1－5－1節　「補充人」制度の存在理由 ……………………44

　　　1－5－2節　補充人による穴埋め ……………………………45

　　　1－5－3節　補充人と本人の関係 ……………………………46

　　　（1）ベルフォールのシュベーヌマン元内相 …………………46

　　　（2）ストラスブールのトロットマン元文化相 ………………47

　　　（3）リールのオブリ元雇用・連帯相ほか …………………48

　　　（4）順当に復帰当選した元閣僚たち ………………………48

　補　論　欧州議会議員選挙 …………………………………………49

　　補－1－1節　フランスにおける欧州議会議員選挙の制度 …………49

　　補－1－2節　2004年6月の欧州議会議員選挙 …………………50

　　　（1）フランスにおける欧州議会議員選挙の結果 ………………50

　　　（2）欧州全体での結果 …………………………………………52

第2編　地方選挙 ………………………………………………………53

　第2－1章　地方団体の自治組織構造と公選職 …………………53

　第2－2章　コミューンの選挙 ……………………………………55

　　　2－2－1節　コミューン選挙の制度 ………………………55

　　　（1）任期、議席数、選挙区 …………………………………55

　　　（2）選挙方式と投票方式 ……………………………………55

　　　（3）「多数派プレミアム」の機能 …………………………61

　　　2－2－2節　「非拘束名簿式（完全連記可能）2回投票多数決制」

　　　　　　　　　の選挙：小規模コミューン ……………………63

　　　（1）事例1「S村」の概略 …………………………………63

　　　（2）第1回目向け候補者名簿：「B派」対「F派」 …………64

　　　（3）第1回目の投票結果：B派の大勝で大勢決着、残りは3議席 ……64

(4)　第2回目向け候補者名簿 ……………………………………67
　(5)　第2回目の投票結果：残り3議席はすべてF派に ……………68
2－2－3節　「拘束名簿2回投票式比例代表併用多数派プレミアム制」
　　　　　の選挙 …………………………………………………………70
2－2－4節　コミューン選挙の事例2：1回目で「左」が「政権」維持
　　　　　……………………………………………………………………71
　(1)　事例2「ナント市」の概略 …………………………………71
　(2)　今回も第1回目の投票で決着――「左」連立名簿が勝利し「政権」維持
　　　 ……………………………………………………………………71
　(3)　市政「政権」の党派構成 ……………………………………73
2－2－5節　コミューン選挙の事例3：1回目で「右」が「政権」維持
　　　　　……………………………………………………………………74
　(1)　事例3「ボルドー市」の概略 ………………………………74
　(2)　今回も第1回目の投票で決着――「右」連立名簿が勝利し「政権」維持
　　　 ……………………………………………………………………74
　(3)　市政「政権」の党派構成 ……………………………………76
2－2－6節　コミューン選挙の事例4：1回目投票で「政権」交代
　　　　　……………………………………………………………………76
　(1)　事例4「マコン市」の概略 …………………………………76
　(2)　「一騎打ち」は「右」が一本化で奪回 ……………………77
2－2－7節　コミューン選挙の事例5：2回目に「左」が勝利して
　　　　　「政権」維持 ……………………………………………………77
　(1)　事例5「リール市」の概略 …………………………………77
　(2)　前回同様、2回目に「左」が名簿融合して勝利し「政権」維持 …78
　(3)　市政「政権」の党派構成 ……………………………………80
2－2－8節　コミューン選挙の事例6と事例7：2回目で「政権」交代
　　　　　……………………………………………………………………81
　(1)　コミューン選挙の事例6：「左」が分裂し、「右」に「政権」……81

(2)　コミューン選挙の事例7:「右」が融合して、ぎりぎり勝利 ………83

第2－3章　3大都市の選挙 …………………………………85
2－3－1節　リヨン市 ……………………………………85
　(1)　「リヨン市」の概略 ……………………………………85
　(2)　大都市選挙「リヨン市」の事例:「左」が「逆転」し「右」長期支配を破る ……………………………………………85
2－3－2節　首都パリ ……………………………………93
　(1)　「パリ」の概略 …………………………………………93
　(2)　大都市選挙「パリ」の事例:「右」の分裂に乗じ、団結した「左」が政権を奪取 ……………………………………93
　(3)　区での状況 ……………………………………………98

第2－4章　コミューン選挙の無効による「やり直し」 ………99
2－4－1節　コミューン選挙（2001年春）の「無効」 ………99
2－4－2節　ヴィトロールでのやり直し再選挙（2002年秋）……100
　(1)　「ヴィトロール」への注目 ……………………………100
　(2)　「ヴィトロール」2001年春コミューン選挙 ……………100
　(3)　「ヴィトロール」2002年秋やり直し再選挙 ……………102
　(4)　やり直し再選挙での政治動態 ………………………103

第2－5章　コミューン間広域行政組織の選挙 …………105
2－5－1節　コミューン間広域行政組織の重要性 ………105
2－5－2節　広域行政組織の管理運営形態 ………………106
2－5－3節　代議員の選出 ………………………………106
2－5－4節　広域行政組織の首長等の選挙 ………………107
　(1)　2001年春・広域行政組織執行部選挙の概略 ……………107
　(2)　広域行政組織選挙の事例1:「順当」な事例 ……………109
　(3)　広域行政組織選挙の事例2:「ねじれ」の事例 …………110
　(4)　広域行政組織選挙の事例3:地方での「左右共生」の事例 ……112
　(5)　同一党派内で中心市と広域とを分配:ストラスブールとリールの事例

　　　　……………………………………………………………………………………116
第2−6章　県（デパルトマン）の選挙 ………………………………119
　2−6−1節　県議会選挙制度と2001年春統一選挙 …………………119
　2−6−2節　統一県議会選挙の結果：2001年春の全体像 …………119
　　(1)　県レベルでの「政権」を支える「党派」把握の困難性 ……………119
　　(2)　全体的な結果の概括 …………………………………………………120
　2−6−3節　県議会選挙の事例1：県政権が「左」から「右」に交替
　　　　……………………………………………………………………………122
　　(1)　事例1「アリエ県」の概略 …………………………………………122
　　(2)　アリエ県議会議員選挙の概括 ………………………………………122
　　(3)　選挙区ごとの状況：その1「アリエ県・ムーラン南」選挙区 ……124
　　(4)　選挙区ごとの状況：その2「アリエ県・ヴィシー北」選挙区 ……125
　　(5)　「左」が勝利した選挙区での状況 …………………………………126
　2−6−4節　県議会選挙の事例2：県政権が「右」から「左」に交替
　　　　……………………………………………………………………………127
　　(1)　事例2「イゼール県」の概略 ………………………………………127
　　(2)　イゼール県議会議員選挙の概括 ……………………………………127
　　(3)　選挙区ごとの状況：その3「イゼール県・グルノーブル第5」選挙区
　　　　……………………………………………………………………………128
　2−6−5節　議会での勢力伯仲が首長互選に及ぼす影響 …………129
　　(1)　「年長者」の首長就任 ………………………………………………129
　　(2)　鍵を握る「諸派」 ……………………………………………………130
第2−7章　州（レジオン）の選挙 ……………………………………132
　2−7−1節　州議会選挙制度 ……………………………………………132
　　(1)　選挙制度とその改革 …………………………………………………132
　　(2)　現行の州議会選挙制度 ………………………………………………133
　　(3)　州議会選挙での「多数派プレミアム」 ……………………………137
　2−7−2節　州議会選挙の事例 …………………………………………137

(1)　オーヴェルニュ州の概略 ……………………………………138
　　　(2)　オーヴェルニュ州の選挙結果総括 ……………………………138
　　　(3)　県区分ごとの結果総括 ………………………………………141
　　　(4)　県区分ごとの状況 ……………………………………………141
　　2－7－3節　全国の状況 ……………………………………………144
　　　(1)　党派間での離合集散 …………………………………………144
　　　(2)　僅差から大差まで ……………………………………………145
　　　(3)　離合集散と勝敗 ………………………………………………147
　　2－7－4節　「勝者」と「敗者」との差 …………………………147
　第2－8章　異なる範疇の選挙の同時実施 ………………………………148
　　2－8－1節　コミューン議会選挙と県議会選挙 …………………148
　　　(1)　ウール県議会選挙（「右」から「左」）…………………………149
　　　(2)　「エヴルー市」での市議会選挙（「左」から「右」）……………149
　　　(3)　エヴルー市内でのウール県議会議員選挙 ………………151
　　2－8－2節　県選挙とコミューン選挙の比較 ……………………152

第3編　公選職への人材調達 ……………………………………………157

　第3－1章　公選職の兼任 ……………………………………………158
　　3－1－1節　兼職を制限するルール ………………………………158
　　3－1－2節　兼職の状況：巨視的な観察 ……………………………162
　第3－2章　政治家たちのたどる道筋 ………………………………167
　　3－2－1節　高級官僚から政治家へ：エリート・コース ………167
　　　(1)　シラク大統領：代表的エリート・コース …………………167
　　　(2)　「左」でも代表的エリート・コースは「高級官僚から政治家へ」
　　　　　　　―ファビウス元首相とオブリ元雇用・連帯相― ……168
　　　(3)　ロワイヤル女史とオランド書記長の場合
　　　　　　　―急速に台頭してきたオシドリ・パートナー政治家― ……170
　　　(4)　県地方長官（官選）から県知事（公選）＆下院議員へ ……………171

(15)

3－2－2節　地方からの叩き上げ …………………………172
　　(1)　ラファラン首相：「現場」の代表 ……………………………172
　　(2)　サルコジ内相（副首相）：弁護士のプロ政治家 ……………173
　　(3)　ドゥルヴォワ公務員・行政改革・地域整備相：文字どおりの叩き上げプロ政治家 ………………………………………………………175
　　(4)　エイロー・ナント市長：ドイツ語教員で議員・市長・下院「社」議員団長に ……………………………………………………176
　　(5)　ピエシュ全仏県連合会会長（アヴェロン県知事）：地方の代表 …177
　第3－3章　一般被用者の公選職進出に際しての法的身分保障 ……178
　　3－3－1節　給与所得者や公務員の公選職への就任 ……………178
　　3－3－2節　国会議員の職業構成 …………………………………178
　　(1)　下院議員の職業構成 ……………………………………………178
　　(2)　上院議員の職業構成 ……………………………………………179
　　3－3－3節　民間被用者や公務員の政界進出に際しての法的な身分保障 ……………………………………………………………180
　　3－3－4節　民間の被用者の場合 …………………………………180
　　3－3－5節　正規の公務員の場合：「派遣」と「休職」…………182
　　3－3－6節　国家公務員の実例 ……………………………………183
　　3－3－7節　官僚＝政治家の「派遣」扱い ………………………184
　　3－3－8節　地方公務員の実例 ……………………………………186
　　(1)　カテゴリーAでの事例 …………………………………………186
　　(2)　カテゴリーBでの事例 …………………………………………187
　　(3)　カテゴリーCでの事例 …………………………………………187
　　3－3－9節　法令による身分保障の効果 …………………………187

第4編　フランス選挙制度の特色 ………………………………………189

　第4－1章　選挙制度を見る視点 ………………………………………189
　　4－1－1節　帰納法による接近 ……………………………………189

目 次

 4−1−2節 いま、我が国での、比較調査研究の切り口 ………190
 4−1−3節 フランスでの特色——我が国とどう違うか？ ……190
第4−2章 フランス選挙制度の特色 ………………………192
 4−2−1節 一般被用者の公選職進出に際しての法的身分保障：特色
     その1 …………………………………………192
 4−2−2節 2回投票制：特色その2 …………………193
 (1) 「多数派」の勝利と「漁夫の利」の防止：2回投票制の機能その1
   ………………………………………………………193
 (2) 公明正大な多数派形成プロセス：2回投票制の機能その2 ………195
 (3) 新人の挑戦が容易に：2回投票制の機能その3 ……………198
 (4) 我が国への教訓 ………………………………………200
 4−2−3節 「多数派プレミアム」：特色その3 ……………200
 (1) コミューンでの「多数派プレミアム」 ……………………200
 (2) 州での「多数派プレミアム」 ………………………………201
 (3) 安定多数派（「機能する多数派」）による行政執行 ………201
 4−2−4節 地方の首長を実質的に「直接」選挙：特色その4　202
 4−2−5節 首長と安定多数派の同時選択：特色その5 ………203
 (1) 首長と安定多数派とを同時に選択 ……………………203
 (2) 小規模コミューン（非拘束名簿式）でも同じ機能 ……………203
 (3) 県議会議員の選挙は小選挙区制 ……………………203
 (4) 州議会議員の選挙へも多数派プレミアム制導入 ……………204
 4−2−6節 地方での行政執行は準「議院内閣制」：特色その6
   ………………………………………………………205
 (1) 多くの公選議員が行政執行責任を担う ……………………205
 (2) 審議機能に「純化」している我が国の地方議員 ……………205
 (3) 政治家を鍛錬・育成する場が少ない我が国 ……………206
 4−2−7節 公選職の兼任：特色その7 …………………206
 (1) 公選職は兼任が普通 ……………………………………206

(2) 公選職兼任の人材調達・養成訓練機能 ……………………207
　4－2－8節　ポストが人をつくる：特色その8 ……………………208
　4－2－9節　「選挙」を改めて考えさせる：特色についての補論
　　　　　　　　　　　　　　　　　　　　　　　……………………209
　　(1) 有権者の「選択の幅」……………………………………………209
　　(2) 投票の「移行」：状況に応じた柔軟な「支持」………………210
　　(3) 投票の「移行」状況 ……………………………………………212
　　(4) 「極左」が「極右」を支持？ …………………………………213
　　(5) 「投票」による「支持」の意味 ………………………………214
　　(6) 「箱庭内砂山」モデル …………………………………………214

結　論　政治エリートを磨き育てるフランスの選挙制度 ……………217

　結論1　立候補のリスクが少ない …………………………………218
　結論2　叩き上げ、磨き上げられる「代表」たち …………………218

提　言　制度ならば改革できる ………………………………………221

　提言1　岩倉具視ご一行の慧眼に学ぶ ……………………………221
　提言2　「政治家稼業」を「賭け」から解放する制度に ……………221
　提言3　実験的取り組みを …………………………………………222
　提言4　制度は我々が創るもの ……………………………………223

〔参考文献等と原論稿〕 …………………………………………………225

〔付録〕本書に掲載していない参考事例〔表〕のリスト ……………227

〔索　引〕 …………………………………………………………………229

目　次

■図表目次■

第1編

〔表-1-1〕2002年春・共和国大統領選挙結果 …………………………………19
〔表-1-2〕2002年春・大統領選挙における投票の候補者間移行（推計例） ……23
〔表-1-3〕2002年6月・国民議会総選挙事例1：バ・ラン県第1区「ストラスブール中央」2002年6月 ………………………………………………28
〔表-1-4〕2002年6月・国民議会総選挙事例2：リヨンにおける各選挙区の決選投票状況比較 ………………………………………………………31
〔表-1-5〕2002年6月・国民議会総選挙事例3：「メーヌ・エ・ロワール県第4選挙区」 ……………………………………………………………33
〔表-1-6〕2002年6月・国民議会総選挙事例4：ノール県第5区「オーブルダンほか」 ………………………………………………………………34
〔表-1-7〕「三つ巴」決選の状況・2002年6月総選挙 …………………………39
〔表-1-8〕2002年6月・国民議会総選挙事例5「三つ巴」決選：ガール県第2区「ヴォーヴェールほか」 …………………………………………41
〔表-1-9〕フランスでの欧州議会議員選挙結果（2004年6月） ………………51

第2編

○コミューンの選挙

〔図-1〕多数派と少数派 ………………………………………………………62
〔表-2-1〕2001年3月コミューン選挙事例1：小規模コミューン「S村」 ……65
〔表-2-2〕2001年3月コミューン選挙事例2：「ナント市」 …………………72
〔表-2-3〕2001年3月コミューン選挙事例3：「ボルドー市」 ………………74
〔表-2-4〕2001年3月コミューン選挙事例5：「リール市」 …………………79
〔表-2-5〕2001年3月コミューン選挙事例6：「ストラスブール市」 ………82
〔表-2-6〕2001年3月コミューン選挙事例7：「エクス・アン・プロヴァンス市」 …………………………………………………………………84

〔表-2-7〕2001年3月大都市選挙「リヨン市」／市議会全体見取り図 …………87
〔表-2-7.その2〕大都市選挙「リヨン市」その2／単純総合計データ ………89
〔表-2-7.その3〕2001年3月大都市選挙事例1：「リヨン市第Ⅲ区」 …………91
〔表-2-7.その4〕2001年3月大都市選挙事例2：「リヨン市第Ⅱ区」 …………92
〔表-2-8〕2001年3月大都市選挙「パリ」／議会全体見取り図 ……………97
〔表-2-8.その2〕2001年3月大都市選挙事例3：「パリ第Ⅳ区」 ……………98
〔表-2-9〕コミューン選挙のやり直し：「ヴィトロール市」（2001年春と2002年秋）
　　　　　………………………………………………………………………101
〔表-2-10〕中心都市と広域組織の首長同士の対比 ……………………………108

○県の選挙

〔表-2-11〕2001年3月県選挙「アリエ県」／県議会全体見取り図 ……………123
〔表-2-11.その2〕2001年3月県選挙事例1：「アリエ県・ムーラン南」選挙区
　　　　　………………………………………………………………………124
〔表-2-11.その3〕2001年3月県選挙事例2：「アリエ県・ヴィシー北」選挙区
　　　　　………………………………………………………………………125
〔表-2-12〕2001年3月県選挙「イゼール県」／県議会全体見取り図 …………128
〔表-2-12.その2〕2001年3月県選挙事例3：
　　　　　　　　「イゼール県・グルノーブル第5」選挙区 ……………129

○州の選挙

〔表-2-13〕州議会議員選挙制度の推移 ……………………………………133
〔表-2-14〕2004年3月州選挙事例／「オーヴェルニュ州」／総括 ……………140
〔表-2-14.その2〕2004年3月州選挙事例その2：
　　　　　　　　オーヴェルニュ州における県区分ごとの得票／獲得議席状況 …142
〔表-2-14.その3〕2004年3月州選挙事例その3：
　　　　　　　　オーヴェルニュ州「ピュイ・ドゥ・ドーム県」区分 ……………143
〔表-2-15〕離合集散の概括：各パターンごとの州の数 ……………………144
〔表-2-16〕2004年3月州選挙／全国総括（仏本土中21州の2回目投票結果）　146
〔図-2〕多数派と少数派（「州」選挙の場合） ……………………………148

目　次

○異なるレベルの同日選挙
〔表-2-17〕2001年3月コミューン選挙事例8：「エヴルー市」 …………150
〔表-2-18〕2001年3月県選挙事例4：「ウール県・エヴルー南」選挙区 ……152
〔表-2-19〕2001年3月県選挙事例5：「ウール県・エヴルー東」選挙区 ……153

第3編
〔表-3-1〕公選職にかかる兼職制限一覧（2003年5月現在） …………159
〔表-3-2〕国会議員の公選職兼任状況（1994年10月現在） …………162
〔表-3-3〕国会議員と地方公選職の兼任状況（2003年7月現在） ……………164
〔道筋表-1〕シラク大統領の道筋一覧表 …………………………168
〔道筋表-2〕ファビウス元首相の道筋一覧表 ………………………169
〔道筋表-3〕オブリ女史（リール市長）の道筋一覧表 ………………169
〔道筋表-4〕ロワイヤル女史（元環境相）の道筋一覧表 ……………170
〔道筋表-5〕マルタン元地方長官・現県知事の道筋一覧表 …………171
〔道筋表-6〕ラファラン首相の道筋一覧表 …………………………173
〔道筋表-7〕サルコジ内相の道筋一覧表 ……………………………174
〔道筋表-8〕ドゥルヴォワ公務員・行政改革・地域整備相の道筋一覧表 ……175
〔道筋表-9〕エイロー・ナント市長の道筋一覧表 ……………………176
〔道筋表-10〕ピエシュ全仏県連合会会長（アヴェロン県知事）の道筋一覧表　177
〔表-3-4〕下院議員の職業構成（2003年8月現在） …………………178
〔図-3〕名簿「融合」による多数派形成と投票の党派間移動
　　　　（1995年エクス・アン・プロヴァンス市議会選挙） …197
〔図-4〕投票の候補者間移行（2002年大統領選挙での推計） …………211
〔図-5〕政党支持の「箱庭内砂山」モデル（イメージ図） …………215

(21)

序　フランスにおける選挙のあらまし

　この序論では、本題に入る前に、読者各位の興味を喚起し、それぞれに疑問や問題意識を持って頂くため、仏国内や我が国でのマスコミの報道ぶりも参考にして、ジャーナリスティックで単純化された表現もあえて含めながら、簡単に各選挙の結果を概観しておく。取り上げる順序は、選挙の執行日の順序ではなく、国政選挙を先にして、その後に地方選挙をおくという、本書の叙述の順序に従う。本書は選挙制度の仕組みと働きを具体的に解明しようとするものであるから、選挙結果に示された政治情勢自体については、格別に話題にするものではない。そのため、ここでは、以下の選挙制度についての叙述に繋がるような情報をかいつまんで記録しておくに止める。

第0―1章　21世紀初頭における各種選挙の執行状況

0―1―1節　2001年から2004年で一巡した各種選挙

　フランスでは、21世紀初頭の西暦2001年3月から2004年3月にかけて、国内統治機構上すべての種類の選挙が執行された。この間、実施された順に選挙期日を列記すると、

① 　コミューン議会議員選挙：第1回投票日＝2001年3月11日（日）で、1週間後に第2回投票日＝同年同月18日（日）、
② 　県議会議員選挙：コミューンと同時に実施、
③ 　国会上院議員選挙：2001年9月21日（金）。その前段として、コミューン議会において、上院議員選挙のための選挙人団に加わるコミューン代表選挙人を8月31日までに選出、
④ 　共和国大統領選挙：第1回投票日＝2002年4月21日（日）で、2週間後に第2回投票日＝5月5日（日）、

⑤ 国会下院（国民議会）総選挙：第1回投票日＝2002年6月9日（日）で、1週間後に第2回投票日＝6月16日（日）、
⑥ 州議会議員選挙：第1回投票日＝2004年3月21日（日）で、1週間後に第2回投票日＝3月28日（日）。なお「県」議会選挙も同時に執行。
〔補〕欧州議会議員選挙：2004年6月13日（日）（1回のみの投票）

であった。これらの全国統一実施のものに加え、補欠選挙もしばしば、また時には「やり直し」の選挙も行われる。また、コミューンの統一選挙の後には、各種のコミューン・レベル広域行政組織の代議員選挙（間接選挙）などが行われる。

　フランスにおける公職選挙では、一般に「2回投票制」が採用されていると同時に、「選挙区」設定やコミューンにおける「多数派プレミアム」（筆者独自の訳語。後述）など、各統治レベルごとに差異のある独特の仕組みが組み込まれており、選挙の過程や結果にも、そうした仕組みが生む特徴が現れる。以下では、我が国では必ずしも熟知されていないように思われる地方選挙を中心に、フランスにおける各レベル選挙の仕組みの特徴とその実際の機能について、実例を紹介しながら解明していきたい。

０−１−２節　２回投票制での投票データ分析に際しての留意点
　統一地方選挙の場合も同じであるが、フランスの選挙結果データを分析する際には、2回投票制に起因する特有の難問があることに、ここで注意喚起しておきたい。すなわち、
ア）第1回目の投票は、有権者が必ずしも「本番」と見ておらず、政治指導者や政党への支持状況を十分には反映しない。とりあえず「棄権」して、様子見をする有権者も多いため、弾力的で粘り気のない政党支持はデータに現れにくい。
イ）1回目に決着しないでも、票差が開いて有権者の目に「勝負あった」と見えるような場合には、2回目の投票で「棄権」が増加しがちであり、そうした粘り気のない支持はデータに反映されなくなる。

ウ）接戦になるなど、2回目に有権者の真剣味が高まる場合でも、1回目の結果を見て政治勢力間で合従連衡する結果、候補者が新しい「党派」名の衣を着て登場したり、異なる党派間で票の「寄託」（移行）が行われるため、「元来」の党派支持が直線的に反映された投票結果にはならない。

エ）決選投票に残れなかった候補者や党派を「堅く」一直線に支持している粘り気の多い有権者の場合は、残った候補者のうちで政治的な立場の近い方に票を「移行」することすらせずに、「棄権」したり、「白票」等の無効票を投じがちである。

オ）また、1回目で早々と決着した選挙区では投票が行われないため、全国集計すると、各党派の安定した地盤におけるデータが含まれないことになる。

　したがって、「様子見」になりがちな1回目でも、また「本番」たる2回目でも、全国データが政治状況の巨視的な分析には不十分なものにしかならない。筆者自身は、それは有権者の政党や候補者への「支持」は粘り気が多く直線的な性質のものではない、という本来的な性質から来る問題であって、それが政治に「民意を反映」させる選挙の制度を組み立てるうえで非常に重要な観点を提示すると考えるが、この点については後ほど（4－2－9節）議論する。

　結局、1回目、2回目のどちらを使うにしても、巨視的な全国データを数量的な解析にかけることによって政治動向の分析を進めようという場合には、統計的なデータ処理の手法自体がいかに精緻なものであっても、扱っている肝心の投票データ自体が政治の実態を的確に反映しているとは言い難いことから来る欠陥を免れないのである。それもあって、本書では、一般のフランス政治談義で行われるような巨視的な議論は出来る限り避け、むしろ制度の動態を分析的に観察して、その特色を理解することを主眼としているのである。

第０―２章　各選挙のあらまし：それぞれの注目点

０―２―１節　2002年春共和国大統領選挙

　2002年の４月から５月にかけて大統領選挙実施。今回改選の大統領からは任期が５年（従前７年）に短縮された。途中のプロセスでは予想外の展開もあり、仏国内ばかりか世界中を驚かせた。２回投票制で、４月21日（日）が第１回、その２週間後の５月５日（日）が第２回投票（決選投票）であった（次回は2007年で、１回目＝４月22日、２回目＝５月６日）。５年前の国民議会（下院）総選挙以来、左右「共存」（原語＝コアビタシオン〔cohabitation〕）してきたシラク大統領（保守系）とジョスパン首相（社会党。左派連立内閣の首班）の２人を軸に、極左から極右まで16人もの立候補者があった。情勢は混沌。新聞等で最有力と予想されたシラク、ジョスパン両氏への有権者の支持は伯仲。ところが、いざ投票が行われて見ると、大方の予想を裏切って、１回目で「極右」とレッテルを貼られるル・ペン氏がジョスパン首相を抜いて第２位につけ、フランス第５共和制下で初めて、決選投票に左派候補者が進むことが出来ず、「中・右」の現職シラク氏と「極右」のル・ペン氏との一騎打ちとなった。

　２回目に向けては、反「極右」の大同団結が実現して、シラクの圧勝につながり現職で再選。決選投票の結末は、シラク約82％、ル・ペン約18％であった。第１回目の投票で第３位に甘んじ決選投票に進めなかったジョスパン首相は、敗北の責任を取って辞任（１回目の結果が大方判明した直後に辞意を表明し、「２回目で新大統領が確定し次第、首相を辞任する」旨を公言。この場合、大統領選「立候補」だけでは自動的に首相辞任ではないことに注意）することとなり、政界からも（一応は？）引退した。

　この大統領選挙でのル・ペン候補（ＦＮ＝「国民戦線」＝極右）の予想外の躍進ぶりから見て、６月の国会下院総選挙が大問題となった。大統領選挙の投票結果をきわめて単純に下院の仏本土555小選挙区に当てはめて推計した総選挙動向予測が新聞に出たりしたが、それを見ても極右勢力の躍進可能性

は高くなっていた。下院選挙の決選投票は「三つ巴」以上になりうる制度であるから、実際に極右が議席を獲得する選挙区も多くなりうる。

0－2－2節　新首相の任命（2002年5月のケース）

　大統領選挙での予想外の敗北をうけて、ジョスパン首相が辞職（政界からも引退）した直後、再選を果たしたシラク大統領は「左右共存」ではなく、自らの陣営に属する新首相とその大臣たちを任命した。新首相に任命されたのは、中道・保守系でポワトゥ・シャラント州の州議会議長（＝州知事）かつ国会上院議員（兼任）でもあるラファランで、さっそく組閣に入り新内閣が誕生。「コアビタシオン」は解消し、少なくとも当面（6月総選挙の結果が分かるまで）大統領と政治的な立場を同じくする大臣たちで国家行政が進められる体制になった。

　大統領選挙はあったものの、国会の方は、まだ以前の勢力分野のまま、つまり社会党の首相を左派が連立して支えているときと同じ党派構成のままの段階で、どうして多数党派でない保守系から、しかも下院議員でない人が首相になれるのか？

　実際には仏第5共和制憲法に書いてあるとおり、単に大統領が手早く任命し、それを大統領官房長官が発表しただけで、他には何も公式の手順はなかった。ラファランはRPR（共和国連合・シラク派）など政党の党首でもなく、その党首のアリオ・マリ女史は初の女性国防大臣に就任。憲法には「大統領は首相を任命する。〔中略〕大統領は、首相の提案に基づき、他の閣僚を任命し、…」（第8条）としか書いていない。そのとおりであった。文理上は国会の多数派だろうと少数派だろうと構わない。6月の総選挙が終わるまでは、国会は開会されず、法案審議もないから、国会の多数派でなくとも当面の仕事に支障がない。実際に今回は、大統領選挙の状況からして、国民議会の勢力地図がどうであろうと、シラク支持勢力内部から選任することが国民に当然視されていた。

0－2－3節　国民議会（国会下院）総選挙

2002年6月9日とその1週間後の16日（いずれも日曜日）には「国民議会」（Assemblée nationale）すなわち国会下院の総選挙が行われた。

(1) 選挙制度の概略

議員定数は、仏本土から555名、海外領土から22名の合計577名。任期5年（次回は2007年で、1回目＝6月10日、2回目＝6月17日）。選挙は小選挙区単記式2回投票制で、2回目に進む資格があるのは1回目で登録有権者数（inscrits）の12.5％以上を得票した者である。それが2名以上いない場合は第2位の者までが進出する。2回目には（実際には1回目から）各選挙区事情に応じた多数派工作がなされ、選挙区ごとに相対多数を獲得した者が当選。小選挙区制と2回投票制とが複合的に機能する。

(2) 実際の状況と結果

今回の場合、選挙戦開始の段階での新聞等の予測は、大統領選挙でのル・ペン候補の予想外の躍進ぶりから見て、総選挙でも「極右」勢力の躍進可能性は随分と高くなりうるというものと、ほとんど可能性は無いというものとに分かれていた。下院選挙の決選投票（第2回目の投票＝6月16日）は三つ巴以上になりうる制度であるから、実際に極右が議席を獲得する選挙区も多くなりうる。大統領選挙の場合には、決選投票の際に「極右」が影響力を増すことを是が非でも阻止するために、中道・保守系党派ばかりか、社会党や共産党、緑の党に至るまで、決選投票でのシラクへの投票を呼びかけた。しかし、全国あちらこちらで、長年さまざまな人間模様が織り成されてきた下院選挙では、たとえ中央が指令しても、そう簡単に伝統的な敵同士が手を握り合えるわけではない。

結果だけから見ると、今回は、再選を果たしたシラク大統領のもとへの結集という旗印の新しい中道・保守系「大統領多数派連合」（略 UMP＝Union pour la majorité présidentielle）結成に成功した中道・右派グループの圧倒的勝利に終わった。それをうけて、大統領選挙直後に新首相に任命されたラファランが、直ちにシラク大統領から再任され、新しい組閣をして、

序　フランスにおける選挙のあらまし

いよいよ本格稼動開始。

(3) 第1回目の投票

　第1回目の投票では、全国をマクロに総計して、新聞等によってレッテルの貼り方に差があるが、おおまかに言えば「保守・中道」陣営が44％程度の得票率を得、「左派」陣営の36％を8ポイント上回った。この得票差は、小選挙区2回投票制の下で、相対多数派が今回の「中道・保守系」のように大同団結に成功する場合には、きわめて「大きな」得票差になり、それが獲得議席数の差に顕著に現れることになる。

　また、注目された「極右」陣営の得票率は、FN（国民戦線）11.12％（287万3千票）、MNR（共和国民運動）1.08％（27万8千票）、その他「極右」0.25％で、大統領選挙の第1回目に遠く及ばない結果となった。FNが第2回目の投票にまで進出しえたのは37選挙区。なお、棄権率が35.59％と高くなり、1958年スタートの第5共和制下で最高を記録した。

　第1回目で当選が確定したのは合計58人で、その所属党派はUMP＝46人、UDF＝6人、DL＝2人、社会党＝2人などで、大部分が保守・中道系であった。

(4) 第2回目の投票

　第2回目の投票（決選投票）は、第1回目で当選が確定した58区を除く519議席についての決選投票となった。1回目で「決戦」進出に必要なだけの得票を得られなかった候補者は撤退する上、決選投票へ向けての一層の多数派工作があって、生き残った候補者の所属「党派」名も変わることもある。したがって2回目の投票結果だけを独立に取り上げて、1回目と同様な「得票率」等の分析を全国マクロで「単純に」行うのは、意味合いが不明確になり、かえって誤解を生むことになりかねない。

　確定議席数を国民議会のホームページで見ると（新聞などマスコミは、それぞれの考えで左右を括って「X派」「Y系」などとまとめるから、「党派」を括った数字がマチマチになるので要注意）、今回設立された「大統領多数派連合＝UMP」355議席（うち第2回目投票での当選は309名）、与党になる

7

はずの「仏民主連合＝UDF」29（うち2回目23名）、その他右派16（うち2回目14名）、「社会党＝PS」140（うち2回目138名）、「仏共産党＝PCF」21、その他左派16といった議席配分で、総計577議席の6割以上をUMPだけで確保し、与党になるはずのUDFなど中道・右派を合わせると、大統領与党が7割程度ということになる。多数派全体の最終的議席獲得率は第1回目の得票率の約1.5倍に「拡大」されている。一方、「左派」全体の最終的な議席獲得率は3割程度で、第1回目得票率の0.8倍に「縮小」された。選挙戦開始以前には予測が分かれていた「FN＝国民戦線（極右）」は、第1回目で8分の1程度の得票をしていたが、最終的には実際に議席を獲得するには至らなかった。

　第2回目での棄権率は、1回目よりさらに高く39.68％にのぼった。今回総選挙は、棄権率が1回目、2回目ともに第5共和制始まって以来の高い率になったことが、懸念材料と言われた。国際比較をした場合には「低い」と言うべきほどの投票率でもないが、仏国内では真剣に受け止められている。極右のル・ペンや極左の自他共に認める「トロツキスト」たちが増幅してきた既成政党への反感や失望、そして政治不信が広がっているのではないかという不安が消えないからでもある。

0－2－4節　国会上院議員選挙
(1)　選挙制度の概略

　仏国会の上院（Sénat）は、間接選挙の方式で議員を選出する。地方議員である人々が「選挙人団」の中心であり、その中から上院議員が選出されている場合が多い。21世紀初頭2001年9月の選挙の時点では、上院議員定数は321名（うち仏本土から296名）で任期9年。選挙は各県を選挙区とし、県内選出の下院議員、州議会議員、県議会議員、およびコミューン代表の議会議員等（コミューンの人口規模によって選挙人の数が決められている[1]。）から構成される選挙人団（collège électoral）により選出される。被選挙資格には年齢35歳以上、仏国籍、公民権などが必要である。選挙人団は約15万人

序　フランスにおける選挙のあらまし

もの数の構成員からなり、その内訳は下院議員577名、州議会議員1,870名、県議会議員約4千名、コミューン代表約14万2千人である（2004年選挙時点）。なお、仏国民でない欧州市民は（たとえコミューン議会議員であっても）、この上院議員選挙の選挙人となることも、代表の選出に関わる事も出来ない。

　各選挙区ごとの定数は、仏本土の県の場合で、1人（Lozère県〔人口7万3千人〕など）から11人（Nord県〔人口255万人〕）まで、人口規模等を考慮した差がある。定数2以下の県では、各選挙人が定数と同数の候補者に投票できる多数決2回投票制により、定数3以上の県では、拘束名簿式比例代表1回投票制による。3年ごとに総定数の3分の1ずつを改選する方式が採られており、そのために全国の選挙区が3群に区分されている。すなわち各回ごとに選出する議員定数の合計が概ね同程度となるように、全国の県を公式県番号（原則として県名のアルファベット順）に沿ってA、B、Cの3群（séries）に区分し、各回はそのうちの1つの群でのみ選挙が実施される。

(2)　実施状況と結果

　2001年9月に実施されたのはB群（この群での前回実施は1992年）のみで、改選数は合計102名（うち仏本土内の県から94、海外から8。合計33選挙区）。今回の場合、比例代表方式で選出されたのは74名（18選挙区）、多数決方式で28名（15選挙区）という内訳になった。地域的には、パリやリヨン、マルセイユの3大都市とその周辺などは含まれないなど、この回だけではフランス全体の縮図にはなりにくいので、1回の結果で全国の政治動向を占うということにはなりにくい。そもそも選挙人団が地方議員中心であるから、事前に概ねの予想はつくはずの仕組みになっており、意外性はない。そ

1）人口9千人未満はコミューン議会議員の一部のみが選挙人で、その数は、議会の議員定数9から11：代表選挙人1名、定数15：代表3名、定数19：代表5名、定数23：代表7名、定数27、29：代表15名。人口9千人以上3万人未満は、コミューン議会議員全員が代表になる。人口3万人以上は、議員全員に加え、3万人超の人口1千人ごとに1名の追加代表者をコミューン議会が選任する。

のため、マスコミなどの報道にも、さほどの熱が入らないように見受けられる。

　改選前議席配分は「右」73、「左」28であったのが、改選により「右」61（12減）、「左」41（13増）となり、「左」の躍進が目立った。党派別に見ると、「左」では社会党・7議席増、共産党・4増に加え、緑の党が初めて1議席獲得。一方、「右」は自由民主党（DL）の1議席増以外は後退した。この結果、非改選議員と合わせると、「右」208議席、「左」112議席となり（合計は320）、左右の議席差は縮小したが、総体としての「右」の優位に変化はなかった。なお女性議員は22人選出され、非改選議員を含めた全体では34名になっている。

　ここでの「左」の躍進は、半年前の統一地方選挙において、地方圏では「右」が健闘したこととは、むしろ逆の現象になるので、一見すると「不思議」な印象を受ける。これは、上院は個別の選挙区で見れば9年に1度しか改選がないので、上記した2001年9月「改選前」議席配分は、9年前の選挙人団の政治勢力地図、すなわち、その人々を選んだ1989年の統一地方選挙の結果（それも2001年に上院選挙が行われた全国の3分の1の県とその中のコミューンでの）を反映したものだからである。一方、今回の上院選挙の選挙人団は2001年春統一地方選挙により選ばれた地方議員を中心としているから、「2001年」と「1989年」の2つの統一地方選挙同士の比較で「左」が増加していれば（地方選挙で「2001年」に「1995年」よりも「右」が伸張していても）、今回の上院選挙で「左」躍進という結果になりうるのである。

　改選のあった年には議長の改選も行われる。したがって議長任期は3年。今回の場合も議長選挙が行われたが、総体での勢力関係に変化がないことから、現職であったポンスレ議長が「順当に」再選されている。

0－2－5節　地方選挙（2001年春の統一選挙）―コミューンと県

　21世紀になって初めての全国一斉の選挙となった2001年春の統一地方選挙すなわち基礎レベル自治単位たる「コミューン」議会の全議員、及び全

序　フランスにおける選挙のあらまし

「県」議会議員のうち半数の改選は、地方の政治地図を全面的に塗り直すという意味ではもちろん、翌2002年春に迫っていた大統領選挙と国会下院総選挙の前哨戦という意味からも注目された。

(1) 地方選挙制度の概略

　フランスには、州、県、コミューンという3階層の地方団体が設けられており、それぞれのレベルによって選挙制度が違う。選挙民が直接に選挙するのは、地方議会の議員だけ。各地方団体の代表者であり、行政執行の最高責任者たる首長（議会の議長でもある）は、議員の中から互選によって選出される。議会多数派の指導者が議会議長でもあり、行政執行の最高責任者でもある「首長」になるというタテマエなのである。

　コミューンや州の場合には、部分的にのみ比例代表制が採用されている。一般的には党派別立候補者名簿に投票する方式ではあるが、その場合、選挙で多数派となってのちに議会内で互選されて首長となるべき候補者が誰であるかは、一般に選挙時に各名簿の筆頭に掲載する形で明確に提示される。マスコミの寵児だが党派内では実質的影響力のない人物などを、単なる選挙時の人気取りだけのためにトップに据えたりすることは普通にはない。筆頭に掲載された人物が、その党派の実際のリーダーであるから、選挙人としては、首長直接公選制と同様に、特定政治指導者への支持を投票で示すのと同じようなことになる。

　したがって、コミューン選挙についてのマスコミ報道では、「党派」名や候補者名簿に示されるグループの名称で動向を把握するのではなく、各政治グループを率いる「首長」候補に着目した報道がなされる。「A市でM党が勝利。M党は甲氏が率いている。」というのでなく、「A市では甲氏が勝利」という端的な表現が用いられがちであるため、まるで直接公選制で直に市長が選挙されているかのように誤解しかねない。コミューンでは、乱暴なレッテルを貼れば「議院内閣制」的な内部組織構造でありながら、有権者と政治指導者自体との結びつきは、我が国における首長直接公選制の下と同じような親近性を持っている。このあたりが、長年いろいろな制度を実施して

11

紆余曲折してきたフランスが生んだ政治的な知恵のように思える。

(2) コミューン議会の選挙

① **選挙制度の概略**　基礎レベル自治単位たるコミューン議会選挙では、人口規模によって制度に違いがある。人口の多い団体では、一口に（？）言えば、「拘束名簿2回投票式比例代表併用多数派プレミアム制」とでも呼ぶべき選挙制度である。小規模なコミューンの場合には「非拘束名簿式」。いずれも1週間の合間をおいた2回投票制。なお、厳密には「コミューン」には人口規模等に応じた市・町・村のような区別はなく、その首長は皆「メール」〔maire〕と呼ばれる。本書では話の分かりやすさを優先して適宜「市長」などの表現を用いる場合が多くなるので、読者にはこの点御留意頂きたい。

② **実施状況と結果**　2001年3月選挙は統一地方選挙であり、全コミューンでの全議員一斉改選（6年ごと。ただし次回は特例で2008年に延期。2005年12月15日法）。我が国にまで報道されたのは、とくに首都パリおよび第2（都市圏人口で）の大都市リヨン市で、社会党を中心として連携した左派連合勢力が多数派となり、長きにわたった中道・保守勢力による市政を奪取したことが中心だった。パリはシラク大統領（元パリ市長）のお膝元でもあり、翌2002年の大統領選挙に向けて、シラクへの批判の現れであるとか、その基盤が弱体化しているとかいう評論をする向きもあった。

　実は全国的な状況を見ると、パリ、リヨンのような動向は一般的ではなく、それ以外の地方部では、むしろ国政レベルでシラク大統領を支える中道・右派勢力が健闘し、従前は左派市政であった都市において政権の「左」から「右」への転換が起きている所が多いことが、仏国内では注目された。具体的には、ストラスブール、エクサンプロヴァンス、ルーアン、オルレアン、シャルトル、カンペールなど、我が国にも名前を知られた有力都市の多くで、「左」から「右」への転換が起こっている。共産党員が市長を勤めていたアルジャントゥイユ、ニーム、エヴルーなどでの「左」の敗退も目立つ。逆に「右」から「左」への転換が起こったのは、ディジョン、アジャク

序 フランスにおける選挙のあらまし

シオ、アルルなどで、数としては遥かに下回った。また、人口20万人以上の大都市で見れば、第3の大都市マルセイユのほか、ボルドー、ニース、トゥールーズでは中道・保守系の現職又は新人が、モンペリエ、ナント、レンヌでは社会党現職が、それぞれ市長の座を維持しており、交替があったのは、パリ、リヨン、ストラスブールの3都市に止まっている。

『ル・モンド』紙の情報とレッテル貼りにしたがって、全体としての「右」「左」状況を見ると、人口1万5千人以上の583都市で、選挙当時の国政与党「左派連立」系が259団体（改選前301）、国政野党「保守・中道」系が318団体（改選前278）となった。そのうち人口3万人以上の主要244都市では、「左」が23の純減、「右」が24の純増。注目の「極右」は、トゥーロンを失ったものの、オランジュ、ヴィトロール、マリニャンを維持。人口規模如何に関わらず、勢力地図は全体として「右」へ移行し、勢力バランスが逆転した。

さらに「公職（選挙職）の兼任」というフランス政治の特色にも関係するが、今回の選挙では当時のジョスパン内閣（社会党を首班とした左派連立内閣）の現職閣僚たちの多くが、大臣職にとどまったままで自らの地元などで「市町村長」候補として立候補した。その当落が半々という結果になったことも、当事者たちへの地元選挙民の支持状況に加え、翌年の2大国政選挙との関係からも注目された。現職閣僚のうち、第1回目の投票の段階で、中道・保守系の現職市長に敗退したのは、ベジエ市でゲソ運輸相（共）、ドール市でヴォワネ環境相（緑の党）。第2回投票では、ブロワ市長を長年（1989―2000年。2000年3月教育相就任時に自発的に辞任）勤めてきたラング教育相（社）が敗退した他、アヴィニョン市でギグー雇用・連帯相（社）、モンベリアール市でモスコヴィシ欧州担当相（社）がそれぞれ保守系現職市長に敗退している。

(3) 県議会の選挙

① **選挙制度の概略** 県議会議員の場合は任期6年だが、3年ごとに半数が改選（次回は特例でコミューンと同じく延期）。選挙は小選挙区制（つま

り特定の候補者への単記式投票）で、1週間の合間をおいた2回投票制。1回目では有効投票の過半数、2回目では相対多数獲得で当選。2回の間に多数派工作が行われる。今回の県議会議員選挙で改選されたのは2,021選挙区。各県内の選挙区は改選時期に応じて2つのグループに大別され、今回はその片方のグループに含まれた選挙区のみで選挙が実施された。

② **実施状況と結果**　その結果、県議会での多数派が交替したのは、「右」から「左」に5県、「左」から「右」に1県で、全体的な勢力地図は従前よりも「左」に移行した。ただし、実際の当選者の「右」「左」を見ると、おおむね6対4程度。それと3年前の選挙で選出され今回は改選期でない半数の現職議員とを合わせた結果として、県政掌握勢力の現状は「右」61県対「左」35県で、全体としては「右」優位であることには変化がない。（データと「右」「左」の決め付けは『ル・モンド』紙によるものを利用）

　各県では、新しい議会構成をふまえた首長を始めとする執行部を選出するために、改選後最初の議会は、議長（président＝行政執行の最高責任者たる首長でもある）・副議長（vice-président[s].県の規模に応じて相当数）の選出にあてられなければならない。選挙の直後には、2、3の県で、いわば「諸派」の動向が不明のために、上記の「左」「右」のレッテル貼りができなかったが、その後の各派間交渉を経ての議長選の結果、上記のような「決めつけ」がなされうる状態になった。

0－2－6節　州議会の選挙（2004年春の統一選挙）
(1)　選挙制度の概略

　州の選挙制度は、州全体を1選挙区としつつ候補者に「県」区分を設けたうえで「多数派プレミアム」と比例代表を併用する2回投票制になっている。議員任期は6年。

　従前は、いわば「拘束名簿1回投票式単純比例代表制」であった。そのため、もともと多くの政党が存在するフランスでは、州議会には多数派が形成されにくく、政治状況は不安定で、毎年のように新年度予算が成立せず国の

介入を招くような州が生まれていた。そうした欠点を改めるため、選挙制度が改正された。2回投票式にし、2回目に進出しうるのは1回目で10％以上の得票率を得た党派のみに限るなどして、安定多数派の形成を容易にする効果を狙ったものである。

(2) 実施状況と結果

2004年3月の全国一斉「州」議会選挙（県議会の半数改選も同日に執行）では、フランス本土22州のうち、アルザス、コルス（英語風には「コルシカ」。選挙制度の相違に加え、政党編成に特異性が見られ、独自のレッテル貼りが必要）を除いた20州が「社」に主導された「左」連立勢力の手中に収まった。旧植民地の海外4州でも全てが「左」になり、全体的に地滑りを超え「地震」のような衝撃が「右」陣営に走ったと、マスコミなどでは表現された。

これは当時の保守・中道ラファラン政権が「州」の選挙であることを強調していたにも拘わらず、結局、有権者から「国政」に対する強い不満を表明され、ラファラン政権への「制裁投票」(vote-sanction)[2]の機会として利用されたためであった。実はラファラン政権側でも、その現職大臣たちが手分けして各地の候補者名簿の筆頭など主要な位置に座りもした（フランスでは「公職の兼任」が可能）から、有権者から国政への批判票を投じられても無理からぬ構図になってもいたのである。

全国集計データ（「決選」である2回目投票結果）を見ると、コルスを除く仏本土の21州では、総計得票率が「左」50.2％、「右」37.1％、「極右(FN)」12.8％となっており、「社」を中心とした左派勢力が1988年のミッテラン大統領再選時以来の過半数得票を成し遂げたなどと喧伝された。結果（コルスを除く仏本土）、獲得議席数と議席シェアは、「左」1,041議席(62％)、「右」474議席(28％)、そして「FN」156議席(9％)となっている。

---

2) 日刊紙 Le Monde, Mardi 23 MARS 2004, p. 1. の記事見出し

正確に言うと、州選挙では後述のとおり少数派政党への「得票率10％」という「敷居」がある。その関係で、「極右」FNが4州で2回目に進出できていないうえ、「極左」は全ての州で1回目だけで表舞台から退場している。このため1回目の得票率で観察すると、「左」連立勢力は合計しても40.3％の得票に止まっており、到底過半数達成とは言えないことに注意が必要である。一方でFNは15.1％にも達しており、一部の州で足切りされた後である2回目投票の「全国」データは、その勢力を過小評価するものである。フランスでの選挙結果データを分析する際には、常にこうした問題が存在することを、改めて注意喚起しておきたい。

　なお、さまざまな党派が揃い踏みする1回目投票についての基本的なデータを、『ル・モンド』紙（2004年3月23日1面）に依拠して記録しておくと、次のとおりであった。有権者数39,697千人、投票者数24,703千人、棄権率38％（前回1998年＝42％で4ポイント低下）、有効投票数23,535千票、無効票4.7％。得票率は「左」合計40.3％、「右」合計35.0％うちUMP16.7％＋UDF8.5％＋「UMP-UDF（1回目から名簿を混合したケース）」8.8％、「極左」合計4.6％、「極右」合計16.6％うちFN15.1％、その他諸派合計3.6％。なお2回目では、「極左」やその他諸派は皆無となり、その支持者たちは2回目に進んだ名簿のうちから「次善の選択」と思えるものに票を投じるか、棄権するかしている。

　逆に、いわば本番の「決選」投票である2回目には、1回目に「棄権」した有権者も大量に参加しているから、データの解読は益々難しくなるのが、フランス選挙研究の宿命である。

第1編　国政選挙

　第1編では、フランスの中央政府レベルでの公選職について、共和国大統領に加えて、国会両院の議員の選挙制度とその実際の作動の仕方について叙述し、それらの特色を把握する。欧州議会議員の選挙についても、補論として叙述し、フランスでの選挙制度の全体を考察する一助とする。

　そうした叙述から、とくに大統領や国民議会議員（小選挙区制）の選挙のように1人の人物を選挙する場合には2回投票制がどのように作動するのかを詳細に観察し、多数派の形成と「漁夫の利」の防止、公明正大な多数派形成過程、同一党派内での新陳代謝（新旧交代）などの機能を見出していく。また「補充人」の制度と実態を観察して、我が国での「補欠選挙」制度について、その功罪を考察するべきことを示唆する。さらに大統領選挙での投票の移行（1回目と2回目との間での）の様子を見ることによって、選挙人による「支持」（＝誰に投票するか）の意味するところについて、改めて考えるべきことを提示する。

第1―1章　国の統治構造と公選職

　フランスの国家レベルの統治構造自体については、本書で叙述する必要は無いだろう。現在の第5共和制の下では、大統領制と議院内閣制とを重ね合わせた構造になっている。本書の主題である「選挙」を通じて選定され国民の代表者として政治権力にかかわるのは、国政の場では、共和国大統領をはじめ、国会2院（上院と国民議会［下院］）のメンバーたる議員である。首相をはじめ内閣を構成する人々は、大統領によって任免される。国政選挙としては、大統領と国民議会議員の選挙という直接公選制によるもの、及び間接公選制による上院議員選挙がある。

その他に、欧州規模での直接公選制による代表者選出の機会として、欧州議会議員の選挙も行われる。本書では、フランス国内での選挙をテーマとするので、欧州議会議員のフランスでの選挙については、後述の〔補論〕で参考程度に概観するに止める。

第1—2章　共和国大統領の選挙

1—2—1節　2002年春共和国大統領選挙

既述のとおり、2002年春の共和国大統領選挙では、保守のシラク大統領の下での左派連立内閣の首班として左右共存（コアビタシオン）してきたジョスパン（社会党）を、「極右」であるFN（国民戦線）党首のル・ペンが、大方の事前予測に反して、1回目に僅かの差とはいえ凌駕し、2回目の決選投票にシラクの対抗馬として進出したことが最大の話題であった。その経緯を一覧表の形にして観察しよう。

〔表-1-1〕では、見やすさを優先して、票数を千票単位に四捨五入していると同時に、候補者の配列も保守系全国紙『ル・フィガロ』が1回目と2回目の間での得票の移動を分析する記事の中で示した順序（同紙が貼ったレッテルで1次元の直線上に配列した場合の「極左」から「極右」への政治的な位置の順序を示唆している）を利用している。

(1)　**大統領選挙1回目の投票結果**

1回目には、棄権率が28.4％に達し、第5共和制での大統領選挙の1回目としては最も高くなり（従前は1969年選挙の22.4％）、国民の関心の低さが憂慮された。現職のシラクがトップに立ったが、その得票率19.9％は、現職大統領としては過去最低の1回目得票率。県ごとに見ると、シラクはその3分の2で20％未満の得票率に甘んじており、全国で100ある県のうち、35県で「極右」FNのル・ペンに1回目トップの座を譲ったのである。

もっと衝撃的だったのが現職首相のジョスパンで、ル・ペンに圧倒されて第3位にとどまり、決選投票に進めないという惨敗を喫した。このため1回目の開票が進んだ深夜に、集まっていた支持者を前にして、第2回目の投票

第1編　国政選挙

〔表-1-1〕2002年春・共和国大統領選挙結果

候補者		1回目得票 千票(率%)	順位	2回目得票 千票(率%)	増減 千票(率p)	
極左	グリュックスタン	133(0.5)	16	－	－133	極左計 －2,974 (－10.5p)
極左 LO	ラギュイエ	1,630(5.7)	5	－	－1,630	
極左 LCR	ブザンスノ	1,211(4.3)	8	－	－1,211	
共産	ユー	961(3.4)	11	－	－9,248	連立左派計 －9,248 (－32.5p)
社会	ジョスパン	4,611(16.2)	3	－		
左諸派 PRG	トビラ	661(2.3)	13	－		
市民	シュベーヌマン	1,519(5.3)	6	－		
緑	マメール	1,496(5.3)	7	－		
中道	ルパージュ	536(1.9)	14	－	－536	中道・ 保守計 －5,143 (－18.0p)
中道 CPNT	サンジョス	1,205(4.2)	9	－	－1,205	
保守中道 UDF	バイルー	1,949(6.8)	4	－	－3,063	
保守中道 DL	マドラン	1,114(3.9)	10	－		
保守 RPR	**シラク**	5,666(19.9)	1	25,541(82.2)	＋19,875(＋62.3p)	
右諸派	ブータン	339(1.2)	15	－	－339	上記へ
極右 FN	ル・ペン	4,805(16.9)	2	5,526(17.8)	＋721 (＋0.9p)	極右計 ＋54
極右 MNR	メグレ	667(2.3)	12	－	－667	
候補者数			16	2	－14	
有効票総計			28,502	31,067	＋2,565	
棄権率			28.4%	20.3%	－8.1p	
有権者数			41,196	41,191	－5	

〔注〕　本表での候補者へのレッテル貼りと「極左」から「極右」までの配列順は、保守系全国紙『ル・フィガロ』(2002年5月7日第8面記事)によるものを利用。投票結果のデータは、4月22日(月)内務省発表の確定数字を「千票」に四捨五入。

結果が判明し次第、ただちに首相を辞任し政界からも引退すると表明するに至った。1回目の得票を見ると、ジョスパンの率いる社会党とともに当時の左派連立政権を支えていた「共」「市民」「緑」などの左派政党を基盤にする候補者5名全体では9,248千票（32.5％）を得票している。ジョスパンがル・ペンに及ばなかったのは194千票ほどであるから、「左」からの候補者のうち

誰か1人だけでも、1回目の立候補を抑えると同時に、その支持を得て票を移行して貰うことに成功していれば、ジョスパンは惨敗を免れて2回目に進出することができた。さすれば、2回目には「シラク」対「ジョスパン」という「右」「左」両雄の一騎打ちという、大方の有権者が予定していたシナリオどおりの展開になった。であれば、1回目に棄権した有権者や「極左」支持票のそれぞれ一部がジョスパンに投票するはずであったから、シラクとは接戦を演じることになっただろう。

　折しも春のヴァカンス・シーズンで、1回目投票日（4月21日の日曜日）は家族連れで行楽に出かけるのに好適だった。「棄権」した中には、2回目（5月5日の日曜日。仏国では普通の日曜日）の「本番」だけに行けば十分と考えた有権者も多かったはずなのである。このあたりをも含めて考えると、ジョスパンの惨敗は2回投票方式なればこその現象だったとも言える。

(2)　大統領選挙2回目（決選）投票の状況と結果

　大統領選挙の場合には、1回目で過半数を得た候補者がいなければ、2週間後に、上位2人の決選投票が行われる。このため1回目には、政治的な立場の似通った候補者同士が競い合うことも珍しくない。前回の場合、同じ旧ド・ゴール派の中から、シラク、バラデュールの2人が1回目で競い合った。米国で同じ党派の中で予備選挙が行われるが、それに有権者みんなが参加しているようなものである。その中でより多くの得票をした者だけが2回目に残る。2回目に出られない者は、上位2人（のどちらか？）と交渉したりして、その支持に回るか、独自性を維持するかを決め、世間に向けて自分の態度を明確にする。

　今回は、極右のル・ペンが影響力を増すことを是が非でも阻止するために、保守系党派ばかりか、社会党や共産党、緑の党に至るまで、決選投票でのシラクへの投票を呼びかけた。シラク自身も、そういう情勢を1回目の開票直後から十分に意識して、選挙戦の最中に痛烈に批判していた左翼のありかたへの言及を慎み、自分が以前から一貫して極右との取引きを拒否してきたことを強調しつつ、いわば「国難」に対処するために、小異を捨てて大同

につくよう訴え、左派すら自分のもとに結集できるように、自分の発言を幅広い有権者が合意できるような内容にとどめていた。

　選挙人は、そうした交渉過程も参考にしながら、棄権も含めて、2回目での投票態度を決める。そういう全体のプロセスが、政治勢力間の力関係を決めていく。今回の場合、シラク対ル・ペンの決戦となった2回目では、自分たちの陣営の候補者を持たなくなった左派勢力の多くは、「極右」ル・ペンの影響力を極小化するために、長年敵対してきたシラクへの投票を呼びかけた。まさに「敵の敵は味方」という政治の鉄則を見る思いである。その他に元来の保守系たるバイルーら UDF が当然のシラク支持、一方、もう1人の「極右」MNR メグレが、これも当然であるかのようにル・ペン支持を明確にした。実はメグレは、1回目が元来の予想通りシラク対ジョスパンとなることを見込んで、2回目には「シラク」支持だと表明していたから、政治の世界の友敵関係は複雑である。

1－2－2節　選挙結果の解釈：「極右」勢力は抑制されたのか？
(1) 得票率は低下したが得票は増加

　米国や英国など外国も含め、政治家たちの発言やマスコミ報道では、第5共和制下で最高の得票率だとか、棄権した人まで含めても有権者の3分の2もの支持を受けたとか、もっと大げさには、今回の得票率は1848年12月10日（第2共和制憲法下）にルイ・ナポレオン（のちのナポレオンIII世）が得票した75％すらも凌駕する歴史的な信任だとまで述べて、シラクの「圧倒的勝利」を強調し、極右の勢力伸張を阻止したという空気づくりに専念した。

　しかし、よく見ると、極右の伸張が「阻止」されたわけではなかった。たしかに投票率は1回目より約10ポイント上昇して「極右阻止」に多くの有権者が参画した。ル・ペンの「得票率」は、1回目での「極右」全体（2人の合計）での19.2％には至らなかった。しかし、1回目のル・ペンだけでの「17％」は超えている。投票率を加味して、棄権まで含めた有権者全体に占める得票の割合を見ると、1回目の「極右」は約14％弱であったのが、2

21

回目にはル・ペンだけで約15％程度へと、1ポイント程度増加している。

　ル・ペンは2回目に向けて、もともとの同志であったメグレ（MNR）の支持を受け、得票の数字を見ても、「極右」2派の支持票をまとめきったうえ、54千票の上積みにも成功していると見える。当時のマスコミ報道では、ル・ペンの敗北を際立たせるため、1回目の「極右」2派の合計得票率たる19.2％にル・ペンが及ばなかった（2回目の得票率は17.8％）旨が強調されていたが、それは1回目の棄権票が大量にシラクに投じられた結果であって、ル・ペンに代表された「極右」への支持は、実数としては2回目にもまったく減少していないのである。

　直接に実数で見ると、2回目のル・ペンの得票数は約553万票で、1回目の約477万票を76万票も上回った（16％増）うえ、1回目のメグレ候補と合わせた「極右」の合計得票数543万票すら上回っている。「右」から「極左」まで大同団結したように見えた「反極右」や「ル・ペン絶対阻止」の大合唱にも拘らずである。

(2)　2回の投票の間における票の「移行」

　また〔表-1-1〕のデータの動きを見れば、2回目のシラクには、元来から予想されたバイルー（UDF）やマドラン（DL）支持の中道・保守系の票に加え、連立左派系からも反「極右」の立場から大量に支持が流れ込んだことが歴然としている。選挙において「投票」の形で表明される「支持」が意味するところは、このように選挙制度という枠組みと、各時点での全体の選択肢の状況如何によるのであって、各有権者が自分の堅固に「支持」する人や政党に直線的に投票し、「お気に入り」がいない場合は棄権する、というわけではないことが、改めてよく分かる事例だと言えよう。

　この点について、選挙直後に「2回の投票の間における票の移動」と題する簡単ながら興味深い推計データが、全国紙『ル・フィガロ』に記事の一部として掲載されたので、それを参考にしよう。〔表-1-2〕は、先の〔表-1-1〕と同じ順位に、候補者と各人の1回目の得票数を列記し、それに「推計」による部分を付け加えて作成したものである。そのうち「2回目推計移行先

第1編　国政選挙

〔表-1-2〕2002年春・大統領選挙における投票の候補者間移行（推計例）

候補者		1回目得票 千票(率%)	2回目推計移行先（%）			推計移行票数（千票）		同（%）
			ル・ペン	シラク	棄権等	ル・ペン	シラク	
極左	G	133(0.5)	*	*	*	*	*	*
極左 LO	L	1,630(5.7)	5	72	23	82	1,174	極左から 2,131(72%)
極左 LCR	B	1,211(4.3)	4	79	17	48	957	
共産	H	961(3.4)	5	77	18	48	740	連立左派から 7,588(82%)
社会	J	4,611(16.2)	4	82	14	184	3,781	
左諸派 PRG	T	661(2.3)	0	90	10	0	595	
市民	C	1,519(5.3)	2	80	18	30	1,215	
緑	M	1,496(5.3)	4	84	12	60	1,257	
中道	L	536(1.9)	1	96	3	5	515	中道・ 保守から 4,300(84%)
中道 CPNT	S	1,205(4.2)	8	73	19	96	880	
保守中道 UDF	B	1,949(6.8)	8	85	7	156	1,657	
保守中道 DL	M	1,114(3.9)	3	88	9	33	980	
保守 RPR	シラク	5,666(19.9)	1	98	1	57	5,553	5,553(98%)
右諸派	B	339(1.2)	20	79	1	68	268	保守に含む
極右 FN	ル・ペン	4,805(16.9)	80	10	10	3,844	481	極右から 661(14%)
極右 MNR	M	667(2.3)	61	27	12	407	180	
1回目棄権		11,698	3	41	56	351	4,796	棄権等から 5,354(42%)
1回目無効票		996	7	56	37	70	558	
候補者数		16	推計移行票数合計			5,539	25,587	推計誤差 +0.2%
有効票総計		28,502	有効票実数31,067			5,526	25,541	
棄権率					28.4%		20.3%	−8.1p
有権者数					41,196		41,191	−5

〔注〕　1）1回目データは〔表-1-1〕に同じ。
　　　2）2回目での「移行」の推計（%）は『ル・フィガロ』2002年5月7日（火）第8面記事掲載の表による。推計方法については本文で説明。移行票数の推計数字は筆者が単純な掛け算により算出したもの。

（%）」として掲げたデータは、世論調査機関のIPSOSが、『ル・フィガロ』紙、『フランス第2チャンネル』TVなどのマスコミ数社からの合同の依頼を受けて、第2回目の投票日であった5月5日に実施した調査の結果を転記したものであり、その右の「推計移行票数」（この数字は記事には書かれて

いない）欄は、各候補の1回目確定得票数に「2回目推計移行先（％）」の割合を、筆者がそれぞれ単純に掛けて算出したものである。移行割合（％）を推計したデータは、(1)有権者の中から層化無作為抽出（性別、年齢、世帯主の職業、都市圏等の地域分類、州により標本数を割り当て）によって選抜した合計2,886人を標本として実施した電話による聞き取り調査の結果と、(2)分析のために抽出された全国200カ所の開票所における2回の開票結果とを、併せて考慮した結果であるとされている。信頼度には問題があろうと思われるから、本書では、票の「移行」について理解するための材料として参考にするのみに止める。

　この表の各行をヨコに見れば、1回目に候補者Xに投票した有権者が、決選投票で「シラク」「ル・ペン」のいずれにどの程度の割合で投票を「移行」したかが推測できることになる。「移行票数」を各行ごとに算出した後に、タテの合計（表中「推計移行票数合計」）を算出し、実際の結果「有効票実数」と対比してあるが、それを見ると、推計と実績との乖離は合計数で見る限り僅差であり、一応は推計が的確であるように見える。

　もともと、全体のどこかで数字を「調整」すれば、合計数字としては同じような結果に到達できる。有権者が電話での調査にどの程度正直に答えるかも疑問ではある。検証は不可能な事柄であるから、個々の内訳の的確さについて信じ込むことは避けた方がよいと、筆者は考えている。したがって、この推計データは、フランスの関係者にはどんな「政治風景」が見えるか、とでもいうような印象描写の一例として紹介するに過ぎない。

　そのような留保付きで〔表-1-2〕を概観すると、2回目のシラクには、(1)1回目に「シラク」に投票した有権者（のうち98％）の票はもちろん、(2)バイルー支持者など「中道・保守」系から「移行」した票（元来から想定された票の移行で、移行割合は84％）に加えて、(3)ジョスパンに集約されることが想定されていた「連立左派」系から（指導者層の呼びかけに応えるなどして）「移行」（移行割合82％）した「左」票、さらには、(4)本来は「極左」に投じられる票（移行割合72％）や、(5)敵方の「極右」からすら相

当な部分（移行割合14％）が移行されていると推計されている。

　1回目に「棄権」や何らかの理由で白票など「無効票」を投じた有権者も、その42％は2回目に参加してシラクに投票している。結果、シラクが実際に獲得した25,541千票の内訳は、1回目棄権等の票を別にすれば、元来から獲得すると想定される「中道・保守」系と、今回選挙の著しい特徴となった元来の「左」から「移行」した票とが、ほぼ同程度となっており、しかも「左」には公然たるトロツキストなど「極左」票から移行したものすら多く含んでいるらしいのである。

　一方、ル・ペンの2回目の得票を分析すると、自らの陣営から約10％の有権者が離れると同時に、かつての盟友（今は分裂）メグレ（MNR）を支持する票のうちから「移行」してきたのは6割程度に留まっており、1回目の「極右」票全体のうち14％ほどをシラクに奪われているようである。上記の表面だけの観察では、それらの票を固めて2回目に得票実数を増加させたように思われたのが、実態はもっと複雑だったことになる。

　注目すべきは、割合としてはシラクに遙かに及ばないものの、「中道・保守」の一部からのほか、「社」「共」など「連立左派」支持者に加え、「極左」からすらも相当数の票の「移行」がル・ペンに向けて起きたと推計されていることである。このことは有権者の政治指導者への支持が、マスコミ等でよく用いられ、本稿でも常に留保付きながらも便宜上利用してきている単純な「左」から「右」へという一直線のモノサシで十分に表現しうるものでないことを示唆している。また、1回目「棄権」等の有権者のうちで、2回目ル・ペンに投票したのは7％ほどしかなく、2回目の大量動員は大方シラク側へのものだったということになる。ただ、1回目「棄権」した有権者のうち56％は2回目も「棄権」等のままであり、その中に潜在的な「極右」支持者がより多く含まれているのかもしれないから、棄権について安易な判断は避けなければならないだろう。

第1—3章　国民議会（国会下院）の選挙

1—3—1節　国民議会議員選挙は「小選挙区単記式2回投票制」

　国民議会（国会下院）の総選挙の場合は、「小選挙区単記式2回投票制」で、2回目に進みうるのは1回目で登録有権者数の12.5％以上の得票をした者だけである（選挙法典第L.162条）。制度としては、投票が2回あることを除けば、我々にもすぐに分かる。決選投票が「一騎打ち」だけではなく、「三つ巴」戦など複数候補の間での戦いになりうることが、大統領の場合とは相違している。因みに地方選挙では、県議会議員選挙が同じような（決選に進む資格を決める敷居の高さは異なる）様相になる。以下、2002年6月に行われた総選挙での、いくつかの選挙区での状況を例として、やはり一覧表を作成して見ることによって、制度の働きを理解することにしよう。

1—3—2節　中道・保守系政治家たちの状況

　以下では、地方団体の首長等としても活躍している有力政治家を例に取り上げ、彼等の2002年6月総選挙における下院議員候補としての戦いぶりを見ることにより、下院選挙の制度とその動態を理解しよう。まず、はじめに全国的には勝ち組となった中道・保守系の状況から取り上げる。

(1)　ボルドーのジュペ：保守合同の成果で順当に当選

　まず、2001年春コミューン選挙で辛くも勝利した（後述事例）ボルドー市長のジュペ。ジュペの下院議員選挙区はジロンド県第2区（ボルドー中央）。彼は元来、ボルドーの所在するジロンド県の南隣りに位置するランド県の県庁所在地モン・ドゥ・マルサン生まれ（1945年）。ENA出身高級官僚としてシラクの側近となり、選挙職の経歴としては、1983年にパリ議会議員に当選したのがスタート。その後1986年にパリで下院初当選。1988年から95年までRPR幹事長を務めてのち、1995年から97年まで首相。一方、95年からはパリ議会を離れ、ボルドー市長に就任。下院選挙でも1997年から現選挙区に国替え。

今回は、「中道・保守」のジュペと「社」のパオレッティが軸。1回目の立候補者は「極左」から「極右」まで17人にも及んだ。

投票結果を見ると、今回は「中道・保守」系がUMP（当時は「大統領多数派連合」の意味で、ジュペはその暫定党首）の結成に成功して、1回目の投票から大同団結したから、その唯一の候補者となったジュペは、左派系にかなりの差をつけて2回目に進んだ。2回目には、「棄権」が大幅な増加を示しており、有権者が勝負あったと見たことが伺われる。既に中道・保守系の票をまとめていたジュペには、得票増の要因は格別なく、「棄権」の発生による取りこぼしで減少させただけになっている。一方、左派は「社」のパオレッティに一本化したから、「社」に加え、ジョスパン政権で連立していた「共」や「緑」の票も集約されたはずだが、「棄権」の増加も含め、取りこぼしも生じて、1回目の3党派を合計した票数にも及ばず、ジュペに水をあけられたままで終わった。

前回1997年総選挙の2回目投票結果と比較すると、ジュペの得票数は1,705票も減少（実数で9.6％減少）しているが、得票率では1.5％ポイントの増加で、今回はそれだけ「棄権」が多かったことを示している。対する左派は、前回はサヴァリ候補が15,190票（得票率46.0％）を獲得しており、今回の得票減少は2,258票とジュペ以上の後退になっている。

市議会の2001年春選挙でも、ボルドーでは1回目から「保守連合」という名の複数党派が混合した名簿であり、対する左派は、「社＋」すなわち社会党主体で共産党と混合した名簿と「緑」（2回目があれば、「社＋」と融合を予定）とがあった（後述事例）から、下院選挙の形がそこで既に見えていたとも言えるだろう。

(2) ストラスブール：市関係3選挙区で勝敗が分かれる

ストラスブールが関係する下院議員選挙区は3区ある。従前、そのうち「中央」選挙区のみが「左」のトロットマン女史（「社」。2001年春選挙で保守に敗北した前市長。後述事例）の地盤であり、他の「北」「南」2区は保守系であった。前回、1997年総選挙では、2回目でト女史が15,964票（得票

率50.2%）で、15,865票（49.8%）の保守候補に、99票差で辛うじて勝利した。その後、ト女史は政府の閣僚（文化大臣）に就任したため、憲法の規定（第23条）により下院議員を辞任。彼女の「補充人」（suppléant. 各選挙区で本来の国会議員とペアで選出され、議員の閣僚就任や死亡などを理由とした空席が生じる場合に、その欠を補う者。後述第1―5章）であったユンク（「社」）が、その欠を埋めて下院議員になっていたため、今回の選挙の時点では、このユンクが同区選出の現職議員であった。

〔表-1-3〕は、その「バ・ラン県第1区：ストラスブール中央」における2002年総選挙の投票結果である。「社」では、元来の同区選出議員であったト女史が「第3区：ストラスブール北」に回り、「中央」は補充人からの就任ながら「現職」であるユンクが「再選」を目指して立候補した。一方、保守系からは、UMP（そのうちでもRPRが中心）を基盤にストラスブール

〔表-1-3〕2002年6月・国民議会総選挙事例1：バ・ラン県第1区「ストラスブール中央」2002年6月

候補者		1回目得票（率%）	2回目得票（率%）	増減（率p）
極左3	M、R、W	計738（2.4）	不可	−738
共	G	274（0.9）	不可	−274
社	ユンク	10,333（33.5）＝2位	14,181（50.2）＝当選	＋3,848（＋16.7p）
緑・エコ2	F、A	計1,538（5.4）	不可	−1,538
左諸派	G	739（2.4）	不可	−739
諸派2	K、P	計368（1.2）	不可	−368
UDF	B	1,078（3.5）	不可	−1,078
UMP-RPR	グロスマン	11,492（37.3）＝1位	14,060（49.8）＝落選	＋2,568（＋12.5p）
右諸派3	F、P、P	計1,442（4.7）	不可	−1,442
極右2	A、C	計2,809（9.1）	不可	−2,809
有効票総計		30,811	28,241	−2,570
候補者数		17	2	−15
棄権率		37.0%	41.4%	＋4.4p
有権者数		49,330．12.5%＝6,167	49,330	0

市筆頭助役（かつ大都市共同体の首長）のグロスマンが立候補。ケラー市長がその補充人になるという形でのペアを組み、有権者の支持を求めた。「右」からは、「極右」FNばかりでなく、UMPと競合するUDFのB氏をはじめ数人が名乗りを上げ、「左」からも当然「緑」「共」の他、「左諸派」や「極左」も出馬したから、「右」も「左」も多数が立候補し、合計17名もが混戦のまま1回目の投票に臨んだ。

その結果、1回目には「右」グロスマンが「左」ユンクに1,159票の差をつけてトップに立ち、上位2名、「右」対「左」一騎打ちの決選投票となった。2回目には、「棄権」がむしろ増加。開票した結果は、今度は「左」が僅か121票の差で辛くも勝利。バ・ラン県の9選挙区内で唯一の「左」議席を死守している。

ここでは1回目と2回目の間の票の移行は明瞭とは言い難い。2回目のグロスマンは、1回目のUDFと「右諸派」3人の票を上積みした程度の得票増になったが、一方のユンクは、「極左」まで含めた「左」の1回目得票数合計以上の増加を実現している。2回目に「棄権」や「無効」票が増加したことを見ると、「極右」への票がそれらに移行したと考えることは出来ようが、全体としては有権者のどういう動向を示唆するものかは推測し難い。「現職」の再選という平凡に見える結果でありながら、その現職は元来ト女史の補充人でしかなかったことを考えれば、保守系の市長ケラーとグロスマンによるストラスブール都市圏行政の二人三脚体制にとって手痛い打撃であることが注目される。

なお、ストラスブール関係の他の選挙区では、「北」でトロットマン、「南」でリー（ト女史が文化大臣の間、代わりに市長に就任）が「社」から立候補しているが、いずれも保守系の現職に斥けられている。リーは現職に271票差の惜敗だったが、「中央」を補充人に譲ったままで「北」に回ったト女史は、得票率が1回目32.0％で2位、2回目決選投票でも41.7％と低迷。結局、1回目に36.8％でトップに立ち、2回目では58.3％を得た保守系現職に、5,475票もの大差をつけられて惨敗している。この結果、彼女の政治

的影響力は大幅に減退したのである。

(3) **エクス・アン・プロヴァンス：2回投票制が世代交代を実現**

統一地方選挙（2－2－8節（2）事例7）で2回目に「右」が名簿「融合」して結束し、「左」から市政を奪取したエクス・アン・プロヴァンス（「ブッシュ・デュ・ローヌ県第14選挙区」）においては、市長ジョワセン・マッシニ女史がUMPおよび独自の「右諸派」（市議会選挙の際に「右」のうちでは1回目トップになった党派。後述事例）を基盤に、下院議員に初めて立候補。「右」からは、現職でUDF所属のR氏が立候補するなど、相変わらずの分裂状態。一方の「左」は、市議会の野党「社」を率いるR氏のほか、「緑」「共」。さらに「極右」FNにMNR、「極左」各派など、合計24人もが立候補して、91千人の有権者の支持を競い合った。

1回目の投票結果は、ジョ市長が得票率35.1％でトップ、第2位「社」Rで24.4％、3位FNのBで12.8％、4位が現職のR（UDF）で9.2％となり、2回目に進出し得たのは上位2名のみ。決選でもジョ市長はリードを守り、得票率58.1％で、41.9％に留まった「社」に8,556票の大差をつけて逃げ切り、下院議員初当選を飾っている。

ジョ女史は1942年トゥーロン生まれ。エクスに事務所を開いている弁護士。1983年の州議会議員当選で政界入りし、1980年代の保守市政時代にはエクス市の助役も務めている。2001年春以来、エクス市長。

(4) **リヨン：分裂を回避した保守が4区すべてを確保**

リヨンの関係する下院選挙区は「ローヌ県第1選挙区」から「同第4」までの4区。2001年春の市議会選挙で市政政権を奪取した「社」のコロン市長は、今回の下院には出馬していない。コ氏は前回「第1選挙区」から出馬し、決選投票で保守系のイサック・シビリ（UDF-FD）に敗退しているうえ、今回、同区からは保守側で有力女性新人候補が出馬したから、市政運営でも広域共同体運営でもコンセンサスを重視する立場にあることを理由にして、下院への立候補を見合わせたと推測できる。

今回と前回と、リヨン関係各下院選挙区における決選投票同士を比較した

のが〔表-1-4〕である。今回の総選挙でも、1997年同様に全区で保守系（今回は UMP）が勝利しており、内訳は RPR 系と UDF 系とが半々。現職は第 3 区のデュベルナール（RPR. 2001年春の市議会選挙で 2 回目に急遽「保守連合」の市長候補になったが、「左」のコロンに敗退。後述事例）だけだが、他の区では新旧交代があっても、従前からの党派との繋がりが維持されている。

新人は、第 1 区がローヌ・アルプ州議会議長（1999年就任）のコンパリーニ女史（UDF でバール元首相＆前市長の直系。1947年生まれ）、第 2 区が企業家で州議会議員（1998年から）のアムラン（RPR 系。1957年生まれ）、第 4 区が公法学者（大学教授、政府教育省の要職など歴任。1995年にはバール市長の下で筆頭助役に就任）で現リヨン市第 3 区区長のフィリップ（UDF 系。1948年生まれ）という顔ぶれであった。

全体的な得票を、前回1997年と比較すると、4 つの選挙区いずれにおいて

〔表-1-4〕2002年 6 月・国民議会総選挙事例 2 ：リヨンにおける各選挙区の決選投票状況比較

選挙区	年	「左」候補・得票		率%	「右」＝当選・得票		率%	得票差	棄権率
ローヌ県第 1 区	1997	社（ア）	17,210	48.7	UDF	18,139	51.3	929	31.8%
	2002	社	13,878	44.6	同系	17,265	55.4	3,387	40.5%
同第 2 区	1997	緑	18,173	45.1	RPR	22,090	54.9	3,917	31.7%
	2002	同一人	16,825	44.6	同系	20,866	55.4	4,041	38.4%
同第 3 区	1997	社	16,103	44.5	RPR（イ）	20,117	55.5	4,014	32.0%
	2002	社	14,933	44.7	同一人	18,487	55.3	3,554	39.8%
同第 4 区	1997	社	14,772	37.2	UDF（ウ）	24,962	62.8	10,190	32.6%
	2002	緑	13,371	35.5	同系	24,280	64.5	10,909	39.0%
リヨン関係合計	1997	社3＋緑1	総計 66,258	加重 43.7	UDF2＋RPR2	総計 85,308	加重 56.3	19,050	算術 32.0%
	2002	社2＋緑2	総計 59,007	加重 42.2	UMP系統同じ	総計 80,898	加重 57.8	21,891	算術 39.4%

〔注〕（ア）コロン（現リヨン市長）、（イ）デュベルナール、（ウ）バール元首相・当時リヨン市長。「加重」は 4 区総計ベースの加重平均、「算術」は各区ごとの棄権率を算術平均。

も保守が優勢。棄権率が軒並みに上昇したので、実際の政党の勢いとは同一視しがたいが、現職の第3区を除いて、新人に交代した3つの区では今回2002年の方が前回1997年よりも得票率を伸ばしている。それだけ、「左」の凋落が目立つ。棄権の増加によって有効投票数が著しく減少しているにもかかわらず、左右の間の実数票差も、第3区以外では拡大している。こうしてみると、2001年春市議会選挙での「左」の勝利（後述）が不思議なほどであり、やはり保守陣営の分裂が原因であることが改めて認識されるのである。

1－3－3節　左派政治家たちの状況

　左派は全体的に苦戦した。本書ではマクロでの各党派の盛衰を見るよりも、選挙制度が具体的にどのような仕組みであり、それがどのような機能を果たしているのかを見ることが目的であるから、以下、後述の地方選挙関係事例で名前の上がる有力政治家たちを中心に、その戦いぶりを概観しよう。

(1)　ナントのエイロー：1回目投票で当選

　まず、ナント市長のエイロー（社）の場合、下院議員としての選挙区は、ナント市の一部と近隣を合わせた「ロワール・アトランティック県第3選挙区」である。今回、同選挙区でも、「緑」「共」「極左」など「左」から数人の立候補があったが、そうした左派グループからの協力を受けない段階の1回目にいきなり50.1％を得票し、圧倒的な強さで直ちに当選している。1986年以来、連続して5回目の当選。前回1997年の1回目得票率は45.8％であったから、その地盤をさらに強固にしている。

(2)　ソーミュールのマルシャン：2回目に団結した「右」に敗退

　2001年春市議会選挙でソーミュール市政を奪取した「緑」の市長マルシャンは、その選挙区たる「メーヌ・エ・ロワール県第4選挙区」の現職下院議員として選挙戦に臨んだ。1回目では、「右」の分立のお蔭でトップに立ったが、得票率は29.8％。「右」のUDF系UMP候補たるピロンが29.0％で続き、さらに前ソーミュール市長のユゴー（RPR分派）も20.9％（登録有権者数の13.4％）を獲得して、2回目進出の敷居を越えた。

第1編　国政選挙

〔表-1-5〕2002年6月・国民議会総選挙事例3:「メーヌ・エ・ロワール県第4選挙区」

党派	1997年		2002年	
	1回目（率%）	2回目（率%）	1回目（率%）	2回目（率%）
左	緑　マルシャン 8,687(20.4)	同＝当選 16,156(36.6)	同 13,077(29.8)	同 17,231(42.1)
右	RPR　ポウ 10,307(24.2)	同 15,166(34.3)	RPR分派　ユゴー 9,193(20.9)	進出 辞退
右	UDF　ロビノー 10,295(24.1)	同 12,862(29.1)	UMP-UDF　ピロン 12,731(29.0)	同＝当選 23,661(57.9)
その他	5名 13,389(31.3)	― 進出不可	9名 8,893(20.3)	― 進出不可
棄権率	30.6%	29.4%	34.6%	38.6%

　前回同様の「三つ巴戦」の可能性もあったが、「右」は1997年の苦い経験から2人の候補者間で協定し、得票が多かったピロンの方に一本化して、結局、2回目は「左」「右」の一騎打ちとなった。結果、ピロンがソーミュール市内ですらマルシャンを敗り、57.9%対42.1%という大差で圧勝。1997年総選挙で、「右」が分裂したまま「三つ巴」決選投票に臨んだためマルシャンに漁夫の利を占められた議席を奪い返している。

　ピロンは1943年ソーミュール生まれ。中学校の国語担当教員。1983年以来、近隣のトゥアルセの町長をつとめ、県メール協会会長でもあるベテランだが、下院には初当選。

(3) リールのオブリ:衝撃的な敗北

　2001年地方選挙（後述）で、元首相のモロワから市長職を引き継ぐことに成功した「社」オブリ女史（元雇用・連帯相。1950年生まれ）の場合は、下院選挙区はリール市内ではなく、近隣の「ノール県第5区」。前回1997年が下院議員職への初挑戦であったが、「左」「右」一騎打ちになった2回目に、60.8%の得票率で圧勝している。なお彼女は、下院議員になる以前（1991～1993年、クレッソン内閣およびベレゴヴォワ内閣）、既に労働・雇用大臣に任命されたことがあり、当時から「社」若手のホープであった。

〔表-1-6〕に見るとおり、今回1回目には、例によって「極左」から「極右」まで17名もが立候補した（前回は12名）が、有権者の関心は大幅に低下して、棄権率が37.5％（前回28.9％）にも達した。得票状況は「社」オブリが31.1％（前回1回目には34.7％）で順当にトップ。第2位は中道・保守系（UNP-DL）新人のユイグで20.8％（前回RPR候補が22.6％）、第3位「右諸派」14.1％。以下、「極右」FN12.5％（前回、MNRと分裂前で18.0％）、「共」6.3％（前回12.6％）、「極右」MNR3.6％、「緑」2.9％（前回2.4％）、「極左」LO2.0％（前回3.3％）などであった。

旧ジョスパン左派連立政権を構成していた「社」「共」「緑」の合計は40.3％に止まっており、前回は1回目で合計49.7％にも達していたことから見ると、「共」と「社」の勢力衰退が著しかった。一方の保守・中道系は2位と3位で合計34.9％（前回は1人で22.6％）だったから、2人が分立し

〔表-1-6〕2002年6月・国民議会総選挙事例4：ノール県第5区「オーブルダンほか」

候補者		1回目得票（率％）	2回目得票（率％）	増減（率p）	
極左2	L, B	計1,657（3.3）	不可	−1,657	
共	D	3,215（6.3）	不可	−3,215	連立左派 +2,925
社	オブリ	15,822（31.1）＝1位	23,449（48.9）＝落選	+7,627	
緑	S	1,487（2.9）	不可	−1,487	
諸派8	略	計2,710（5.3）	不可	−2,710	
UMP-DL	ユイグ	10,591（20.8）＝2位	24,493（51.1）＝当選	+13,902	中道右派 +6,717
右諸派	W	7,185（14.1）	不可	−7,185	
極右FN	G	6,385（12.5）	不可	−6,385	極右 −8,232
極右MNR	B	1,847（3.6）	不可	−1,847	
有効票総計		50,899	47,942	−2,957	投票数 −1,576
無効票		1,318	2,699	+1,381	
候補者数		17	2	−15	
棄権率		37.5％	39.4％	+1.9p	
有権者数		83,592. 12.5％＝10,449	同左	0	

たことで、獲得票数の実数で見ても、かなりの保守票の掘り起こしになった。ただ、2位になったユイグの得票は、登録有権者数の12.5％という敷居を約140票ほど越えた程度であり、この段階では、さして強い候補には見えない。

　2回目は、進出資格を得た上位2人の一騎打ちとなり、「左」「右」とも票の寄託・移行によって団結したが、結果は選挙前の大方の予想に反して、保守新人のユイグが51.1％を得票し、オブリに千票以上の差をつけて勝利。この結果は全国的な注目を浴び、オブリにとっては、その政治的な面目を失墜する極めて重大な衝撃的敗北となっている。

　票の動きを見ると、表面の数字上では、連立左派と保守・中道連合それぞれが当初からの予定どおり2回目に協力した上、1回目「極左」や「諸派」だった票の一部がオブリに、「極右」や「諸派」だった票の一部がユイグに、それぞれ移行したようにも見える。しかし、実際には、それら極端な立場の票は2回目には「棄権」や「無効」に回り、1回目に「棄権」した有権者が「本番」の2回目になって参加したため、様相が変わったのかも知れない。今回その増大が注目される「無効」票（投票には参加した）や「棄権」票の動向については分析した情報が無いので、2回の間での有権者の動きは判然としない。

　勝利したユイグは1969年生まれの32歳で、仕事は公証人見習い。DLの若手活動家として地元で頭角をあらわしては来たが、公職選挙に臨んだのは初めてで、近い将来に初の女性大統領となる候補などとも言われていたオブリを破るという大殊勲を遂げた。

(4)　**ジョスパン連立左派内閣時代の閣僚たち**

　今回の下院総選挙では、ラファラン保守内閣の現職大臣たちが、パリ第11区で落選したヴェルシニ社会的疎外担当閣外相以外は、全員当選を果たした一方で、ジョスパン左派連立政権時代の閣僚たちなど、左派の有力政治家の苦戦が目立ったことが注目された。とくにジョスパン政権で花形看板閣僚であったオブリ女史の敗北は、象徴的と言われた。その他にも、現職下院議長

のフォルニ（社）、左派連立を組んできたグループのリーダーである共産党のユー書記長、「緑」のヴォワネ書記長（元環境大臣）、「市民」のシュベーヌマン党首（元内務大臣）らが落選している。

① ユー共産党書記長：「左」が一本化しても敗北　「共」のユー書記長（1946年生まれ。1997年下院初当選）は、ヴァル・ドワーズ県第5区「アルジャントゥイユほか」が選挙区。下院議員に加え、モンティニ市長も兼職していた。1回目「極左」から「極右」まで15名が立候補したが、今回は連立左派からは「社」も「緑」も立たず、ユーに一本化。一方の「右」も、州議でアルジャントゥイユ市議でもある元職のモトロンに一本化（UMP-RPR）し、この両者を軸に激戦が繰り広げられた。1回目得票率は、ユーが38.6％、モトロンが35.5％で、「左」優位であったが、2回目の一騎打ち決選投票（前回と同じ顔ぶれ）になって形勢が変わり、ユーは49.6％に止まり、50.4％を得たモトロンに惜敗する結果になった。前回の決選では、ユー57.1％、モトロン43.0％であったから、この逆転は、全国的な共産党の退潮を象徴するものとして、とくに注目を浴びた。なお、ここでも棄権率が1回目で39.2％、2回目は40.9％（前回1997年は33.4％）にも達しており、勝敗の帰趨の見込みが立ちにくい激戦にもかかわらず、有権者の多くが投票所に足を運ばなかったことも注目点である。

② ヴォワネ前環境相：「緑」の中心人物が敗北　「緑」のヴォワネ女史（1958年生まれ。前回1997年に下院初当選）は、ジュラ県第3区（ドール市ほか）が選挙区。ドール市の市議、ジュラ県議、さらに下院議員を兼任していたが、ジョスパン内閣で環境大臣に就任。前回1997年総選挙で、彼女は当時のドール市長であった保守系のバルビエ（UDF）を得票率で10ポイント以上の差をつけて破り、「緑」の躍進を印象づけた。今回は、連立左派で唯一の候補だったにもかかわらず、1回目から中道・保守系（UMP-UDF）の県議会副議長（クラマン町長兼任。ブドウ栽培業）セルミエにリードを許した。2回目になっても、ヴォワネ陣営が期待した1回目「棄権」者の動員が進まず、ドール市内でも周辺農村部でもセルミエにリードを許し、前回と

は逆に相手側に得票率で10ポイント以上の差をつけられて、敗退した。
③　シュベーヌマン元内相：「左」派国家中心主義者の敗北　　シュベーヌマン（1939年生まれ）は、ベルフォール市長でもあり、1973年以来7回連続して「テリトワール・ドゥ・ベルフォール県第2区」から下院に当選を続けていた。「市民運動」（MDC）党首として連立に加わったジョスパン内閣では2000年秋まで内務大臣をつとめ、今回は新たに「共和派中核」に改称して選挙に臨んだが、「左」「右」一騎打ちの決選投票に際して、「緑」や「社」からの票の寄託・移行が円滑に進まず得票率46.6％に止まり、ついに中道・保守系（UMP-DL）の新人ズュムケラー（1966年生まれの36歳。DLの同県支部長。会計士）に手痛い敗北を喫した。

1－3－4節　「極右」の状況――決選進出とその結果

　2002年総選挙での注目点には、大統領選挙で第2位につけるという予想外の力を示したFNなど「極右」勢力が下院でまで勢力を拡大していくのかどうか、ということがあった。大統領選挙での投票結果を単純に当てはめて推計すると、FNは237もの選挙区で2回目投票に進出しうるという計算がされていた（『ル・モンド』紙2002年6月11日記事）。前回1997年総選挙において、133選挙区で2回目進出に成功したことから見ても、ありそうな話であった。実際の結果については既述のとおりで、「極右」の中でもFNが2回目に進出したのは37選挙区に止まっている。

　「三つ巴」決選は、「極右」が生き残ることによって「右」が共倒れし、「左」が勝利を占めるといったシナリオになりやすいと思われていて、とくに「左」との間で国政政権を争う中道・保守系が回避したい形とされるが、今回は、そういう形になるのは10区（前回は76区）に止まった（そのうち「オランジュ」では、第3位が辞退して、実際には第1位対第2位の「一騎打ち」になった）。2回目に向けてのマスコミ報道で、FNは37のうち2選挙区程度で当選の可能性があるとも言われたが、最終的には、いずれも落選に終わっている。

FN で当選の可能性があるとされた 2 選挙区のうち 1 つは、党首ル・ペンの娘であるマリーヌ・ル・ペンが立候補した「パ・ドゥ・カレー県第13区」であった。同県は伝統的な鉱工業地帯で、近年では失業率も高く、FN にとっては勢力拡大に格好の条件下にあり、実際、今回の総選挙でも、県内14選挙区中の 4 つの区で 2 回目に進出し、いずれも「社」との一騎打ち決選を演じている。第13区では、大統領選挙の 1 回目に、ル・ペンが23.6% もの得票率で、 2 位ジョスパン（21.0%）、 3 位シラク（13.3%）にかなりの差をつけてトップに立っていた。

　この第13区は、ランス（Lens. 大聖堂で有名な Reims ではない）を中心とする鉱工業地域。1997年には、 1 回目で第 1 位「社」、第 2 位「共」、第 3 位 FN となり、 2 回目で「社」のボワが当選。今回の 1 回目では、FN（マリーヌ・ル・ペン）が24.2% の得票率で「共」と入れ替わって 2 位につけ、 1 位の「社」現職ボワ（38.2%）との差を縮めている。中道・保守系は相変わらず弱く、今回も13%（前回11%）程度の得票しかできていない。

　 2 回目は「社」対「極右」の一騎打ちとなったが、ボワが67.7% という圧倒的な得票でマリーヌを寄せ付けなかった。 2 回の投票の間での票数の差を見ると、ボワには「共」「緑」「共和派中核」（旧「市民運動」）など連立左派からの票の移行に加え、「極左」や中道・保守系からも一部の票が移っているように推測される。

1－3－5節　「三つ巴」決選の行方

(1) 全体的状況

　今回の下院選挙で、 2 回目に「極右」を含む「三つ巴」決選になる状況に至ったのは10選挙区。その中には「オランジュ」のような事例も生じたが、それ以外の 9 区では、「中道・保守」「社」（または「共」）「FN」の 3 候補が、そのまま「三つ巴」で決選に臨んでいる。 1 回目のトップは、UMP 系が 7 選挙区、「社」が 3 区。注目の FN は、 4 選挙区で 2 位、 6 区で 3 位という状況にあった。

2回目の結果は、1回目のトップが2回目にも順調に票を伸ばして当選したのが8区で、内訳はUMP系が6区、「社」が2区。他方、1回目トップに立ちながら、2回目に逆転されたのが、UMP、「社」ともに、1区ずつあった。そうした状況を一覧にしたのが、〔表-1-7〕である。この表では、「三つ巴」の10選挙区での3党派の候補者の順位を2つの回について数字で示し、2回の間で得票が増加している場合は「＋」印を、減少していれば「－」印を、2つの数字の間に挿入してある。つまり、1回目2位だが2回目に投票が増加して1位になれば「2＋1」、2位だったのが得票減少で3位になれば「2－3」という表示になっている。

　この一覧表で分かるとおり、10区のうちで、FNが2回目に得票増しているのは、僅かに「ヴォークリューズ県第4区」のみである。同区は上述したような特殊事情で、2回目が「三つ巴」になっていない。その他の選挙区では、FNの候補は軒並み得票を減らしている。その原因は何であろうか？

　表面の数字の動きだけからでも推測できることの1つは、「棄権」の増加

〔表-1-7〕「三つ巴」決選の状況・2002年6月総選挙

	選挙区	保守・中道	社（共）	FN
1	アルプ・マリティーム2	1＋1＝当選	2＋2	3－3
2	ブッシュ・デュ・ローヌ8	2＋2	1＋1＝当選	3－3
3	ガール2	3＋1＝当選	1＋2	2－3
4	ガール3	1＋1＝当選	2＋2	3－3
5	エロー6	1＋1＝当選	2＋2	3－3
6	エロー7	1＋2	2＋1＝当選(共)	3－3
7	ローヌ13	3＋2	1＋1＝当選	2－3
8	ヴァール4	1＋1＝当選	2＋2	3－3
9	ヴァール6	1＋1＝当選	3＋2	2－3
10	ヴォークリューズ4	1＋1＝当選	3～辞退	2＋2
	1位	7～7区＝当選	3～3区＝当選	無し
	2位	1～3区	5～6区	4～1区
	3位	2～無し	2～無し	6～9区

である。この10選挙区では、例外なく2回目の「棄権」が増加している。1回目にトップに立てなかった状況を見て、FN支持者が早々に棄権に回ったことは考えられる。「三つ巴」でない場合も含めて、FNが1回目にトップに立った選挙区は存在しない。これは、主として保守・中道がUMPに大同団結して分裂を防いだ結果であり、その作戦勝ちと言えよう。

(2) 2回投票の間で順位が変動した事例：「ガール県第2区」

また、表中で**太字**にしたのは、2回の間で3党派の間で順位に変動があった選挙区である。そのうち、表中「ガール県第2区」と「エロー県第7区」とは、トップの入れ替えという目立った変動であるので、そのあたりの事情を「ガール県第2区」を事例に観察してみよう。

同区は、ラングドック・ルシオン州ガール県内の5選挙区の1つ。県庁所在地ニームの一部に県南部一帯を合わせた区域であり、ボーケール、ヴォーヴェール、エーグ・モルトなどの町が含まれる。

前回1997年には、同県は5選挙区すべてで左派（「社」3＋「共」2）が勝利。うち第1区から3区では、2回目にFNが進出して「三つ巴」決選になり、「極右」まで含めた場合の「右」側の分裂に乗じた左派（「社」2＋「共」1）が、僅差で「中道・保守」系を下していた（FNは2回目にはいずれも第3位）。今回、同県では、中道・保守系を大同団結したUMPが挽回し、4つの選挙区で勝利。左派は、第5区で「社」現職が再選を果たしたのみに終わっている。

〔表-1-8〕に示した第2区では、前回の「三つ巴」決選で、「社」41.7％、「UDF」39.4％、「FN」18.8％という得票率の結果、「社」のF―P氏が勝利していた。今回は、1回目、「社」現職のほか、UMPからグロ・デュ・ロワ町長のムリュー、前回惜敗した元職のA氏（ボーケール市長。前回はUDFであったが、今回は同党から他の公認候補が出たため、「右諸派」として立候補）、FN候補B氏など、極左から極右まで合計17名が立候補。前回1回目に4位だった「共」は、今回は出ず「社」の支援に回った。

1回目には、FNが第2位になったが、現職F―P氏は第2位以下を大幅

〔表-1-8〕2002年6月・国民議会総選挙事例5「三つ巴」決選：ガール県第2区「ヴォーヴェールほか」

候補者		1回目得票（率%）	2回目得票（率%）	増減（率p）
極左3	B、V、G	1,839(3.0)	不可	−1,839
社会	F-P 現	17,806(27.9)＝1位	22,770(37.3)＝2位	+4,964(+9.4p)
エコ2	R、F	512(0.8)	不可	−512
諸派2	A、B	930(1.5)	不可	−930
CPNT	G	890(1.4)	不可	−890
UDF	S	1,635(2.6)	不可	−1,635
UMP	ムリュー	13,288(21.7)＝3位	25,649(42.1)＝当選	+12,361(+20.4p)
右諸派	A	11,225(17.6)	不可	−11,225
右諸派2	R-H、P	271(0.4)	不可	−271
極右	V	667(1.0)	不可	−667
FN	B	13,895(21.7)＝2位	12,582(20.6)＝3位	−1,313(−1.1p)
MNR	S	945(1.5)	不可	−945
有効票総計		63,903	61,001	−2,902
候補者数		17	3	−14
棄権率		36.1%	39.0%	+2.9p
有権者数		102,288 12.5%＝12,786	102,284	−4

にリード。UMPはFNの後塵を拝するという状況で、決選投票に進む資格を得たのは、この3者のみ。元職A氏は敷居値を越えられず進出できなかった。2回目には棄権率が上がり、FN票は減少、中道・保守系の票をまとめきったムリューが、「社」にかなりの差をつけて逆転勝利している。前回1997年の「三つ巴」決選と比較すると、「中道・保守」は554票の減であるのに、「社」（同一人物）は4,966票もの大幅減、FNはむしろ65票の増加を見ている。したがって、同選挙区での左右交代の主要因は、全国的に見られた左派の退潮であり、そのため折角の「三つ巴」のチャンスを活かせなかったということになろう。また、保守系は2回の投票を経て、元職のAから新人のムリューへと交代する結果となっており、2回投票制が新人の進出を

促す作用を持つことが分かる事例にもなっている。ムリューは1940年生まれの62歳で商業者。1983年以来、グロ・ドュ・ロワ町長。県議（一時は州議も）を兼任。

第1―4章　国会上院の選挙

1―4―1節　2001年9月上院議員選挙時点の選挙制度

2001年9月に執行された時点での国会上院（Sénat）の選挙制度については、すでに（0―2―4節）で叙述したので、改めての説明は省略する。

1―4―2節　上院選挙制度の改革

2003年7月7日に至り、上院の選挙制度を改革する新しい法案（国家構造に関わるため「組織法」案扱い）が可決成立した。この法案については、反対する野党側から憲法評議会に対して違憲立法審査が申し立てられたが、憲法評議会による合憲との判断の結果、国会の議決どおりの内容で、2003年7月30日組織法律第2003―696号として公布された。

改正内容は主として次のとおりで、適用は2004年9月執行の選挙からとなった。ただし新制度への移行期間中は経過措置があり、最終的には2010年に改革が完了する。

ア）上院議員の任期を6年（現行は9年）に短縮する。
イ）3年ごと3分の1ずつ改選する制度を改め、3年ごとに2分の1改選とする。
ウ）被選挙権を30歳（現行35歳）からに引き下げる。
エ）2010年までに段階的に定数を増やし、346議席（改革前321議席）とする。

途中の2007年選挙では341議席。

なお、県を選挙区とし、地方議員等からなる選挙人団による間接選挙であることには変更がない。

上院の起源は1875年第3共和制憲法とされるが、国会が2院制を採用した

のは、それよりも遙か以前の1795年憲法に遡る。それ以来、あるいは1875年以来でも、上院に相当する組織の選挙制度は何回もの改革を経てきた[3]。今回の改革による「任期6年で2分の1ずつ交代」は、第2次大戦後の第4共和制下における「共和国評議会」(Conseil de la République) と同じになる。

この改正を受けて最初の上院選挙は、2004年9月26日（日）に執行と決定され、そのためのコミューン議会における選挙人の選出は、少なくとも執行日前3週間より以前に行われることとなった。当時の内務省ホームページでの制度改革PRには、「したがって、夏の間にそれを開催する必要はありません」というコメントが付いていた。いかにもヴァカンス大国フランスらしい表現であった。

1－4－3節　2004年9月上院議員選挙の結果

2004年9月の選挙は基本的には「C群」の改選であったが、改選＋新規増員を合わせて、選挙する議席数が127。議席総数のうち多数決制で44議席、比例代表制で83議席を選出する。選挙後は上院の議席総数が331議席に増加。

上院の公式ホームページでの分類では、当選者の党派別内訳は、「諸派」1、「右諸派」7、「左諸派」5、「共」11、「左急進派」2、「社」30、「UDF」12、「UMP」56、「緑」3、の合計127議席となっていた。改選前との対比をするのは、今回は経過措置の関係もあるうえ、「党派」の分類名が選挙前後で異なってもいるから、正確には行いがたい。いずれにしても上院の場合は、独特の間接選挙でもあり、選挙執行時点での一般国民の政党支持動向とは相当なズレがあることは、2001年選挙の場合（0－2－4節）と同様である。結果、上院の院内会派で見た党派勢力は、「保守（UMP）」152、「中道（UDF）」33、「社」97、「欧州民主社会」系16、「共」系23、及び「無所属」7、という状況になった。

3）第5共和制下での上院議員選挙制度の推移について、詳しくは山崎榮一「フランスにおける地方分権の動向」〔6〕〔『地方自治』第661号、平成14年12月、ぎょうせい刊〕を参照されたい。

第1—5章 「補充人」制度

　フランスの国政選挙制度のうちで、我が国でも参考になりうる仕組みでありながら、あまり注目されていないことに、一般に「補充人」（通常 suppléant. 選挙法典では remplaçant が用いられる）と呼ばれる制度がある。すでにストラスブールについて述べた折りに簡略にふれているが、ここでまとめて説明しておきたい。

1—5—1節　「補充人」制度の存在理由

　フランスでは、第5共和制憲法で、国政における執行権（大統領＋内閣。立法権の一部も持つ）と審議権（国会両院）とを厳格に分離するシステムが採用されている。しかし通常、行政府は国会（とくに下院）の多数派を基盤にして初めて政策遂行に必要な予算や立法を具体化できることは、議院内閣制の下におけると変わらず、実際には、内閣の大臣たち（閣僚＋閣外大臣）の多くが、国会議員のうちから任命される。その場合、行政府の大臣と国会議員との間での「兼任」は、憲法上で禁止されている（憲法第23条）。たとえば下院議員である有力政治家Xが閣僚に任命されると、Xは下院議員を退かねばならないのである。

　となると、1人1区の小選挙区制において、そこから選出された代議士が欠けるわけだから、Xの選挙区では補欠選挙が必要になるのだろうか？それでは、Xにとっては自らの培ってきた地盤を失うことになりかねず、いかに重要な大臣職に就くと言っても、自分の政治的な地位を危うくするリスクが大きい。もしも、その補欠選挙でXに敵対する側の人物が当選した場合には、元来、総選挙において、有権者が全国でも自選挙区でもXを含む党派に政権を委ねるという判断をしたのに、その判断に従ってXが大臣に就任するがために、その選挙区では有権者の意向に悖る結果が生まれるという奇妙な状態に陥る。

　それが「奇妙」であるというロジックは、ある議員Yが大臣就任でなく、

病気等で任期中に死亡した場合にも適用しうる。およそ総選挙によって、ある時点での多数党派を有権者が選択したからには、その議員たちの任期中は、その総選挙の結果として有権者が選択した党派構成が出来るだけ尊重されるべきであり、その政治家自身が何らかの理由により辞職したような場合以外は、補欠選挙を回避するのが適切であるという考え方が採られうるのである。

　大雑把に言えば、これがフランスでの国会議員選出システムに組み込まれた「補充人」制度の存在理由（解説書等には説明が見当たらないため筆者なりに考えたもの）と思われる。すなわち、国会（上下両院）議員の選挙の折りに、各立候補者は必ず自分の「補充人」を指名し、それとのペアで有権者の審判を仰ぐ。このためXの選挙ポスターには、X自身の顔写真と合わせて、補充人Zの写真、少なくともその氏名が掲載され、有権者にペアとして提示される。Xが当選してのち、その国会議員任期中に例えば大臣に就任すると、空白になる議席を同じ政治的な立場のZが占めて穴を埋め、国会の党派構成を維持する。

1-5-2節　補充人による穴埋め

　補充人が穴埋めする場合は、公職選挙法典（下院議員についてLO.176-1条。上院議員についてLO.319条）に規定されており、元来の議員が大臣に就任した場合のほか、憲法院（Conseil constitutionnel）のメンバーに就任した場合、6カ月以上の期間にわたって政府から特命事項を委嘱された場合、そして死亡した場合である。補充人は、いったん穴埋めすれば、次ぎに下院総選挙や上院選挙があるまでの間は、議員であり続けるのが法の定めるルールであるから、Xがやがて大臣でなくなっても、制度上は議員を代行し続ける。

　それでは、元来の議員たるXにとっては、自分の選挙区を留守居役に預けているうちに、いつの間にか、実際にも、Zに取って代わられることになりかねない。そこで、次回の選挙では、ZはXに対抗して（Xの対抗馬の

補充人になることを含む）立候補することは出来ないルールになっている。つまり、Xが立候補する限り、ZはXと同じ選挙区からは立候補できず、Xに選挙区をいわば「奉還」して、その補充人であり続けるか、他の選挙区で自ら立候補するかしなければならない。Xの補充人であり続けるならば、Xがまた大臣に就任すると、また穴を埋め続けるということになる。なお選挙運動の期間中にXが死亡すれば、直ちにZが本来の立候補者と見なされることになり、新しく自分の補充人を指名する。つまり、不測の事態のために、有権者の多数が支持してもいない人物が偶然に選ばれることがないように工夫されている。

1－5－3節　補充人と本人の関係

　この補充人と本人との関係を見ると、制度上では後者が補欠役として位置づけられてはいるが、実際には補充人が本人にあくまでも忠実な留守居役に徹する場合ばかりではないようである。ジョスパン左派連立内閣での有力閣僚をはじめ、相当数の著名政治家にかかわって、さまざまな本人―補充人関係が総選挙などに際して見られたので、その一部を例示しておこう。

(1)　ベルフォールのシュベーヌマン元内相

　シュベーヌマンはスイス国境地帯のベルフォール地方が地元。共和国の一体・不可分性を強調する独自の政治的立場に立ち、「市民運動」（MDC）党の文字どおりのリーダーであった。1973年以来の下院議員で、ジョスパン左派連立内閣では内務大臣に就任したが（1997年）、在任中の2000年秋、コルス（英「コルシカ」）地方に関する政策の食い違いから大臣を辞任。そのままでは下院には戻れないのであるが、この際には、地元「ベルフォール西」選挙区を預かっていた忠実な補充人が下院議員を辞任。そして誰も居なくなったので補欠選挙（2000年10月）となり、本来の「現職」議員たるシュベーヌマンは、1回目51%の絶対多数を獲得。ただ、投票率が40%と低かったために「登録有権者数の4分の1以上得票」という1回目当選の条件（公職選挙法典L.126条）には達しなかった。上位2名の決選になった2回

目に、59.5％を得票して当選。しばしば封建時代になぞらえて「封土」(fief) などとも表現されるほどの地盤の強さを見せたのである。

　また、1983年から務めていたベルフォール市長の職は、内務大臣就任時に、ドゥルエ（Drouet）に預けていたが（「補充人」ではない）、2001年春の地方選挙で市政「奉還」を受けた（ドゥルエは助役に戻っている）。その際、彼を筆頭とする「市民運動＋」の党派名簿は、2回目に55.3％を得票し（議席数では全45議席中の35議席を獲得）、1995年地方選挙におけるよりも得票率を2ポイント上げてはいたが、内容を分析すると、国政での連立左派内閣で協力関係にあるはずの「緑」票が、2回目に十分には移行されておらず、将来に向けてのシュベーヌマンの不安材料としてマスコミから指摘されていた。

　さらに、その後の情勢変化により、今回2002年6月総選挙では1回目に初めて「社」からも立候補者があり、地盤のいっそうの緩みが見えた。それでもなお、2回目の「一騎打ち」決選で「中道・保守系」の新人に敗れるとはマスコミでも予想外の結果であった。（上述1－3－3節(4)③。ただ、これは補充人の問題ではなく、全体の政治状況の生んだ結果である。）

(2)　ストラスブールのトロットマン元文化相

　ストラスブールの「社」トロットマン女史の場合は、上述（1－3－2節(2)）のとおり、補充人との関係が複雑になった。彼女の選挙区は元来ストラスブールの「中央」であったが、文化大臣就任に伴い補充人のユンクが穴埋め。その後、彼女が地方選挙準備のために大臣を辞任（さらに市長に舞い戻り）して以降も、ユンクが下院の議席を占め続けた。その挙げ句、今回の選挙では、元来「中央」のト女史は、従前から保守の地盤である「北」に回って、保守系現職に挑戦したが、あえなく惨敗。彼女の留守居役だったはずのユンクが、そのまま「中央」で立候補して、僅差ながら逃げ切って当選し、「本来」の下院議員になることに成功した。補充人は、元来の本人に対抗して出馬する事は出来ないが、本人と別の選挙区からなら立候補できる。ユンクは、元来の本人の方を新しい選挙区に移らせることに成功して、留守居役

をしていた選挙区で見事に栄冠を勝ち得たわけである。「社」は党派としては、現職の議席を死守することに成功したが、ト女史の立場からは、留守居役に自分の議席を体よく奪い取られたことになる。これは2000年春に、文化大臣辞任の理由として、ト女史が「市政に専念する」ためと説明したことが、下院議席の確保についても裏目に出たものでもあると言えよう。

(3) リールのオブリ元雇用・連帯相ほか

　リール市長の「社」オブリ女史の場合、雇用・連帯相就任（1997年）に伴い議席を預けていた留守居役から、総選挙にあたって選挙区の奉還を受けるという、補充人制度上でもっとも自然な形で、今回の選挙に取り組んだ。左派としては大きな実績のある有力政治家でもあり、順当に当選することが予想されていたが、案に相違して上記（1－3－3節(3)）のとおりの惨憺たる結果になり、それだけ衝撃も大きく全国的な話題になった。

　同様に、補充人から無事に選挙区の奉還を受けながら、「中道・保守」系の候補に敗れて、全国的に注目された元大臣に「社」モスコヴィシ（元欧州担当相）がいる。選挙区は「ドゥーブ県第4区」、決選の相手はUMP系のスロンクール村長タラン女史で、得票率にして50.2％対49.8％、僅か162票差という接戦であった。なおタラン女史はドゥーブ県選出上院議員の補充人（1998年以来）でもあった。

(4) 順当に復帰当選した元閣僚たち

　もちろん、ジョスパン内閣時代の閣僚で、留守居役からの選挙区奉還も順調、選挙でも順当に勝利して下院議員に復帰した有力政治家は多い。今回の総選挙の結果、「社」など連立左派が野党になったから、その系統ではしばらく補充人の出番はなく、元来の議員本人が野党議員としての活動に従事することになる。たとえばファビウス元経済・財政・産業大臣（「社」。ミッテラン大統領時代には首相も経験している）の場合、大臣就任中は「セーヌ・マリティーム県第4区」を留守居役の補充人に預けていたが、今回の選挙で無事に復帰当選。

　同様に補充人に預けていた選挙区で無事に復帰当選した有力政治家には、

ヴァイヤン元内相(「社」。「パリ第19選挙区」)、グラヴァニ元農相(「社」。「オート・ピレネー県第3区」。従前の補充人であった「社」ロビン・ロドリゴ女史は同県第2区に転じて立候補〔しかも当選〕しており、今回は新しい補充人と組んだ)、ロワイヤル元環境相(「社」。2006年現在、左派系でもっとも有力な大統領候補。経歴後述。「ドウ・セーヴル県第2区」)などがいる。

　こうした結果が補充人制度の元来予定している形であり、少なくとも本人が、大臣として、地元の選挙民にも評価される功績を挙げたうえで、自らの元来の選挙区から立候補すれば、選挙区を留守にしていたことが通常はマイナスにはならないはずと想定された制度なのである。

補　論　欧州議会議員選挙

補—1—1節　フランスにおける欧州議会議員選挙の制度

　欧州各国における選挙制度や政治の動態を見る場合、今日では欧州議会(仏 Parlement européen)への代表の選出方式についても参照することが必要になる。とくにフランスの場合には、その政治の特色たる「選挙職の兼任」との関係からも、それぞれの政治家がどのレベルの公職を選択するかは、政治の実態を観察する上で欠くことの出来ない視点になっている。さまざまなレベルの地方団体の首長や議員が同時に欧州議会議員(député européen. 略 eurodéputé)を兼ねてもおり、欧州規模での農業政策や地域政策に影響力を行使している。

　欧州議会の議員(任期5年。英略は MEP)は、各国内ごとに配分された国別定数を直接公選する。従前は定数合計626名で、うちフランス分定数は87名。最大の独(99名)に続き英・伊と同数。前回の選挙は1999年6月に実施されたが、2000年12月のニース条約により、2004年6月の選挙からは、最大732名の範囲内で各国別議員定数の再配分がなされた。一般に欧州議会では、各国別というよりは、国の違いを超えて政治的立場を共通にする「欧州民主党」「欧州社会党」など「党派」別に、政治的な行動がなされるのが通

例になっているが、フランスから選出されている議員のうちには、「狩猟者・漁労者」の代表（CPNT）を名乗り欧州による規制に反対するグループもあり、国内での党派構成とは様相が異なっている。それも選挙制度とも関連を持つ。

　欧州議会議員の選挙は、現在では、すべての欧州連合メンバー国において比例代表制が採用されている。「選挙区」の割り方には国による差異があり、英や伊など4カ国では「州」（英 region. ただし英では「州」は地方団体ではない）単位に、独は全国大と各邦ごとの2種類の選挙区を設けている。

　フランスの場合、従来は他の国々と同様、全国一本の選挙区であったが、2004年選挙からは、有権者に議員をより近づけることを狙って、全国を8つの選挙区に区分している。拘束名簿式の1回投票制で、得票率5％未満の党派には議席の配分がなされない。議席の配分を受けた党派では、名簿の上位から記載順に当選者が決まっていく。選挙区に工夫があるほかは、一番単純な比例代表制である。欠員が生じた場合は、同じ名簿の下位から順次繰り上がって当選する。制度の内容については、格別に説明を要する点はないので、ごく簡略に選挙結果データを掲げるに止める。

補―1―2節　2004年6月の欧州議会議員選挙

(1) フランスにおける欧州議会議員選挙の結果

　中東欧など10カ国が5月に新規加盟して25カ国体制になって後、初めての欧州議会選挙は、2004年6月13日（日）に執行された。棄権率が57％にも上り、1回目の1979年（39％）以来の欧州議会選挙でフランスでは最高の記録的高率になった。

　〔表-1-9〕に全国での合計データを示した。1回だけ投票する単純な比例代表制であるから、「得票率」の数値と「議席シェア」の数値とは、ごく大雑把に対応してはいる。実際には、最大得票をした「社」PSなどが得票率以上に議席を得ている。この乖離の原因は、データは全国合計であるのに対し、ア）実際には選挙区が8つに区分されていること、イ）少数党派に脚切

第1編　国政選挙

〔表-1-9〕フランスでの欧州議会議員選挙結果（2004年6月）

区分	得票数	得票率%	議席数	議席シェア%
「左」合計	7,362,741	42.9	40	51
うち「社」PS	4,960,067	28.9	31	40
「共」PC	900,592	5.3	2	3
「緑」	1,271,040	7.4	6	8
「右」合計	6,521,070	38.0	31	40
うちUMP	2,856,046	16.6	17	22
UDF	2,049,808	11.9	11	14
MPF	1,145,469	6.7	3	4
RPF	291,227	1.7	0	0
「極左」計	571,514	3.3	0	0
うちLO-LCR	440,051	2.6	0	0
「極右」計	1,738,412	10.1	7	9
うちFN	1,684,792	9.8	7	9
諸派	975,297	5.7	0	0
フランス総計	17,169,034	100	78	100

〔注〕　有権者数41,510千人、投票者数17,766千人、棄権率57%、有効票17,169千票。
　　　Le Monde、Mardi 15 Juin 2004、第1面のデータによる。

りする「敷居」が設けられていること、さらに、ウ）比例代表制での計算上行う端数処理と考えられる。

　全国8つの選挙区のうちには、ある党派が「少数派」脚切りラインの「敷居」を越えた場合でも、選挙区定数が少ないなどのためもあって、端数処理の結果、1つも議席配分を受けられない場合もある。たとえば「欧州憲法」草案のまとめ役だった元仏共和国大統領ジスカール・デスタンの地元であるオーヴェルニュ州を含む「中央山塊地方・中央州選挙区」の結果を見ると、定数6に対し、「社」PSが得票率31.2%で3議席（1/2）を獲得、UMP（保守・シラク派）20.4%で2議席（1/3）、UDF（中道保守・ジスカール系）9.95%で1議席で、全ての議席配分終了となったが、この3党派の得票は合計して61.6%しかない。この3党派のほかに「5%」を超えた党派

51

としては、FNの9.64%を筆頭に、MPF6.6%、「緑」6.3%、「共」6.2%があったが、いずれの党派も議席獲得には至っていない。そのうえ「5％」未満の党派も11立候補しており、それらも加えたいわゆる「死に票」が4割近くにも上るため、比例配分計算であっても、多数派は得票率をはるかに超え、ちょうど「州」の選挙で「25％」の多数プレミアムがある場合と同じように特別の議席シェアを獲得している。欧州議会の議員を有権者に近づけるとした「選挙区制」導入は、このような形での少数派排除と多数派増幅の効果も生むものであった。一見もっとも単純な「比例代表制」でも、そこに「選挙区」という仕掛けを組み入れることで、ある程度の多数派形成機能を持たせているのが、フランスでの欧州議会議員選挙制度なのである。

(2) 欧州全体での結果

　欧州全体でも棄権率が56％と極めて高く最高記録になった。とくに5月に新規加入したばかりの中東欧など10ヵ国での合計は74％にも上り、有権者の4人に1人が投票したに過ぎなかった。また今回の選挙では、我が国でも報道されたとおり、フランスに限らず、「独」「英」「伊」など主要国のどこでも、その国における政権党が敗退したことが注目された。

　欧州議会では、各国別に選出された議員たちが、政治的色合いに応じて「党派」を結成して、議会活動を展開する。今回の選挙の結果、国別では大幅な「左」「右」間での多数派交代劇を見たが、全体としての欧州議会の「党派」別議席分布は、PPE-DE（英EPP-ED＝「欧州民党・欧州民主党」＝中道・保守）272名（37％）、PSE（英PES＝「欧州社会党」）201名（27％）、ELDR＝「欧州自由民主改革党」66名（9％）などが主要なグループとなっている状況には、おおかた変化が無い。その他の主要党派としては、「緑」42名（6％）、GUE-NGL＝「欧州統一左翼党（「共」ほか）」36名（5％）などになっている。

第2編　地方選挙

　本編では、地方選挙について、コミューン、その広域行政組織、県、州という各レベルごとに異なる選挙制度の仕組みと動態を叙述する。小規模コミューンにおける独特の選挙制度である完全連記が可能な「非拘束名簿式2回投票多数決制」も、より規模が大きなコミューンでの「拘束名簿2回投票式比例代表併用多数派プレミアム制」も、さらには州における「拘束名簿2回投票式多数派プレミアム・比例代表併用制」も、いずれも作為的に安定多数派を形成する機能を持つことに注目する。また、2回の投票の間における党派間の合従連衡の動きを分析し、多数派形成の政治過程の実際の姿を観察する。県における小選挙区制も一般的には安定多数派を形成するという方向性を持つが、半数改選制であるため、結果として複雑な議会党派構成を生む場合があることを認識する。

　こうした叙述を通じて、地方選挙制度においても、制度の全体的な組み立てが異なるにもかかわらず、たとえば2回投票制には国政選挙と同様の機能が観察され、そのうえ、「多数派プレミアム」による作為的な安定多数派形成、首長の実質的な「直接」公選制、多数の議員による自治行政の執行などの特色に注目して、後述の結論や提言へと繋がる論点を示唆する。

第2－1章　地方団体の自治組織構造と公選職

　選挙制度を見る前提として、選挙で選出される公選職の人々（仏では一般に élu［s=複数の場合］と呼ばれる）が、どのような制度の下に公務遂行に当たるのか簡略にまとめておく。

　フランスの地方制度は、基礎レベルのコミューン（commune）、広域レベルの県（département）、一層広域的な州（région）という3階層に、完全

な公法人たる「地方団体」（collectivité locale［又は territoriale］）を設け、それらを基本的な地方自治単位として位置づけている。そのいずれにおいても主要事項の審議・決定機関たる議会（conseil）を置き、その議員（conseiller［s］）を住民の直接公選により選出。議員の中から互選される議会の長（議長＝コミューンでは maire「メール」、「県」「州」では président「プレジダン」）が地方団体の執行機関たる首長としての地位にも就くという方式によって運営管理され、それぞれの地方団体が自律性を有するシステムとなっている。したがって、地方団体における「選挙」とは、まず、その議会議員を有権者が直接選挙することを意味する。

各地方団体における行政執行は「首長（＝議長）」の責任の下に一元化されているが、実際の行政執行については、主要な行政分野ごとに首長から一定の権限の委任を受ける複数の「副首長」（＝副議長）が置かれ（首長と同様に議会内で互選）、首長と副首長たちとが「執行部」（bureau）を形成して、一体的に自治行政の執行に当たる。「執行部」が議院内閣制における「内閣」で、首長が首相、各副首長が各省大臣のようなイメージである。

ポストの呼称は、地方団体の階層によって相違しており、コミューンでは首長＝「メール」と副首長「助役（アジョワン）」（adjoint［s］ au maire または maire-adjoint［s］）たち、県では首長＝「県知事（議長）」（この「知事」は préfet＝中央政府任命の「地方長官」ではないことに注意）と副首長「副知事（副議長）」（vice-président［s］）たち、州でも県と同じく首長＝「州知事（議長）」と副首長「副知事（副議長）」たちということになる。

我が国との比較で言うと、

ア）首長は直接選挙による選出ではないこと、

イ）副首長たちは、我が国の府県や市町村での事務部局の部局長と同じ程度の数が選任され（つまり我が国の副知事や助役より遙かに数が多い）、行政事務を分野ごとに分担すること、

ウ）副首長たちも、議会で議員の中から互選される（首長の指名ではない）こと、

したがって、

エ）実際の行政執行に責任者として関与する住民代表者（élu[s]＝選挙で選ばれた人＝「議員」）の数が我が国より遙かに多いこと、

などの重要な差異がある。ただし、それらの諸点は、あくまでも我が国と比較しての差異であり、欧州諸国では、むしろ普通に見られる仕組みである。

　公選職からなる執行部の下に、一般公務員からなる自治行政事務組織が置かれ、事務総長（directeur-général＝事務方のトップ）の総合調整のもと、分野ごとの所管部局に分かれて、実際の行政実務を遂行している。こうした地方団体の内部組織構造については、前掲（はしがき）『フランスの地方自治』第3章を参照されたい。

第2―2章　コミューンの選挙

　次ぎに、コミューンにおける選挙制度の概略を、本稿のテーマに関係の深い部分を中心として、改めて説明しておく。なお、以下で使用する邦語は、しばしば筆者が独自にあえて無理をして邦訳や新語を作ったものであり、邦語として未成熟なものが多い。選挙制度を叙述する際に従前から用いられてきた用語とは必ずしも一致させていないので、読者各位におかれては、この点ご注意願いたい。

2―2―1節　コミューン選挙の制度

(1) **任期、議席数、選挙区**

　議員の任期は6年（ただし次回は2008年に1年延期）。議席数は人口により最小は9（人口100人未満）で最大は69（人口30万人以上）議席。例外たる3大都市のリヨン、マルセイユ、パリは、それぞれ73、101、163議席。選挙区域はコミューン全体を単位とするが、分割も可能である。3大都市では「区」が設けられており、コミューン議会議員選挙も「区」が選挙区になっている。

(2) **選挙方式と投票方式**

人口により選挙の方式が異なる。

① **2,500人未満のコミューン：「非拘束名簿式（完全連記可能）2回投票多数決制」**　議席数は9から19。団体数（約3万3千コミューン）で見ればコミューン総数（約3万6千5百コミューン）の9割がこの範疇に入るが、合計人口では3割程度にとどまる。

基本的には「非拘束名簿式（完全連記可能）2回投票多数決制」（scrutin majoritaire plurinominal à deux tours）。基本は名簿式ではあるが、各候補者名簿に記載する候補者数は議席数より少なくてもよい。1人の候補者しか記載しないものも可。つまり個人の立候補も認められる。選挙人は、名簿上から候補者を削除したり、他党派の候補者を追加したりできる（panachage＝「混合投票」）。つまり、複数名簿から候補者を選んで合計で議席数と同数に（またはそれより少なく）なるように投票することができる。

第1回目で有効投票の過半数、かつ選挙人名簿登録者の4分の1以上の得票数を得た候補者は、その段階で当選。当選人が議席数に達しない場合は、残りの議席について第2回目の投票を行い、相対多数の順に当選する。

くだけた説明をすると、この方式の場合、選挙人は、場合によっては異なる複数「党派」の名簿の中から自分で選んで指名する「お気に入り」候補者各人に「1票」ずつ（1選挙人が1候補者に「2票」以上投票するのは不可）投じていて、1人の選挙人の投じた「票」を合計すると、最大でも選出すべき議席数以内に収まる。選出すべき議席総数と同じだけの数の候補者に各選挙人が投票できる（より少なくとも投票は有効）という意味で「完全連記可能」である。受け手側たる各候補者の得票数は、有効な投票をした選挙人から指名（投票）されるたびに1つずつ増えていき、その合計が当選ラインに達すれば「当選」となる。絶大な人気を誇る候補者がいれば、他党派の支持者にも応援してもらえるので、抽象的な想定上では、その候補者の「得票率」は100％になりうる。

この制度での実例は、後記具体例「S村」を見られたい。

② **2,500人以上3,500人未満の場合**　この範疇に入るコミューンは約

1,000団体（3％弱）で、人口は3百万人弱（総人口の5％）程度。選挙制度は、基本的には上記①人口2,500人未満と類似しているが、個人の立候補はできず、名簿には議席数と同数の候補者を記載していなければならない。議席数は23。選挙人は名簿上から候補者を削除したり、異なる党派の名簿に記載されている候補者を追加したりできる。複数の名簿から自分の「お気に入り」だけを寄せ集めて投票することも可能。

　この方式の場合、①よりは候補者のグループ化（同一名簿に載る「党派」づくり）を推進する。投票する側にとっては、純粋な「無所属」（1人1党）を選択できないほかには、①の場合と同様になる。人口2,500人未満の場合より、こちらの方が「非拘束名簿式（完全連記可能）2回投票多数決制」といった訳語が我が国で生むイメージに近いかと思う。

③　**3,500人以上の場合（3大都市を除く）：「拘束名簿2回投票式比例代表併用多数派プレミアム制」**　　人口3,500人以上のコミューンは総数2,500弱で、団体数では僅か7％程度であるが、合計人口は3千8百万人弱で総人口の3分の2。国内外に名を知られているような都市は、3大都市以外、この範疇に入る。実際の選挙結果について、一般のマスコミで報道されるのも、国政レベルで有名な政治家が地元の小規模町村で首長（メール）をしているという場合を別にすれば、相当規模より大きな都市での状況についてである。議席数は27から69。

㈦　「拘束名簿2回投票式比例代表併用多数派プレミアム制」　　選挙の方式は、拘束名簿式2回投票制で「多数派プレミアム」制に比例代表制を加味した制度（scrutin proportionnel de liste à deux tours avec prime majoritaire）である。それを一口に邦語でレッテル貼りするのはきわめて困難であるが、あえて言えば「拘束名簿2回投票式比例代表併用多数派プレミアム制」というようなことになる。上の（　）内に示したフランスで一般に使われる用語を直訳すると「多数派プレミアム付き拘束名簿式比例代表2回投票制」となるが、下記するとおり、現在の制度では「多数派プレミアム」は議席数の半数にまで達し、それが議会の主導権や多数派の

安定性を決定的にする機能を持つものであるから、比例配分による議席数以上に重要な意味を持っている。その重要性を表現するには、「付き」(仏語の avec の邦訳) という言葉は少なくとも邦語としては不適切と考えるので、筆者は直訳から主・従を逆転させた用語を使うことにしたい。

　候補者名簿には、議席数と同数の候補者が記載されていなければならず、個人の立候補はできない。各候補者名簿に記載する候補者の男女の内訳は均等 (parité.「パリテ」) にしなければならず、その数の差が１を超えてはならない。具体的には候補者６人ごとに区切ってみて男女同数でなければならないので、記載の順位も両性の均等な取り扱いが求められている。この候補者男女同数のルール等については、山崎栄一氏の『フランスの憲法改正と地方分権──ジロンダンの復権』(日本評論社・2006年刊) 第９章、pp.274-288.「パリテ法（候補者男女同数法）」に詳しい。

　選挙人は名簿に「拘束」されて投票することとなり、候補者を削除、追加または順序を変更することはできない。この方式の場合には、選挙人の「票数」は名簿にのみ投票する「１人１票」となる。もちろん、各選挙人が「定数いっぱいの候補者に投票でき、また必ずそうしなければならない」と言うことも可能だが、実際には同じことになる。

(ｲ)　「多数派プレミアム」と比例配分　　議席の配分ルールは、単純な「比例代表」制とは大幅に異なっているので、格別の注意が必要である。すなわち、第１回目で有効投票数の過半数を得票した名簿は、議席の過半数をまず獲得する（筆者はこれを「多数派プレミアム」と呼ぶことにしている）。それが、この選挙制度の特色をなす核心部分である。残りの半数の議席は、有効投票数の５％以上を獲得した候補者名簿（過半数獲得名簿を含む）に比例配分される。すなわち、５％以上を獲得した名簿の得票数のみを合計し、それを分母（100）として見ての各党派の得票率を計算するという基本ルールである。比例配分の計算方法は最大平均法による。

　第１回目で過半数に達する名簿がない場合は、第２回投票が行われる。その場合には、第１回で有効投票数の10％に達しなかった名簿は独自に

は参加できない。有効得票数が10％以上の名簿は独自に第2回に進出できる。第2回投票の結果、相対多数（他のどの名簿よりも得票が多ければ、それでよく、過半数に届く必要はない）の名簿が、議席数の半分（多数派プレミアム）をまず獲得し、残りの議席については、上記の方法と同じ手順で比例配分により確定する。

(ウ)　名簿の「融合」による多数派形成　第2回目の場合、複数党派（名簿）の間で多数派工作が進むこともある。すなわち、第2回目に進む名簿は、第1回目で5％以上を獲得した名簿（すなわち10％未満のため独自には2回目に進めないものを含む）との間で「融合」（fusion）をして、新しい名簿で有権者に信を問うことも出来る。その場合には、融合する複数の名簿から候補者を寄せ集めて新しい名簿に記載することになり、候補者の順位も変更できる。この段階で、1回目の2、3位間の連合が成立して新しい「党派」（名称も新しく出来る）への結集が起こり、第1位の党派がそれに凌駕されて、結局、多数派として当該地方団体における「政権」を握るのは2、3位連合になるということも起こる。

　もちろん、第1回目から比較的に立場の近い勢力の間で選挙協力が合意され、はじめから複数党派が「連立」して、選挙戦に臨む場合もある。〔後述するナント市議会選挙の事例を参照〕これも名簿の融合した形ではあるが、融合する時期が最初からであるので、選挙制度上は1回目に立候補登録された通常の名簿である。実際には、名称やポスターなどで始めから「連立」していることが分かるような表現が用いられる。なお、そうした名簿が、2回目にさらに他の名簿と融合されることも可能である。

④　**3大都市の特例**　パリ、マルセイユ、リヨンの3大都市の場合には、その内部を細分する「区」という自治的な機能を持つ行政区画（法人格はない）が置かれている。パリには20区、マルセイユには16区、リヨンには9区があり、「市」議会（パリではそれが「県」議会でもあるので、「パリ議会」〔le conseil de Paris〕と呼ばれる）に加えて、パリとリヨンでは各区ごとに、マルセイユでは16区を2つずつまとめた8「連合区」（secteur）ごと

に、「区議会」(conseil d'arrondissement) がある。「区」に与えられた権能は大きなものではなく、住民と「市」との意思疎通役としての機能が中心である。

　2つのレベルの議会とも、住民の直接選挙で選ばれる議員、すなわち「市議会議員」(conseiller municipal) または「区議会議員」(conseiller d'arrondissement) により構成され、その中から「市長」または「区長」(maire d'arrondissement) が互選される。「市」の議員は必ず自選挙区たる「区」の議員も兼ねる。市議会（区兼任）議員と区議会（区専任）議員の選挙は、同時に、同じ選挙区（「区」または「連合区」単位）ごとに、同じ名簿を用いて、人口3,500人以上のコミューンと同じ方式（上記③）で行われる。市議会全体の議員構成は、各区ごとに定められた市議会議員定数に応じて選出された議員を合計したものになる。

　区議会の議員定数は、最小13名（パリ第1区ほか）から最大51名（パリ第15区）まであるが、それぞれの選挙区から選出すべき「市」議会議員定数は、おおむね各「区」議会議員（区専任＋市兼任）定数の3分の1程度に定められている。そこで、実際の選挙においては、各区ごとに各党派が「区」議会（「市」兼任を含む）議員選出定数いっぱいの数の立候補者名を順序をつけて記載した候補者名簿を提出し、それに対する有権者の支持を問う。開票の後、③と同じ方式により各党派ごとの「市」議会議員の枠が決定され、それぞれの党派名簿の中で上位に位置付けられた順に「市」議会議員になるべき人物が決定される。

　さらに、同じ得票結果をもとに党派別「区」議会（「市」兼任を含む）議員の枠が算出決定される。それをうけて、各党派別に名簿記載順序に従って、「区」議会議員の当選者が決まる。「区」の方が定数は多いから各党派への当選枠は「市」より多くなり、「市」に当選した者は必ず各名簿の上位に位置付けられているから、自動的に「区」にも当選する。簡単に言えば、各党派から当選する「区」議員のうちで名簿上位から約3分の1が「市」にも当選し、「市」と「区」を兼任する形になるのである。

そのようにして選出される議員の互選によって、「市」「区」のトップや助役が選ばれるから、各「区長」や有力「区助役」は、当該「区」選出の「市」議員であるのが通例となる。それどころか、ジョスパン左派連立内閣でのヴァイヤン氏（社会党）のように、パリの地元区区長（もちろんパリ議会議員でもあった）と内務大臣を兼任するようなことも、格別に違和感なく行われる。ただヴァ氏の場合には、内相就任後、「大臣と地方団体の首長との兼任を避けること」という内閣の方針との関係から、「区」の方は、形の上では「筆頭助役」に退いた。

(3) 「多数派プレミアム」の機能

① **得票率と獲得議席シェア** 「多数派プレミアム」制の結果、「得票率」と「議席シェア」との間には、大きな「乖離」が生じる。この点は、後述する具体的な事例を見る方が分かりやすいが、まず一般論で表現しておく。なお、ここでは単純な模式化のために、議席配分を受けることができない得票率5％未満の党派は存在しないと仮定するなどしている。

第1回目の投票にせよ、第2回目にせよ、結果が決まる投票において、相対的に見て「最大得票」をした党派の得票率をX％（X＞10）、その党派に配分される議席のシェアをY％とすると、$Y=50+50\times(X/100)$ すなわち $Y=(1/2)X+50$ となるから、得票率と議席シェアとの関係は、観念的には〔図-1〕の直線（多数派と少数派を分かつという意味で「分界線」とした）M（エム）のようになる。単純な比例代表方式による議席配分は観念的には同図中の45度線L（エル）であるから、それと直線Mとの間に挟まれたスペースが多数派への上積みによる「乖離」を示す。それが多数派への「プレミアム」すなわち「割増し」になる。最大得票党派の得票率が小さいほど「乖離」が大きく、議席の配分において、得票率以上により一層安定した多数派たらしめる歴然たる効果を生む。

その実際の重みを把握するために、「得票率相応議席シェア＝X」％と「割増し議席シェア＝Y（実配分議席シェア）−X（得票率相応議席シェア）」％との比を算出して、その商を「割増し率」とでも表現するとすれ

〔図-1〕多数派と少数派

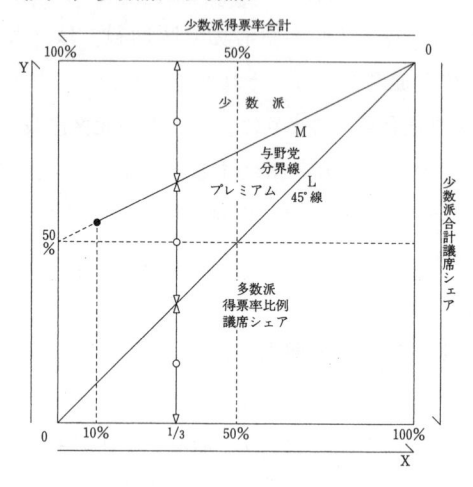

少数派得票率合計

（図：Y軸 0～100%、X軸 0～100%、M点・L点、45°線、与野党分界線、プレミアム、多数派得票率比例議席シェア、少数派合計議席シェア）

ば、「割増し率」$a=(Y-X)\div X$で、$Y=(1/2)X+50$を代入して、すなわち$a=50/X-1/2$である。

　いくつかの区切りになる得票率での「割増し率」を算出すると、X＝75の場合には「割増し率」＝1/6でさしたることはないが、X＝50で1/2割増し、すなわち半数の得票があれば議席配分は3/4になる。X＝25（実際上もありえない事態ではない）だと3/2もの割増し、X＝10（実際上は、この程度の得票で多数派になることはない）では9/2。X＝100/3すなわち得票率が1/3の場合に単純「比例配分」と等倍の「割増し」を受けて、議席シェアが2倍に膨張することになる。2回目の決選投票が「三つ巴」以上になり、各党派間の実力が拮抗していると、そのような結果に近づいていくことになりうる。（〔図-1〕中、縦一列の3本の矢印を参照）

② **「勝者」と「敗者」は雲泥の差**　同じ選挙結果を「敗者」の側から見ると、次のような見え方になる。個別の少数党派が得票率X％（X＜50）で獲得する議席シェア（Y％）は「$Y=(1/2)\times X$」。「X＜50」だから必ず「Y＜25」。少数党派全体を集計しても、少数党派に配分される議席総数はグラフの左上の三角形部分内でしかない。「多数派プレミアム」の裏側には、

「少数派ディスカウント」とでも呼ぶべき「割落とし」がある。各少数党派ごとの「割落とし」の大きさを「得票率相応議席シェア＝X」と「実配分議席シェア＝Y」との差と定義すると、当該少数党派の得票率X％（＜50％）、議席シェアをY％として、「Y＝X－(1/2) X」すなわち「Y＝(1/2) X」となり、その「割落とし率」（縮小倍率）は常に「1/2」となる。

ある1つの党派が相対的にでも「多数派」になるのと、「少数派」になるのとでは、同じ得票率X％での「獲得議席シェア」の差Z％は「Z＝〔(1/2) X－50〕－(1/2) X」すなわち50％ で、「多数派プレミアム」に等しい。この「プレミアム」は選挙という審判の結果下される勝ち負けの差を歴然とさせる効果を持ち、「多数決」を基本原理とする民主主義制度の下では、決定的な「雲泥の差」となる。地方選挙制度の中に、そういう作為的な勢力差拡大の仕組みを組み込んでいるのは何故か？　それは正統性を持ちうるのか？　それがフランスでの地方選挙制度を観察するうえでの基本的な問題意識となる。

以下、実際のコミューン選挙（2001年3月執行）の結果を例示して、「多数派プレミアム」などの制度が実際に果たす機能（筆者は「安定多数派形成機能」と呼んでいる）を観察することにしたい。

2－2－2節　「非拘束名簿式（完全連記可能）2回投票多数決制」の選挙：小規模コミューン

(1) 事例1「S村」の概略

まず、小規模コミューンでの制度の機能をS村（固有名詞は以下で叙述しようとする内容にとって不必要なので省略）を例として見てみよう。S村は某大都市近郊の小規模なコミューンである。格別の産業もなく、近年では、近隣の大都市圏に職場を持つ人々の住宅地としての性格が強い。人口1,300人弱で、議席定数は15名。上述の分類では①のカテゴリーに入るので、選挙方式は「非拘束式名簿（完全連記可能）2回投票多数決制」である。

S村では今回、長年にわたってメールを務めてきた甲氏が引退することとなり、甲氏の下で助役を務めてきたうちの2人の間での後継者争いになった。

(2)　第1回目向け候補者名簿：「B派」対「F派」

　従来の選挙では候補者名簿は1つのみであったのが、今回2001年春の選挙は2派に分かれ、それぞれが議席定数いっぱいの15名の候補者名を記載して争った。「党派名」としては、一方は「共に語り合おうS村」派（筆頭候補は財政担当助役のB氏。以下「B派」）、他方は「S村で暮らすわけ」派（筆頭候補は筆頭助役のF氏。以下「F派」）であり、いずれも従来の市長派で保守系。

　候補者名簿で興味深いのは、それぞれの名簿に記載された候補者の順序である。いずれの「党派」においても、筆頭にはその派での首長候補である「B氏」「F氏」が置かれていた。ところが2番目以降は、B派の場合には党派としての当選優先度に応じた順位になっていたが、F派では候補者の姓のアルファベット順であった。これは「名簿式」の投票とは言っても、上述したような投票方式であればこそ可能な名簿の作り方であり、実際にも、投票者は各候補者の氏名を見て、個別に選定したのである（下記）。

(3)　第1回目の投票結果：B派の大勝で大勢決着、残りは3議席

①　**投票結果**　　登録有権者数958人で、1回目の投票者数は687人、「投票率」（投票者率）は71.7％、うち有効投票者数は666人であった（ここでの叙述では、有効投票「者」数という表現をあえて用いる。投票者1人が「15票」持っており、投票者〔有効投票者〕がその限度内で「有効投票」したと観念する。その場合には、「有効投票数」は、有効投票者が投じた有効票〔1人当り15票以内〕の合計数を意味する、という用語の使い方をした方が理解しやすい。無効投票者は21人。ただし、ここでの叙述のような用語法は、法令や一般の用語法とは必ずしも一致しない）。したがって、第1回目投票で「当選」に達するための敷居は「有効投票者の過半数＝334票」（それだけ得票すれば、もう1つの敷居たる「登録有権者数の4分の1＝240票」

は必ず突破する）ということになる。

〔表-2-1〕に見るとおり、1回目の開票の結果、有効投票者の過半数たる334票以上を獲得したのは、B氏をはじめ12名（すべてB派）となり、残るのは3議席だけであった。1回目の結果で各候補者の「当選」「未当選」を見ると、名簿での掲載順とは関係がないことが分かる。

② 得票状況：「党派別得票率」？　1回目に「立候補」していない人物への投票（それは「無効」票ではない）はゼロであった模様である。各候補者に投票された有効票数をすべて合計すると、B派に5,195票、F派に4,329票で総計9,524票。（その内訳で混合投票の割合などが分かると興味深いのだが、そうしたデータは計算もされていないので、残念ながら利用できない。）

〔表-2-1〕2001年3月コミューン選挙事例1：小規模コミューン「S村」

B派				F派				
候補者名	現・元	1回目得票	2回目得票	増減	候補者名	現・元	1回目得票	2回目得票	増減
B	現助役	369当	－		F	現助役	301	＊	
M	現	305	226	－79	BI		320	326当	＋6
S	現	327	236	－91	BL		320	322当	＋2
L	現	348当	－		B♀		283	＊	
T♀		376当	－		B		338当	＊	
B♀	現	340当	－		C		267	＊	
F♀	現	309	＊		D		276	＊	
P	現	368当	－		F♀		267	＊	
R	元	373当	－		G		287	＊	
B		373当	－		M♀		277	＊	
B♀		342当	－		P♀		263	＊	
F♀		356当	－		P♀		310	301当	－9
L		341当	－		S		288	＊	
M		344当	－		T♀		280	＊	
P♀		324	236	－88	V♀		252	＊	

〔注〕　♀女性。男性の表示は省略。**太字：当選者**。＊印：2回目に進出しなかった者。

これらの数字を「党派」ごとの総得票とみなすと、1回目の投票での「党派別得票率」はB派＝54.5％、F派＝45.5％となり、その差は9％ポイント。それだけの得票差が、1回目獲得議席にして「12」対「ゼロ」という大きな差を生んでいる。それが、小規模コミューンでの「名簿式」「多数決制」の特色である。2回目の投票は、限定された残り議席についてのものに過ぎないので、2001年春地方選挙におけるS村での党派別支持の状況を総括的なデータとして示す必要がどうしてもある場合には、この1回目のデータを使うことになろう。

　ただし、こうしたミクロのデータは、個別事例を仔細に見て初めて把握しうるものであるから、仏国内であっても、多くのコミューンを包括した形では入手できない。集計作業するにも、団体数が極端に多い。結局、結果としての「当選者数」だけを、無理に全国「党派」別にレッテル貼りをして集計するぐらいならば、作業としては不可能ではなかろう。しかし、そうした作業のもとになっている「実態」は、下記のごとき「党派」をベースにしたものであるから、筆者は、そのようにしてできあがり得る「党派別」全国データは、地方政治の実態について、むしろ誤解の原因になるとの懸念を持つ。

③　「棄権率」と「指名権放棄率」　　さらに、こうした選挙「制度」への有権者の参加状況を、単なる「投票率」によるだけでなく、少し詳しく見てみよう。有効票を投じた有権者数は666人だから、その全員が定数いっぱい15人の候補者を「お気に入り」指名していれば、総計では9,990票が投じられたはずである。それと実際の得票数総計との差466票は、投票者が「指名権」を放棄した数ということになる。その有効投票者「指名権放棄率」（＝466/9,990.これは筆者の創作した概念）は指名可能総数に対して4.7％ほど（有効投票者1人の「持ち票」15票中平均して0.70票程度）であるから、1回目投票に参加した有権者に関する限りは「立候補者」の「顔ぶれ」（選択肢の揃い具合）に全体的には一応満足して「指名」投票したと見ることが出来よう。

　「棄権」や「無効投票」した有権者まで含めた全体で、同じ計算をして見

ると、有権者全体での指名可能総数は14,370票（958人×15票）で、実際に指名した数が9,524票だから、総有権者「指名権行使率」は66.3％、逆に総有権者「指名権放棄率」は33.7％になる。有権者全体の持ち票のうち3分の1が行使されずに放棄された。

(4) 第2回目向け候補者名簿

残り3議席を巡って、1週間後の日曜日に、2回目の投票が実施された。実は、この間に、B氏からF氏に対し、名簿一本化（融合）の提案がなされたが、F氏がそれを拒否。結局、1回目と同じ名称の両「党派」から「未当選」の候補者のうち、各3名ずつが2回目向けの名簿に掲載された。

① **B派の場合**　それを見ると、まずB派では、未当選の4名のうち、1回目名簿掲載順位上位2、3位のM氏とS氏に加えて、最下位15位のP女史（新）が2回目に挑戦。結果、2回目進出を辞退したのは、第7位に記載のF女史（現）であった。1回目での得票を見ると、M氏とS氏はいずれも「現職」だが、S氏が当選圏に近かった（7票不足）のに対し、M氏はF派から2回目に進出した3名よりも得票が少ないほどであった。P女史は1回目名簿順位は最下位ながら当選圏に近い（10票不足）得票をしており、「敵」方F派の未当選者の誰よりも票数が多く期待できた。2回目の3人の間での名簿順序は、1回目の得票の多寡に関係なく、変更はされなかった。投票方式から言っても格別に順序を変えるべき理由はないからであろう。

② **F派の場合**　一方、F派では、F氏は自身の立候補を断念し、新人で1回目名簿掲載順位2、3位の2名（いずれも姓がBで始まる）と12位（P女史）が、相互の順序を変更せずに掲載された。この3名はF派の未当選者のうちでは比較的多数の得票をした（筆頭のF氏自身よりも多かった）者であり、いわば有権者の表明した支持動向を反映した「自然な」選択であった。1回目での各人の得票数も、たまたまアルファベット順と同じになっていたから、順序を入れ替える理由は見当たらないということもあろう。

③ **名簿掲載順序についての戦術**　B派の場合、候補者の中で簿記や会計処理の知識があるのは実は名簿2位掲載のM氏のみであり、当選の暁には「財政担当」助役となるはずであった。ところが予想外の不人気で、同派内で最下位の得票に終わる。メール予定者のB氏は、そのためもあってF氏に名簿の融合を提案し、それが拒否されると、未当選の現職3名中で中位の（M氏よりも多い）得票をしたF女史に立候補辞退を要請して、M氏を2回目にも押し出した。いわば「お家の事情優先」戦術である。

一方のF派では、筆頭者F氏の得票が当選ラインに届かないだけでなく、同派内ですら第5位に終わった。それをうけて、F氏自身は引退を決意。B氏からの融合の提案は拒否し、「党派」名簿の名称も変更しないで、「未当選」のうち1回目の得票が上位であった3名を掲載するという戦術、いわば「人気本位」戦術を採ったわけである。

「邪推」をするに、おそらくB氏からの「融合」提案は、F氏を融合名簿の例えば1位に位置づける（引き続き「筆頭助役」の含みか？）代わりに、2、3位はB派、おそらく現職のM氏とS氏とするといった内容であったなどとも推測されるが、これは公けにされておらず、よく分からない。

(5) **第2回目の投票結果：残り3議席はすべてF派に**

1週間後の第2回目投票では、投票者数586名。投票率（投票者率）61.2％。1回目と較べて、投票者数で101名、率にして10.5ポイントの減少になった。無効票はゼロであった模様。投票者1人が3票ずつ持っていると観念した場合の有効投票総数（「投票者お気に入り指名可能総票数」）は1,758票。棄権まで含む有権者全員が1人3票持っているとした場合の「総有権者持ち票数」は2871票。

1回目のあとの交渉プロセスと両派の作戦の差異が、どの程度、有権者に影響したかは分からないが、第2回目の投票結果も前掲〔**表-2-1**〕記載のとおり。2回目に当選したのは、すべてF派。各候補者の2回目の得票を1回目と比較すると、F派は概ね同レベルの票数を確保したのに対し、B派は軒並み100票前後の減少になっている。注目のM氏（B派）は、両派6名の

うち相変わらず最下位に終わり落選。同じB派落選者のS氏、P氏とも10票差があり、B派支持者のうちにM氏だけは支持しないという有権者が相変わらずいることを推測させる。

　有権者1人「3票」のベースで計算すると、「お気に入り」指名投票数は、F派に949票、B派に698票、合計1,647票である。ここだけで両派の党派別「得票率」を計算すると、F派＝57.6％、B派＝42.4％で、その差約15ポイント。1回目とは逆転した上、差も大きくなった。有効投票による指名権行使は「可能総票数」に対して93.7％であり、指名権の不行使率は6.3％と、1回目より上昇している。棄権者や無効まで含めた総有権者「指名権放棄率」は（1,647票÷2,871票＝行使率57.4％だから、100からそれを引くと）43.6％に及ぶ計算になる。棄権者の増加に加え、投票者のうちでも指名権放棄数が増加するのは、今回のS村の状況下では、制度上からは自然なことかと思われる。

　こうした結果は、

ア）B派の支持者たるべき有権者が1回目で多数を制したのに「満足」あるいは「安心」して棄権したためか？

イ）棄権は両派ともにあったが、2回目にはバランス感覚を働かしてか、B氏の政治的な駆け引きを批判的に見たか、かなり年輩でありながら「一度は村長に」と拘っていたF氏が引退したことを好感したかして、B派からF派に「転向」した有権者があったか？

ウ）当選したF派のうち、P女史だけが得票を減らしているのは、どういうわけか？

などの疑問を生じさせる。いろいろ憶測は出来るが、データもなく、これも分からない。小さな村でのことだけに、さまざまな情報も飛び交ったに違いない。

　開票所で最終の結果が確定したのを見て、この機会に引退する「村長」甲氏は、長年、自分と苦楽を共にしてきた「両派」の人々に、これからも村としての一体性を大切にして、協力し合って村政運営にあたり、村民みんなが

仲良く暮らしてきたＳ村の素晴らしさを守ってほしい、そのために開票を見守った村民の前で両派握手して協調を示してほしいと、改めて要請したとのことである（甲氏談）。

２－２－３節　「拘束名簿２回投票式比例代表併用多数派プレミアム制」の選挙

　コミューンにおける選挙の実際を見る手始めに、人口規模の小さい団体の具体事例を取り上げたが、以下では、我が国にも名が知られているような都市を取り上げて、「拘束名簿２回投票式比例代表併用多数派プレミアム制」の実際の作動状況を観察しよう。

　事例は、いずれも人口3,500人以上の都市であるから、選挙方式は同一。また、政治家の名前に言及する場合には、原則として敬称を略し姓のみとする。叙述は、選挙制度の仕組み方を理解することと、それに対応した有権者の党派支持動向と投票行動、そして政治勢力の離合集散が、結果たる議席配分や勢力関係等に与える影響を中心とするものである。それら以外に関する叙述は簡単にするため、各政治勢力に対してマスコミ的な「分かりやすい」レッテル（「左」「右」「極右」「極左」など。『ル・モンド』『フィガロ』両紙を参照）を貼るので、読者は留意願いたい。

　さらに、以下の事例では、しばしば複数党派の間での名簿の「融合」や「混合」という表現を使用する。「融合」（fusion）は、選挙制度上での概念としては、１回目に立候補した名簿のうち、所定の閾値（「敷居」＝コミューン選挙では得票率で「５％以上」）に達した複数のものに掲載した候補者を、２回目に混ぜ合わせて新しい名簿（少なくとも１つは１回目に10％以上を得票したものを含む複数党派が「連立」する名簿で、通常は名簿上の党派名も変更される。）を作成することを意味する[4]。実際の選挙では、以下の事例にも多く見るとおり、複数党派間での連携協力の進行や選挙戦術上の

4）クレア・レポート第222号『フランス地方選挙の制度と実態』(2001)、p.4参照。

判断によって、1回目から複数党派の混合した名簿が作成されることも通常である[5]。その場合には、制度上はあくまでも1回目に立候補した通常の名簿[6]であるに過ぎない。そこで、以下では、本書独自の用語法として、1回目からの複数党派の混ぜ合わせに「混合」や「連立」という邦語を適宜充て、2回目に混ぜ合わせた場合のみに「融合」を充てることとする。

2－2－4節　コミューン選挙の事例2：1回目で「左」が「政権」維持

(1) 事例2「ナント市」の概略

ナント（Nantes）は、西洋史上ではアンリ4世が「ナントの勅令」（1598）を発した地として有名。現在はペイ・ドゥ・ラ・ロワール州、ロワール・アトランティック県の中心都市で、州庁、県庁、国の地方長官庁（州かつ県の両レベルを所轄）が所在する人口27万人（都市圏人口では67万人）の「大都市」である。市議会の議席定数は61名。

(2) 今回も第1回目の投票で決着──「左」連立名簿が勝利し「政権」維持

同市は従前から社会党が強い都市であるが、今回も第1回目の投票で、社会党を中心とする「左」派を混合した「連立」名簿が過半数を獲得したので、直ちに決着した。

投票の結果は〔表-2-2〕で一覧出来るとおり。1回目投票での戦績は、得票の多い順に、「左派連立」（社、共、緑などが始めから混合した名簿）46,212票で得票率54.9％、保守連合28,721票で34.2％等々であった。第1位が過半数を得票したので直ちに決着し、「左派連立」が、まず総議席の半数（小数点以下は切り上げ）31議席を獲得。

残りの30議席を比例配分するが、いずれも「極右」に分類されるFN（国民戦線）及びMNR（共和国民運動）は得票率が5％未満だから除外され

---

5) 同レポートp.38、パリにおける右派「連合」〔union〕ポスターの事例〔写真〕を参照されたい。
6) パリの事例では、党派名は「パリに誇りを持とう：RPR-UDF-DL連合」。

〔表-2-2〕2001年3月コミューン選挙事例2:「ナント市」

党　派	今回　2001		前回　1995	増減
	得票(率%)	議席(率)	得票(率%)	(率p)
左派連立	46,212 (54.9)	49 (80%)	58,245 (57.9)	−12,033 (−3.0)
保守連合	28,721 (34.2)	11 (18%)	37,241 (37.0)	−8,520 (−2.8)
LO (極左)	4,650 (5.5)	1 (2%)	−	+4,650
FN (極右)	2,543 (3.0)	0	分裂前FN 5,141 (5.1)	−2,598 (−2.1)
MNR (極右)	1,981 (2.4)	0		+1,981
有効票総計	84,107		100,627	−16,520
名簿数	5	61 (100%)	3	+2
棄権率	49.1%		39.2%	+9.9p
有権者数	170,442		167,862	+2,588

て、有効投票数からこの2党派の獲得票を差し引いた票数（79,583票）が計算のベースとなる。そこから先の計算プロセスは省略して結果のみを示すと、比例で配分されるのは、「左派連立」に18議席、「保守連合」11議席、そしてLO（労働者の闘争。「極左」）1議席。多数派プレミアムと合わせると、第1党は合計49議席で全体の80%を占めることとなった。この場合、単純比例配分計算での「左派連立」のシェアは33議席であるから、「プレミアム」加算によって追加配分されたのは16議席で、「割増率」は0.48と得票率相応議席数から5割増。これには「5％」条項によって議席配分を受けられない「極右」2党派の分が他の党派に回ることも寄与している。

「左派連立」の名簿筆頭者は現職市長エイロー（社会党。下院議員を兼職）、第2党は「保守連合」、第3党はLO。「左」対「右」のレッテル貼りをすれば、市議会の61名の政治的構成は「左」50対「右」11ということになる。なお、得票率5％未満のため議員を出すに至らなかった「極右」2党

派は得票率の合計が5.4％だが、FNとMNRは元々同じFNに集結していた。両派が始めから大同団結していれば、1議席程度は獲得し得たはずである。

勝ち組の筆頭エイローは1989年以来連続してナント市長の座にあると同時に、1986年以来国会下院議員で、1997年以来、社会党の下院議員団長をも務めている有力政治家。ナント市では彼が率いる党派が勝利する結果が始めから予測されることもあってか、今回は「棄権」が大幅に増加し「棄権率」が49％にも達したこと、そうした中で「既成政党」批判を声高にした「極右」「極左」への支持が相当に大きいことが注目される。

(3) 市政「政権」の党派構成

勝利したナント市「左派連立政権」の元来の「党派別構成」を、選挙後に新しい議会メンバーで互選した市政「執行部」の顔ぶれによって観察しよう。まず「市長」は、「連立」名簿筆頭で現職のエイロー（社）。「助役」は合計19人もいるが、そのうち「社」は「筆頭助役」（従前は第10助役だった議員が「出世」）など11人。他は「共」3人、「緑」3人、「市民」1人、「左諸派」1人という内訳になった。混合した名簿で立候補しても、いざ当選してからは元来の党派名を背負いつつ、連立政権の担い手として活動するわけである。

なお改選前は「助役」18人で、「社」が筆頭など10人、「共」3人、「市民」1人、「エコ」1人、「左諸派」3人であった。その数と順位とを見ると、「共」は従前の第3、11、13の3人から、改選後は第4、12、16と少しずつ順位が下がり（第4助役のC議員は従前の第3から降格）、一方「緑」（従前「エコ」）が1人だけで第12順位に過ぎなかったのが、今回は第5、10、17に大幅に「出世」しており、政治勢力としては「緑」の増大が顕著である。全国的に「共」の退潮が見られる中で、「左派連立」の勢力を安定的に維持するには「緑」の力が不可欠という認識から、「共」と同レベルへの配慮がなされたものと推測される。

〔表-2-3〕2001年3月コミューン選挙事例3:「ボルドー市」

党派	今回 2001 得票(率%)	議席(率)	前回 1995 得票(率%)	増減 (率p)
保守連合	30,025 (51.0)	50 (82%)	34,959 (50.3)	−4,934 (+0.7)
社＋	11,775 (20.0)	7 (11%)	13,840 (19.9)	−2,065 (+0.1)
緑	5,652 (9.6)	3 (5%)	—	+5,652
FN	2,969 (5.0)	1 (2%)	分裂前 4,907 (7.1)	−1,938 (−2.1)
MNR	479 (0.8)	0		+479
左4諸派計	計6,994 (11.9)	0	計12,165 (20.6)	−5,171 (−8.7)
右1諸派	1,024 (1.7)	0	1,021 (1.5)	+3 (+0.2)
他2諸派計	—	—	計2,632 (3.8)	−2,632
有効票総計	58,918	61 (100%)	69,524	−10,606
名簿数	10		8	−2
棄権率	45.2%		39.4%	+5.8p
有権者数	110,915		116,443	−5,528

2－2－5節　コミューン選挙の事例3：1回目で「右」が「政権」維持

(1) 事例3「ボルドー市」の概略

　ボルドー（Bordeaux）は、我が国では何をおいても葡萄酒生産の中心地として有名。アキテーヌ州、ジロンド県の中心都市で、州庁、県庁、国の地方長官庁（州かつ県）が所在する人口21万5千人（都市圏人口では88万人）の「大都市」。市議会の議席定数は61名。

(2) 今回も第1回目の投票で決着――「右」連立名簿が勝利し「政権」維持

　従前から保守系の強い都市であったが、今回も第1回目の投票で、RPR

（シラク大統領派＝旧ド・ゴール派）を中心とする保守系各派を始めから混合した名簿（「保守連合」）が辛うじて過半数を得票し、直ちに決着した。

立候補したのは「極右」から「極左」まで10名簿にのぼったが、1回目投票での戦績は、まず「保守連合」が30,025票で得票率51.0％となり、辛うじて過半数に達した結果、1回目の投票で決着。得票率5％以上の名簿に議席が配分される。「社会＋」（社会党を中心とし、共などを含む）11,775票で20.0％、「緑」5,652票で9.6％、「FN」2,969票で5.0％と、ここまでが議席を獲得し得る。それ以下の議席獲得不能な党派は6党派あり、得票率で3.7％から0.8％まで、合計得票数は8,497票（得票率にして14.4％）であった。

過半数獲得の「保守連合」が、まず総定数の半数たる31議席を即座に獲得。残り30議席を比例配分する。「5％」未満のため除外される6党派の得票率を合計すると14.4％にもなるので影響は大きい。結果、比例で配分されたのは、第1党に19議席、第2党に7議席、第3党に3議席、そして第4党に1議席となり、第1党は総勢50議席（全体の82％）という勢力になった。「プレミアム」加算の結果、単純比例配分した場合の31議席よりも19議席が割増されているので、「割増率」は6割以上になっている。

総定数が同じで、いずれも1回目の投票で決着を見た大都市コミューン同士であるナント市の勝者と比較すると、得票率ではボルドーの勝者の方が3.9ポイント低いが、最終的な議席配分は1議席多い。これは「5％」条項によって切り捨てられた党派の合計ウェイトの違い（ナントで5.4％、ボルドーで14.4％）によるものである。

「保守連合」の筆頭者は現職市長ジュペ（RPR）、「社会＋」の筆頭者はサヴァリ（社.欧州議会議員）。単純に「右」対「左」のレッテル貼りをすれば、「右」51対「左」10となるが、「保守連合」がFNと提携しているわけではなく、単純な図式化は政治状況の認識を誤らせかねない。また、「5％」条項で切り捨てられた党派の中には、MNRなど「極右」も、LOなど「極左」もあったが、それらの勢力は合従連衡のやりかた次第では議席を獲得し

得た。

　ジュペは1995年から市長（1947年から95年までという長期にわたり市長であったシャバンデルマス〔1969―72年首相。首相就任中やその後も市長職を継続〕を後継）であるが、RPR（シラク派）の重鎮で1986年以来国会下院議員、1995―97年にはシラク大統領の下で首相を務めている（市長と兼任）。2002年11月中旬からは、シラク大統領の与党勢力が新しく大同団結して発足させたUMP（邦語の定訳らしきものがないが、新聞報道では「民衆運動連合」など）の初代総裁にも選任されていた（なお、その後、不祥事のため辞任。その後、また復帰）。

　(3)　市政「政権」の党派構成

　この選挙の結果生まれた市政「執行部」は、「市長」がRPRで、「助役」18人の元来の党派別内訳は、10人（筆頭を含む）がRPR、UDF 4人、DL 2人、右諸派2人となった。選挙に際しては始めから混合した名簿で立候補しておいて、当選後は昔からの名前で出ているのは、ナント市での「左」と同様である。

2―2―6節　コミューン選挙の事例4：1回目投票で「政権」交代

　以上の2つの事例は、「左」「右」とも従前からの勢力を維持し、第1回目から決着させた場合であるが、次に見るのは、1回目に「逆転」が起き、直ちに「政権」交代という事例である。「左」から「右」へという転換であるが、第1回目からの「逆転」は事例が少ない。筆者の手元にある『ル・モンド』紙のレッテル貼りと集計データによれば、仏本土で人口2万5千人以上の都市のうちで1回目で決着したのは118コミューンあるが、そのうち「逆転」は6コミューンのみ（「左」から「右」へが4団体。「右」から「左」へが2団体）である。

　(1)　事例4「マコン市」の概略

　マコン（Mâcon）は人口3万6千人ほどだが、ブルゴーニュ州ソーヌ・エ・ロワール県の県庁所在都市。葡萄酒産地として有名。市議会の定数は39

名。2001年春選挙での有権者数19,804人。選挙当日の実投票者数は12,269人、棄権率38.1%（投票率61.9%）で、有効投票数は11,635票であった。

(2) 「一騎打ち」は「右」が一本化で奪回

今回の立候補名簿は「保守連合」と「左派連立」の2党派のみで、いずれも大同団結した左右両派の「一騎打ち」。したがって、いずれが勝つにしても、第1回目の投票で決着する。結果は、「右」が6,606票で得票率56.8%、「左」が5,029票で43.2%、その差は13.6ポイント。多数派「プレミアム」は20議席で、残り19議席を両派で比例配分して、「右」に11議席、「左」に8議席。多数派の「右」は、合計31議席（全体の8割）を獲得。単純比例配分なら22議席ほどであるから、割増議席数は9議席で、「割増率」は4割という状況である。名簿が2つだけであるから、こうした数字は〔図-1〕（上記）で示した単純なグラフの示す状態と同様である。

この結果を見ると、「右」の勢力はかなりの安定ぶりであり、そもそも同市で「左」（市長は社会党であった）が市政を掌握してきたことが不思議に見える。そこで、前回1995年選挙の1回目の得票データを参照すると、「左派連立」37.6%に対し、保守系が分裂し、「保守連合」29%、「保守分派」17.7%と2分された上に、FNが8.9%、諸派6.9%と「右」票の分散を一層拡大。結局、「左」が「漁夫の利」を占めて、多数派となったのであった。今回2001年は、そのような「失敗」を繰り返さないように、「右」も始めから連合した名簿の作成に成功し、「大同団結」の成果を明確にしたのである。

2－2－7節　コミューン選挙の事例5：2回目に「左」が勝利して「政権」維持

次に、第1回目では決着がつかずに、第2回目の「決選投票」によって決着した都市の事例を見ることとしよう。ここでは、従前の勢力が2回目で「政権」を維持した事例（リール市）を取り上げる。

(1) 事例5「リール市」の概略

リール（Lille）は人口19万人で、フランス北部「ノール・パ・ドゥ・カ

レー州」の州都かつ仏国内で人口最大の県である「ノール県」の県庁所在地である。仏北部工業地帯の中心都市で都市圏全体での人口は170万人にも達する。かねてから、社会党を中心とする左派勢力により市政が運営されてきており、元首相のモロワ（社）が長年にわたって市長職（1973年以来28年間。1981～84年、ミッテラン大統領の下で首相。この間は市長職と「兼任」）を務めてきていた。今回は、1995年以来同市「第1助役」に就きながら、ジョスパン左派連立内閣での要職である雇用・連帯相をつとめるなどして、国政の舞台でも名をなしたオブリ女史（社）を市長候補に据え（オブリはドロール元欧州委員長の娘。「市長職に専念するため」として、前年秋に大臣を辞任）、世代交代を図りながら左派の牙城としての地位を確保しようとした。

(2)　前回同様、2回目に「左」が名簿融合して勝利し「政権」維持

　結果を示す〔表-2-4〕に見るとおり、1回目には、「左」からは、オブリを筆頭に据えた「社会＋」（共産などを含む混合名簿）のほか、「緑」、「LO」さらに「LCR」（革命的共産主義者同盟）「PT」（労働者党）などの左翼諸派、一方、「右」からはRPRのドゥコックを筆頭に据えた「保守連合」（混合名簿）のほか、RPRから分派したパスクワ元内相の下に結集するRPFと「極右」FNという合計9つの名簿が立候補した。

　当時は国政においても、社会党のジョスパンを首班として、社、共、緑など「左」の各党派が連立政権を組んでおり、1回目からマスコミ報道で「社会＋」と略記される（共を含む）ような形で混合（連立）した名簿が形成される傾向にあったが、リールでは「緑」が独自の名簿を組み、市民に支持を訴えたことが注目される。そのような選挙戦術は前回1995年選挙の際にも取られたものであるが、その結果、「緑」は前回1回目には得票率4.5％（2回目へ進出できないばかりか、他の名簿との融合もできない。）に甘んじた。今回は、それを大幅に上回る15.5％の得票率（票数にして約6千票の増加）を獲得。その影響もあって、筆頭がモロワからオブリに交代した「社会＋」は、予想外に大幅に前回から約3千票あまりも得票を減少させ、マスコミの

〔表-2-4〕2001年3月コミューン選挙事例5：「リール市」

党派	1回目 得票(率%)	2回目 得票(率%)	2回目 議席(率)	増減 (率p)
社会＋	18,767 (34.5)	融合名簿 左派連立 26,939(49.6)	46 (75%)	－265 (－0.4)
緑	8,437 (15.5)			
保守連合	11,967 (22.2)	20,387 (37.5)	11 (18%)	＋8,420 (＋15.3)
FN	6,271 (11.5)	6,987 (12.9)	4 (7%)	＋716 (＋1.4)
LO	2,954(5.4)	－	0	－2,954
右1諸派	2,533(4.7)	－	0	－2,533
左3諸派計	3,428(6.3)	－	0	－3,428
有効票総計	54,357	54,313	61 (100%)	－44
名簿数	9	3		－6
棄権率	棄権52.9%	棄権52.6%		－0.3p
有権者数	121,425	同左		0

注目を受けた。

　一方の「右」は、FN が前回並みの得票を維持。RPR を中心とする「保守」は、分裂が影響して、分派したグループ（RPF）を合わせても前回より約5千5百票もの減少となった。かくして2回目に進出する資格を得たのは、「左」2名簿、「右」2名簿の計4名簿であった。

　2回目には、「緑」は独自の名簿を維持する選択肢もあったが、こうした得票状況に明確に現れた「左」党派間の勢力変化を背景にして自らの存在価値を誇示しつつ、「左」の勝利を確実にするために「社会＋」との「融合」に合意する作戦をとった。その結果、「左派連立」は、過半数には達しないものの、得票率で前回（48.5%）を僅かながら上回るレベルを維持することに成功し、オブリ女史は一応の面目をほどこしたのである。「右」では、FN が前回より1,471票もの上積みに成功して4議席を獲得したが、分裂して

勢力を削がれた「保守連合」は3,294票もの得票減となり、一本化した「左」に6,500票以上も引き離されるという惨敗を喫する結果に終わった。

なお、今回のリール市における注目点として、「棄権」の大幅な増大（投票率の低下）がある。前回は「棄権」が4割であったのが、今回は5割以上になっている。また、そうした中で、有効投票中に占める「極右」（FN）と「極左」（LOのほか「左諸派」のうち2派）の割合が大幅に増大していることも注目点である。リールは有権者数の大幅な増加をみたが、その主たる理由は学生を始めとする若者の増加であり、それと同時に並行して、こうした動向が見られることが憂慮されるのである。

(3) 市政「政権」の党派構成

この結果生まれた市政「執行部」の党派別構成を見ると、「市長」（オブリ）が「社」、18人の「助役」は、筆頭ほか7人が「社」、「緑」4人、「共」3人、そして「その他」（リール市では「人物本位」に選任された人と表現。「左」陣営に属することは同じ）4人という形になっている。改選前（1999年）には、市長は同じ「社」だが、「助役」は17人で、内訳は「社」が筆頭（オブリ）ほか9人、「共」3人、「エコ」1人、そして「その他」4人。数と順位とを比較すると、リールの場合には、「人物本位」を除外した順位を見るとして、「共」は数は変わらないものの「第3、5、7」から「第3、7、13」へとやや「格下げ」、一方「緑」（前回は「エコ」）は「第10」1人のみから「第4、8、12、14」と、順位付けでは「共」との均衡に配慮しながらとはいえ、数では4人へと増加している。このようにして「政権」編成を比較して見ると、改選後は、今回1回目で大幅に得票を伸ばして後に「融合」した「緑」のウェイトが顕著に増大していることが分かる。

「緑」は、ナントでは、始めから名簿を混合する作戦を取ったが、リールでは、1回目には独自の名簿を立てて、その重みを明確にした。しかも、2回目では、単純な計算をすれば、この「緑」の融合がなければ、勝者は「保守連合」になった。「左」の勝利は「緑」の融合なしにはありえなかったのだから、「左」陣営での交渉上も「緑」の立場は強い。それが選挙後の「連

立政権」内部でのポスト争いに反映し、伝統の「共」（始めから混合）をさしおいて、「執行部」に重きをなす結果を得たわけである。1回目の投票が有権者の支持動向を測定する機能を持っていることが、この事例を見ると納得される。

ただ、この融合は、まず「緑」自身にとって非常に有意義だった。融合しなければ、「社会＋」「保守連合」のどちらが勝った場合でも、「緑」は議席配分での「割落とし」を受ける。「社会＋」が勝つと、それだけで制度上当然に安定多数を確保するから、その後に「連立」の交渉はまず無い。であるから、融合が「緑」にとって一番の好結果を生む選択肢でもあり、結局、この選挙制度で最も得をしたのは「緑」となった。

なお、市長の座を譲ったモロワは引退したわけではなく、市議（上院議員も兼任）であり続け、「名誉市長」とも呼ばれながら、リールを中心とする広域行政組織の首長に選任（各構成コミューンから派遣された議員間で互選）されて、都市行政の世界でも今も活躍している。

2－2－8節　コミューン選挙の事例6と事例7：2回目で「政権」交代

(1)　コミューン選挙の事例6：「左」が分裂し、「右」に「政権」

① **事例6「ストラスブール市」の概略**　　ストラスブール（Strasbourg）は我が国でも特に有名な国際都市であるが、人口は27万人（都市圏人口56万人）で、フランス東部、独仏国境のアルザス州都。バ・ラン県庁所在地。益々重要性を増しつつある欧州連合（仏略 UE。英略 EU）の議会、欧州評議会（仏英略 CE）、さらに欧州人権裁判所も置かれている。近年、特に我が国の地方行政関係者の間では、この町の路面電車の復活と、それを主軸にした中心市街地活性化への取り組みが注目を集めている。

② **「左」は分裂して自滅し、「右」が過半数得票して「逆転」**　　2001年選挙時、ストラスブールの市長は、ジョスパン内閣の文化大臣として名を上げたトロットマン女史（社、50歳）。1989年から市長職にあったが、97年、文

〔表-2-5〕2001年3月コミューン選挙事例6:「ストラスブール市」

党派	前回 1995	今回 2001			
	1回目(率%)	1回目(率%)	2回目(率%)	議席(率)	増減(率p)
保守連	19,971 (26.5)	19,467 (29.5)	39,379 (50.9)	50 (77%)	19,912 (+21.4)
左派連	39,643(52.5)	左派連立	同左	13	12,097
緑・エコ	3,740(5.0)	19,203(29.1)	31,300(40.4)	(20%)	(+11.3)
左派P	左派連の内	7,989 (12.1)	6,759 (8.7)	2 (3%)	−1,230 (−3.4)
地域派	3,817(5.1)	6,076(9.2)	−	0	−6,076
FN	7,135(9.5)	4,947(7.5)	−	0	−4,947
左派G	−	4,112(6.2)	−	0	−4,112
極左計	598(0.8)	3,873(5.9)	−	0	−3,873
右派B	−	315(0.5)	−	0	−315
その他	594(0.8)	−	−	−	−
有効票総計	75,498	65,982	77,438	65 (100%)	11,456
名簿数	8	10	3		−7
棄権率	42.1%	45.3%	36.3%		−9.0p
有権者数	132,028	124,297	同左		0

〔注〕「極左」は2001年には3名簿が立候補。1995年には1名簿。

化大臣就任に伴い、兼任を避け市長を辞任。地方選挙前年の2000年3月に「地方行政に専念する」として大臣を辞任して後、6月に市長職に復帰。前回1995年選挙では、彼女の率いる連立「左派」が1回目の投票で52.5%を得票し、「右」に大差を付けて勝利していた。

彼女に対するに、今回は保守側も女性で、米国加州バークレー大学院留学経験もある若き才媛ケラー女史（41歳。UDF。1992年以来県議。その後州議にも当選）を擁立。「左」からは、助役の1人であったプティットドゥマンジュ（以下「P派」）が分派行動を起こして、独自の名簿を率いて立候補。形勢は混戦模様になった。

1回目の投票では、「右」と「左」のトップ争いは、僅か264票の僅差とは

いえ、挑戦者のケラー側が一歩先行し、全国の注目を集めた。〔表-2-5〕に見るとおり、2回目への進出資格を獲得したのは「右」から1名簿のみ、「左」から分裂したままの2名簿となった。「P派」はトロットマンから「裏切り」者と呼ばれるなど、両者の間は到底「融合」しうる状況になく、「左」は分裂したままで2回目に臨む。

2回目には、「左」の内輪もめによる低迷という「漁夫の利」もあって、「保守連合」がぎりぎりながら過半数を越える得票に成功。投票率が上昇して1回目に棄権した有権者も大量に投票に参加したが、それが「右」に有利に働き、また、2回目には進出できなかった「極右」などの票も流れ込んだと推測されている。

一方、「左」では「P派」が、2回目には得票を減らしている。投票率の大幅な上昇にも拘わらず、そのような結果が起きるのは、左右決戦となった情勢を見た「左」支持の有権者がトロットマン名簿に票を集約して勝ち抜こうと考えたからであろう。「右」側でも、もしも「地域派」やFNが1回目で10％以上を得票して2回目に進んでいたら、票が分散していたに違いないから、勝敗の帰趨は分からなかった。

(2) コミューン選挙の事例7：「右」が融合して、ぎりぎり勝利

① **事例7「エクス・アン・プロヴァンス」市の概略**　エクス・アン・プロヴァンス（Aix-en-Provence）は我が国にもよく知られている南仏の都市。人口14万人。プロヴァンス・アルプ・コート・ダジュール州ブッシュ・デュ・ローヌ県（州都・県都ともにマルセイユ）にある。我が国では、画家セザンヌゆかりの地として有名。

② **2回目「右」3派の「融合」で、「左」から市政「政権」奪取**　同市では、社会党のピシュラル（1989年から市長。それ以前は1977年から第1助役）が左派連立で市政を担ってきたが、今回は1回目でマスコミの予測より低い得票になったことが注目された。「右」側は、RPRとDLとは始めから混合した名簿を編んだが、その他にUDFと「諸派」が1回目には独自の名簿で立候補して、この3派が有権者の支持を争った。「極右」「極左」も立候

〔表-2-6〕2001年3月コミューン選挙事例7:「エクス・アン・プロヴァンス市」

党派	前回 1995		今回 2001		席(率)	増減(率p)
	1回目(率%)	2回目(率%)	1回目(率%)	2回目(率%)		
右諸派 J-M	5,293(12.0)	融合名簿 保守連合 18,471(39.2)	6,725(16.5)	融合名簿 保守連合 23,103(50.6)	42 (76%)	+5,019 (+6.3)
UDF	2,295(5.2)		5,680(13.9)			
RPR＋	10,373(23.4)		5,679(13.9)			
FN	5,678(12.8)	5,759(12.2)	—	—	—	—
MNR	—	—	3,986(9.8)	—	0	−3,986
社会	13,323(30.1)	融合左派 22,930(48.6)	混合左派 13,551(33.2)	22,550 (49.4)	13 (24%)	+8,999 (+16.2)
共産	3,555(8.0)					
緑	1,431(3.2)	—				
社会分派	2,178(4.9)	—	—	—	—	—
左諸派 A	—	—	3,320(8.1)	—	0	−3,320
左諸派 M	171(0.4)	—	—	—	—	—
LCR	—	—	1,941(4.8)	—	0	−1,941
有効票総計	44,297	47,160	40,882	45,653	55 (100%)	+4,771
名簿数	9	3	7	2		−5
棄権率	40.5%	35.8%	42.1%	34.7%		−7.4p
有権者数	75,666	同左	73,903	同左		0

〔注〕 1995年のFNと2001年のMNRは同一人物が名簿筆頭。

補したが、いずれも「10%」に届かず、2回目には進出していない。

2回目に向け「右」3派の名簿融合が実現し、一躍激戦になった。「右」融合名簿の筆頭は、1回目に「右」の中で最多の得票をした「右諸派J-M」筆頭のジョワセン・マッシニ女史。結果、僅差ながら「右」が過半数を制して勝利。市政を「左」から奪取した。

③ **市政「政権」の党派構成** この結果生まれた市政「執行部」は、「市長」が「右諸派J-M」。「助役」は16人も置かれているが、「RPR」が筆頭ほか2人、「UDF」が次席ほか4人、「DLC」(キリスト教右派自由党) 2人、「市民社会」2人、「RPF」(パスクワ派) 1人、そして「右諸派」5人となっている。融合前 (1回目) での「右諸派J-M」筆頭は市長に就任。

「RPR＋」筆頭は第１助役となって公共事業等を担当。「UDF」は第１を譲って、第２（経済・雇用対策、都市政策担当）と第３助役を確保し、名簿筆頭は第３助役として文化担当に就任している。全体として、２回目に名簿「融合」した各党派の１回目での得票状況を見ながら、バランスに配慮したポスト配分になっている。これも、大同団結した保守勢力が１回目の得票状況を見ながら交渉し合った結果であり、各党派ごとの有権者の支持状況が反映されていると考えられる。

第２−３章　３大都市の選挙

　以上、一般のコミューンでの具体事例を見てきたが、パリ、マルセイユ、リヨンの３大都市については、大都市であることによる重要性に加え、「区」単位での名簿式選挙で「区議会」議員と「市議会」（パリでは「県議会」でもある）議員とを同時に選挙するという特異な制度になっている。

２−３−１節　リヨン市

(1)　「リヨン市」の概略

　リヨン（Lyon）は、周辺コミューンを含む統計都市圏全体では人口165万人にもなり、マルセイユを抜いて、首都パリに次ぐフランス第２の大都市という言い方もされるが、コミューン自体の人口は45万人程度で、マルセイユよりも少なく、第３の都市ということになる。地方選挙制度上は、コミューン自体が問題であるから、３大都市のうちで一番簡明に結果を観察できるものと期待される。

　リヨンは、パリ首都圏を含むイル・ドゥ・フランス州に次いで２番目の人口規模を擁するローヌ・アルプ州の州都、その中心たるローヌ県の県庁所在地である。絹と繊維産業の歴史は世界的に有名。今日では化学、石油化学、金属などが工業の中心になった。美食の町として知られる上、旧市街がまとめて世界遺産に登録されており、多くの観光客を迎える都市でもある。

(2)　大都市選挙「リヨン市」の事例：「左」が「逆転」し「右」長期支配

を破る

　リヨンは長きにわたって「保守」の牙城であった。前回選挙の1995年以降は、元首相のバールが市長に就任。バールは1976年から81年までジスカール・デスタン大統領の下で首相。今回は77歳と高齢もあって、同じ党派のメルシエ（UDF。ローヌ県議会議長〔＝県知事に相当〕かつ上院議員）に後を託した。

　バールの引退という事態に中道・保守系は分裂し、バールから後継指名されたメルシエ派「保守連合」（RPR＋UDFなど）に加えて、ミヨン（下院議員。元国防大臣）の率いる「右諸派」（キリスト教右派自由党〔DLC。党首ミヨン〕＋保守分派）が立候補。これに対し「左」は前回同様、中心勢力が「左連立」として大同団結して社会党のコロン（上院議員かつ市議で第9区区長）を市長予定者に掲げ、「右」分裂の機に乗じる態勢を取った。その他、「極右」「極左」なども多数立候補。その結果、全体として見れば、中央政治とも共通のグループたる名簿10群のほか、独自の名簿多数が登場した。

① **結果の総括**　まず結果から見ると、〔表-2-7〕に見取り図としてまとめたとおりで、9区のうち6区で「左連立」が多数派となり、市議会全体では42議席（シェア58％）を占めた。一方の「右」は、中央政治での保守勢力を集結したはずの「保守連合」は、自派のみで区を掌握することにことごとく失敗。ミヨン派が2つの区で多数派となったほか、大同団結した唯一の区である第3区で「右」融合名簿が辛うじて過半数（51.7％）を得票して多数派になった。結果、市議会での「右」勢力は合計31議席（シェア43％で内訳はミヨン派21、保守連合10）にとどまった。

　従前の市議会構成は、「右」46議席（FN 2議席を含む。それ以外の「右」は44議席でシェア60％）、「左」27議席（シェア37％）であったから、ほぼ正反対になったことになる。では、どのようにして、このような結果になったのであろうか？

　3大都市の場合、選挙は各区ごとに実施される。立候補するのも各区ごとに編成される党派の名簿であり、それぞれの筆頭に記載されるのが、その党

第 2 編　地方選挙

〔表-2-7〕2001年3月大都市選挙「リヨン市」／市議会全体見取り図

区	市議定数	主要左派 (率)%	議席	1回目%	前回	主要右派 (率)%	議席	1回目%	前回計
I 左奪	4	左連立 (63.1)	3	(35.7)	0	右諸派(36.4) 保守連(0.5)	1 0	(19.5) (14.8)	4
II 替右	5	左連立 (32.4)	0	(25.4)	0	**右諸派**(35.0) 保守連(32.6)	4 1	(29.8) (32.7)	5
III 右	12	左連立 (48.3)	3	(32.9)	2	**保守**(51.7) 融合名簿	9	連(24.2) 諸(24.2)	10
IV 左奪	5	左連立 (51.9)	4	(32.7)	1	右諸派：辞退 保守連(48.1)	— 1	(19.8) (26.5)	4
V 左奪	8	左連立 (50.7)	6	(31.7)	2	右諸派(49.3) 保守連：辞退	2 —	(25.6) (23.8)	6
VI 替右	9	左連立 (30.2)	1	(24.0)	1	**右諸派**(44.5) 保守連(25.3)	7 1	(34.0) (31.6)	8
VII 左奪	9	左連立 (51.4)	7	(33.4)	2	右諸派(0.1) 保守連(48.6)	0 2	(17.7) (27.2)	7
VIII 左	12	左連立 (54.2)	10	(37.8)	9	右諸派(37.4) 保守連：辞退 FN(8.4)	2 0 0	(17.1) (20.6) (10.4)	3
IX 左	9	左連立 (60.2)	8	(44.7)	7	右諸派(39.8) 保守連(0.0)	1 0	(18.6) (15.2)	2
合計9区 73議席 うち左6区 右3区		左連立 (48.6)	42	(33.0)	27	右諸派(25.0) 保守連(16.1) 融合(9.2) FN(1.2)	21 10 計31 0	(23.1) (24.5) — (7.0)	46
前回内訳		社会15、左諸派8、共産3、緑1				**右諸派**18＋UDF15＋RPR11＝計44、FN2			

〔注〕 1）**太字**はトップ、「**左奪**」は今回「左」が奪取、「**替右**」は「右」党派間で交替
　　　2）「右」中、「右諸派」はミヨン氏の率いるグループ、「保守連」は国政でのRPR＋UDFの融合名簿（結果はRPR6議席＋UDF4議席）である。

派の当該区での「区長」予定者であるから、一般コミューンのような形では、都市全体でのトップたる「市長」予定者が誰であるかは、名簿上で明らかにはならない。実際には、「市」全体での「政権」獲得を目指し、中央政界での主要政党等が合従連衡する。そのため、各区ごとの立候補名簿をPRするに際しては、全体で誰を「市長」予定者として担いでいるのかが一目瞭

87

然になるような形や内容にされる。たとえば前掲クレア・レポート No. 222（2001年11月）『フランス地方選挙の制度と実態』38頁「写真9」にパリ第Ⅱ区での左派連合ポスターの事例を掲げてある。そこでは「区長」予定者の顔写真を、パリ全体での「市長」予定者（ドラノエ）の顔写真と少しだけずらして並べながら、自分たちが「ドラノエ」派であることを標語でも示すという工夫をしている。

マスコミ報道では、事柄の重要性と現実政治の動きに沿って事態を捉えるため、選挙制度のタテマエは省略して、各区ごとの名簿も全体の「市長」予定者の名簿であるかのように取り扱うことが通例。「区」は無視して、有権者が単に「市長」とその党派を選んでいるかのような報じ方になる。この点、大都市選挙のデータ等を読む場合には、注意が必要である。本稿でも、むしろマスコミ型の叙述法としているので、ご承知置き願いたい。

投票の結果を単純に概括すると、〔表-2-7.その2〕のようになる。

② **1回目の状況**　上記では一覧性の表にまとめてあるが、実際には各区ごとの違いが大きく、9区全体を合計して論じることには問題がある。しかし乱暴さを承知で、ごく概括的に見れば、〔表-2-7.その2〕の「1回目」列に示したように、「左連立」が33.0%の得票を得て市全体総計ではトップ、それを「保守連」（24.5%）、「右諸派」（23.1%）、「FN」（7.0%）が追い、区ごとに組み合わせは違うものの、この4群に属する名簿が2回目に進出している。

単純な合計数字を計算してみると、「保守連」と「右諸派」の合計得票率は47.6%にもなるから、前回1995年と同様に2回目で大同団結すれば、多数派確保は期待できたはずであった。ところが、今回は調整がつかず、僅かに第Ⅲ区（下記）で名簿融合に成功したのみで2回目の決戦に臨むという「右」側としては最悪の事態を招いた。

しかも、「保守連」市長予定者たるメルシエ（UDF）は、自らが名簿筆頭として立候補した第Ⅴ区で、「左連立」ばかりか、「UDF分派」（「右諸派」に含まれる）名簿にすら敗れるという惨敗に終わる。このため同区の2回目

第2編　地方選挙

には、「左」に対抗しうるよう「UDF分派」に保守票を集約するため、自らの進出を「辞退」せざるをえなくなった。その結果、リヨン市全体で「保守連」の市長予定者は、デュベルナール（RPR）へと急遽変更された。しかも、そのデュ氏の選挙区はミョンと同じ第Ⅲ区。そこでは1回目でデュ氏の率いる「保守連」がミョン派を僅か15票上回るという接戦を演じてのち、両者は2回目に向けてデュ氏を筆頭に据えた「名簿融合」に合意した（その結

〔表-2-7.その2〕大都市選挙「リヨン市」その2／単純総合計データ

党派	1回目（率）	該当区数	2回目（率）	該当区数	増減（率p）	市議数	区数（うち多数派）
左連立	43,043(33.0)	全9	67,097(48.6)	全9	+24,054(+15.6)	42	8(6)
右諸派	30,175(23.1)	全9	34,552(25.0)	7	+4,377(+1.9)	17	6(2)
保守融合	—	—	12,746(9.2)	1	+12,746(皆増)	9	1(1)
保守連	31,930(24.5)	全9	22,189(16.1)	6	−9,741(−8.4)	5	4(0)
FN	9,071(7.0)	全9	1,589(1.2)	1	−7,482(−5.8)	0	0
諸派(各別)	6,325(4.8)	9	いずれも進出できず。1回目得票率合計は12.5%		−6,325	皆減計 −16,378	—
LCR	5,120(3.9)	7			−5,120		
LO	2,421(1.9)	5			−2,421		
PT	684(0.5)	3			−684		
MNR	608(0.5)	2			−608		
エコ	562(0.4)	1			−562		
UDF分派	362(0.3)	3			−362		
左諸派	275(0.2)	1			−275		
小右派	21(0.0)	1			−21		
有効票総計	130,597		138,173		+7,576		計73
名簿数	10群+諸々の党派		5群		−5群&諸々の党派		
棄権率	38.4%		34.4%		−4p		
有権者数	218,140		同左		0		

〔注〕1）「保守融合」名簿は第Ⅲ区のみで成立。その当選者内訳は「保守連」5「右諸派」4。
　　2）FNが2回目に進出できたのは第Ⅷ区のみ。
　　3）「右諸派」（『ル・モンド』のレッテル）には、ミョン派（DLC）（4つの区）のほか、同派と競合しない（同派のいない区で立候補）DL分派（1区）、RPR分派（1区）、UDF分派（2区）、その他右諸派（1区）を含む。

果、辛うじて「左」に勝利)。肝心の市長予定者2人が自らの選挙区では「融合」したから、保守系2党派の選挙戦は一層混乱。他の区でも、一部では片方の「辞退」により保守票の集約が図られたりもしたが、時既に遅しであった。

③ **2回目の投票結果**　かくして2回目に進出した各党派のリヨン市全体での「市長」予定者は、「左連立」がコロン、「右諸派」はミヨン、「保守連」はデュベルナール（RPR）で、3区のみでの「保守融合」はデュベルナールが筆頭。

もう一度〔**表-2-7.その2**〕を見ると、2回目の投票では、「右諸派」「保守連」「保守融合」を単純に合計した得票数は69,487票（得票率にして50.3％）で、市全体での総合勝者たる「左連立」よりむしろ多く、過半数にすら達している。前回、バールを筆頭にして総合勝利した折りの「保守連合」の合計得票数は62,682票であるから、実数としても約1割（6,805票）の増でもある。一方の「左連立」が前回合計48,101票から約4割（18,996票）という大幅な増加を見てはいるものの、足の引っ張り合いがなければ、有権者の信頼はつなぎ止めえたとも推測しうる。

ただ、実際の議席配分は各区ごとに行われるものであるし、それぞれの選挙区情勢によって有権者の参加ぶりも変化し、「次善の選択」による支持党派の変更も起きる。したがって、こうした単純な集計データがリヨン市全体での党派支持状況を「正確に」表すなどと推論することは出来ない。それはFNの1回目と2回目との違いを見れば明白である。2回目で大幅に投票が減少しているのは、支持者が減ったのではなく、単に2回目にFNが進出し得た区が1つしかなかっただけである。

反対に、得票分布を仔細に点検すると、2回目の結果を各区ごとに単純に見て、「右」はたとえ始めから大同団結していても、FNを排除したままでなら、結局「市」全体としては「左」に敗れたという推測もなされうる。こうしたことは、「もしも大同団結していたら」という仮説が実験し得ないものである以上、有権者の投票行動は確認できず、推測の域を出ない。

第2編　地方選挙

以下では、いくつかの区での状況を見ることにより、大都市での区ごとの選挙が、どのようなものであるのか具体的に理解したい。

④　**選挙区ごとの状況：その1「リヨン市第Ⅲ区」**　まず、保守系の融合が唯一実現した第Ⅲ区を見よう。ここでは、2回目に「保守連」と「右諸派」が名簿融合に成功した結果、辛うじて勝利している。その当選者内訳は「保守連」5、「右諸派」4。この選挙区の場合、もしも2回目に「右」が「融合」しなかったら、1回目と同じく1位になる「左連立」の圧勝となり、議席配分はまったく逆になっていたであろう。2回目に参加した有権者数が増加を見たことも重要。2回目に進出できなかった党派の支持者がどのような投票行動（「棄権」も含む）をしたかは推測の域を出ないが、「左」（『フィガロ』紙の分類では「極左」）のLCRとPTは一部が「左連立」に、「極右」FNは一部が保守「融合」に、「諸派」は一部ずつ両側に流入したかと推定されている。

⑤　**選挙区ごとの状況：その2「リヨン市第Ⅱ区」**　第Ⅱ区の場合は、従前は保守連合（前回は2回目に「融合」名簿）が区選出市議定数の5議席全部を独占する力を誇り、それを基盤にしてRPRから区長を出していたが、

〔表-2-7.その3〕2001年3月大都市選挙事例1：「リヨン市第Ⅲ区」

党派	1回目（率）	2回目（率）	増減（率p）		市議席
左連立	7,654 (32.9)	11,915 (48.3)	+4,261 (+15.4)		3
保守連	5,636 (24.2)	融合	+1,489		9
右諸派	5,621 (24.2)	12,746 (51.7)	(+3.3)		右維持
FN	1,690 (7.3)	進出できず	−1,690	計 4,363 皆減	—
諸派	1,221 (5.3)		−1,221		
LCR	1,130 (4.9)		−1,130		
PT	322 (1.4)		−322		
有効票総計	23,274	24,661	+1,387		12
名簿数	7	2	−5		
棄権率	36.8%	32.5%	−4.3p		
有権者数	37,893	同左	0		

今回、保守勢力の深刻な分裂により状況が変化。まず1回目には、現職区長を筆頭に掲げた「保守連合」がトップに立ったが、第2位の「右諸派」との差は少なかったうえ、「左派連立」の得票も従前になく大きくなっていた。前回と違い、2回目に向けた保守系の名簿「融合」は成立せず、結局、「右」2派、「左」1派の3名簿が進出。結果は大変な接戦となったが、その中から「右諸派」が逆転勝利。35％の得票率で区選出市議4人を獲得。残る1人が第2位に甘んじた「保守連合」に配分された。

こうして外見上は「右」が合計「5人」で「現状維持」にも見えるが、主導権は完全に「交替」している。また、結果的には従前どおり「議席ゼロ」になった「左」は、得票では「保守連合」に僅か18票（率では0.2ポイント）差まで肉薄。第1位との差も僅かで、棄権率などによってはトップに立つ可能性すらあったのである。定数5で多数派プレミアム制となると、ごく僅差の3党派間に歴然とした差が付くことが、はっきりと見てとれる事例である。議席配分の計算方法については、クレア・レポート第222号、4頁を参照されたい。

〔表-2-7. その4〕2001年3月大都市選挙事例2：「リヨン市第Ⅱ区」

党派	1回目（率）	2回目（率）	増減（率p）		市議席	
左連立	2,307(25.4)	3,103(32.4)	+796(+7.0)		0	
保守連	2,961(32.7)	3,121(32.6)	+160(-0.1)		1	
右諸派	2,699(29.8)	3,352(35.0)	+653(+5.2)		4	右交替
FN	522(5.8)	進出できず	-522	計 1,102 皆減	—	
諸派	495(5.5)		-495			
UDF分派	85(0.9)		-85			
有効票総計	9,069	9,576	+507		5	
名簿数	6	3	-3			
棄権率	35.8%	32.6%	-3.2p			
有権者数	14,496	同左	0			

2−3−2節　首都パリ
(1)　「パリ」の概略

　首都パリについては多言を要さない。地方制度上では、パリはコミューンかつ県でもあるという特別な性格を持っており、その議会は幅広い事項を所掌する点が、3大都市の中でも特異である。これまで本稿でもしているとおり、地方団体としてのパリを一般には「パリ市」、その首長と役所を一般のコミューン同様「市長」(maire. 邦訳すれば「市長」が相当。ただし、「区長」もそれぞれの区の maire と呼ばれるので注意が必要）および「市庁」(mairie. 各「区役所」にも同じ言葉が用いられる）と呼ぶ。厳密な議論をする場合には、普通の基礎レベル自治単位であるかのような印象を与える邦訳は避ける方がよいが、叙述の便宜上は「パリ市」という方が便利である。そこでここでは、その特異な性格を示すため、出来る限り「パリ」「パリ議会」と呼ぶことにするが、便宜によっては、なお「パリ市」「パリ市長」を用いる場合もあることをお断りしておく。

　パリ自体の人口は約215万人。統計都市圏ではおよそ1,120万人である。長きにわたって保守の牙城であり、かつてはシラク現大統領が市長をつとめた。前回、シラクの大統領出馬に伴い、1983年以来筆頭助役としてシラクを支えてきたティベリが市長に就任した。

(2)　大都市選挙「パリ」の事例：「右」の分裂に乗じ、団結した「左」が政権を奪取

① 立候補の状況　　今回の選挙に当たっては、現職市長のティベリにスキャンダルが指摘されたこともあって、保守陣営が一本化できなかった。シラク派と UDF や DL を一本化した RPR 元党首セガンの名簿（以下「保守連合」）、元内務大臣パスクワの名簿（自ら RPF〔フランス連合〕を設立）に加え、ティベリも疑惑は事実無根として出馬。さらには独自の立場からのいくつかの保守分派までが名簿を編成する（以下本稿では「ティベリ派」「RPF」等を「保守反主流」派〔筆者独自の便宜的なレッテル〕とまとめて表現する場合もある）という大分裂状態のまま選挙戦に突入。状況は各区ご

とに様相を異にし、合従連衡の見込みも立ちにくいものであった。

　これに対する左派は、まず1回目、20区全てにおいて「社」「共」などが混合名簿（下記では『ル・モンド』紙にならって「社会＋」と略）を編成。国政ではジョスパン左派連立内閣に加わっている「緑」は、2回目には「左連立」の融合名簿へと合流することを前提にしつつ、1回目には20区全てで独自の名簿を編成して、存在感を高める戦術を採った。

　動向が注目された「極右」もFN、MNRともに20区全てで立候補。「極左」からもいくつかの党派が多くの区で立候補した。

② 　1回目の投票　　1回目パリ全体での総合計データを見ると、登録有権者数1,015,644人、棄権率37.6％（最小31.0％から最大42.5％）で、前回1995年の50.3％（45.0％から56.1％）を大幅に下回り（20区全てで参加率が上昇）、選挙への関心の高まりが注目された。乱暴ながら20区の単純総合計（保守系各派についての党派分類は報道機関によって差異があったが、以下では『ル・モンド』紙による。）で主要名簿の得票率を見ると、「左」では「社会＋」が31.3％、「緑」12.4％、一方「右」では、セガン「保守連合」25.7％、「保守反主流」計18.5％（うち「ティベリ派」だけで13.9％）といった状況になっている。「極右」は、FN3.5％、MNR2.3％と低迷し、個別の区で見ても、第XIX区でFNが5.2％の得票をしたのが最高で、2回目に進出できる得票水準には達しなかった。

　前回1995年選挙では、保守陣営を混合した「保守連合」名簿が、1回目で総合47.7％という高い得票率となり、市長予定者ティベリ（当時はRPR、すなわちシラク派）の地元である第V区など8つの区で過半数に達して、一気に決着させている。それ以外でも、1回目で「保守連合」がトップになった区は11にも及んでおり、「社会＋」が首位を奪ったのは唯一第XX区のみという状況であった。

　それと較べると、今回は、20区全てで決着が2回目の投票に持ち込まれただけでなく、「社会＋」がトップとなった区が14にも達し、しかも「緑」が、それとは別に大幅な得票をしている。逆に「保守連合」がトップは第VII区な

ど4区だけ、「ティベリ派」が2区（第Ⅱ、Ⅴ区）と、保守陣営が低迷し、しかも2回目に向けての名簿の融合は、それまでの経緯からして実現しがたい状況にあったのである。

③　**2回目の投票**　2回目になっても、保守陣営の分裂は結局修復できず、基本的には対立したままで決選投票を迎える。ただ一部の区では、保守系名簿の一部が2回目への進出を「辞退」し、他の保守陣営に票を移し替えることが企図された。

これに対する左派は、いわば予定どおり、「緑」も含めた「左派連立」の融合名簿を編成して一本化。かくして2回目は、一本化した融合「左連立」が、分裂したままで混迷する保守勢力からの政権奪取を果たす可能性が高まった。

2回目の投票では棄権率が35.9％と一層低下。結果は、単純総合得票率で49.6％を確保した「左連立」が、20区のうち12区を制覇、全163議席の56％にあたる92議席を確保して、政権奪取に成功し、融合名簿筆頭のドラノエ（社）が首長に就任するに至った。各党派間の配分は、「社」49（5増）、「緑」23（18増）、「共」11（2増）、「市民運動」7（2増）、「急進」2（純増）となり、中でも「緑」の躍進は驚異的ですらあった。

敗れた保守側では、RPRなど主流の「保守連合」は単純総合得票率34.8％で、議席数は55に止まる。ティベリ派は粘りを見せ、総合では12.3％の得票とはいえ、お膝元のⅤ区等を掌握、合計でも12議席を獲得して、パリ保守勢力内で無視されえない立場を確保した。

〔表-2-8〕によって全体状況をまとめると、

(ｱ)　前回1995年に1回目で「右」に決着した区（合計8区）は、今回は全て2回目の投票にもつれ込み、また議席数の減少を余儀なくされたとはいえ、第Ⅸ区を除いて「右」が確保した（合計7区。うちティベリ系現職区長派2区。その他保守「反主流」の現職区長派1区。そのほかの4区は「保守連合」）。

(ｲ)　前回2回目の投票で「右」が確保した区（合計6区）は、第Ⅶ区を除

き、今回は「左」が奪取した（合計5区。筆頭は全て「社」）。

(ウ) 前回「左」が（いずれも2回目の投票で）確保した区（合計6区）は全て「左」が堅持した（筆頭の所属党派も従来と変わらず、「社」5、「市民運動」1。ただし、のちに第Ⅱ区で「緑」が区長となり、「社」は4になった）。

パターンは、このように大方3分類できるが、例外となった第Ⅶ区は元来保守色の強い区であり、前回に1回目で決着しなかったのは保守系の分裂が原因であった。今回、同区では2回目に至っても保守系が分裂したままであったが、保守2派が1位、2位（ラストの3位が「左連立」）という結果になり、5議席全てを2派で4対1に分け合った。もう一つの例外たる第Ⅸ区は、前回は1回目（混合名簿）で即決した保守陣営が、今回は2回目になってから融合して「左」に立ち向かったが、時既に遅く、得票率にして4％ポイントの差で敗退している。

このような各党派別の議席配分は、党派別の得票数と関連づけたいところだが、実際の投票は、多くの場合が「左連立」や「保守連」という複数党派が始めから混合して形成し立候補した名簿に対するものであるから、そのような分析は不可能である。一部のマスコミ、たとえば『ル・フィガロ』紙は、一見すると党派別の得票状況であるかに見えるデータを掲載した。しかし、よく見ると、そのデータは、例えば共産党所属議員を筆頭に載せた左派混合名簿の得票数（第ⅩⅦ区のみ）を、集計データとしては「共産」として掲げている。その中には元来は「社会」等（2回目には「緑」も含む）支持者からの投票も含まれるので、当該区での「共産」支持票としては水膨れ。一方、他の区で社会党が筆頭の名簿に投票した共産党支持者は、あたかも「社会」支持であるかのように見えてしまう。そうした整理法の「党派別」得票データは政治状況の分析には役立たない。保守系でも混合や融合ばかりでなく、2回目での辞退や進出不可が多いのに、「辞退」した党派から移転された票を受け取った党派の元来からの支持者票のように見えるデータ整理法は誤りと言うべきである。その後で、いくら精緻な数理的方法を駆使して

第 2 編　地方選挙

〔表-2-8〕2001年3月大都市選挙「パリ」／議会全体見取り図

区	市議定数	主要左派（得票率%）	議席	前回	主要右派（得票率%）	議席	前回「右」
Ⅰ　右	3	左連立(47.5)	1	1	反主流(52.5) 保守連合：辞退	2	2　即
Ⅱ　左奪取	3	左連立(51.8)	2	1	反主流(48.2) 保守連合：不可	1	2
Ⅲ　左	3	左連立(65.3)	2	2	反主流(34.7) 保守連合：辞退	1	1
Ⅳ　左奪取	3	左連立(54.2)	2	1	反主流(45.8) 保守連合：辞退	1	2
Ⅴ　右	4	左連立(46.6)	1	0	反主流(53.4) 保守連合：不可	3	4　即
Ⅵ　右	3	左連立(42.2)	1	1	反主流(57.8) 保守連合他：辞退	2	2　即
Ⅶ　右	5	左連立(27.0)	1	0	保守連合(46.6) 反主流(26.3)	4 0	5
Ⅷ　右	3	左連立(25.6)	0	0	保守連合(53.1) 反主流(21.3)	3 0	3　即
Ⅸ　左奪取	4	左連立(52.0)	3	1	融合保守(48.0)	1	3　即
Ⅹ　左	6	左連立(62.0)	5	5	保守連合(21.0) 反主流(17.1) 右諸派：辞退	1 0	1
Ⅺ　左	11	左連立(64.8)	10	9	保守連合(20.8) 反主流(14.4)	1 0	2
Ⅻ　左奪取	10	左連立(51.1)	8	2	保守連合(48.9) 反主流：辞退	2	8
XIII　左奪取	13	左連立(56.3)	10	3	保守連合(43.7) 反主流：辞退	3	10
XIV　左奪取	10	左連立(55.5)	8	2	保守連合(44.5) 反主流：辞退	2	8
XV　右	17	左連立(41.1)	3	3	融合保守(58.9) 右諸派：不可	14	14　即
XVI　右	13	左連立(20.7)	1	1	保守連合(58.2) 反主流(21.1) 右諸派：不可	11 1	12　即
XVII　右	13	左連立(35.1)	2	1	保守連合(50.6) 反主流(14.3)	10 1	12　即
XVIII　左	14	左連立(60.3)	11	11	保守連合(24.7) 反主流(15.0)	2 1	3
XIX　左	12	左連立(60.1)	10	9	保守連合(24.1) 反主流(15.8)	1 1	3
XX　左	13	左連立(61.6)	11	10	保守連合(22.9) 反主流(15.5)	1 1	3
合計20区163議席 うち 　左12区 　（うち左奪取6） 　右8区		左連立(49.6) うち 　社会 　緑 　共産 　市民運動 　急進	92 49 23 11 7 2	63 44 5 9 5	保守系(50.4) うち 　保守連合 　融合保守 　反主流	71 55 1 15	100 うち RPR61 UDF36 他3 （うちFN1）

〔注〕　各欄の**太字**はトップ。本表ではスペースの都合から、本文中での「保守連合」を「保守」、「保守反主流」派を「反主流」と表記している。「不可」は1回目の得票率不足のため2回目に進出できなかったことを示す。「即」は1回目の投票で即時に決着したことを示す。「奪取」は今回トップを奪取。無印は前回と同じ党派がトップを維持。

も、元がそういうデータでは見当違いになる。

(3) 区での状況

具体的に理解するために、今回、「左」が奪取したパリ第Ⅳ区を事例として、その様子を〔表-2-8.その2〕にまとめた。同区は、パリの発祥地たるシテ、サンルイの両島に加え、その対岸のセーヌ川右岸一帯で、パリ市庁やパリ地方長官庁という行政庁と、ポンピドー・センター、ヴォージュ広場など観光ポイントとを含む地域とから構成されている。前回1995年選挙では、保守連合、左派連立、エコロジスト(「緑」)、FNの4名簿が立候補。1回目は棄権率51.7%という中で「保守連合」がトップ。2回目に進んだ前2者間で決選投票。棄権率53.6%と、むしろ棄権が増加した状況で、「保守連合」が辛うじて得票率51.5%を獲得して勝利している。議席配分は「保守連合」2議席、「左派連立」1議席であった。

今回は保守勢力が分裂し、1回目に2つの名簿が立候補した。「極右」もFNとMNRとに分かれている。1回目では棄権率35.2%と有権者の参加が高まる中(有効票数は1,011票増加)で、「社会+」左派混合名簿が前回より266票上積みしてトップ。「緑」は2倍以上に票を伸ばし、上積みは806票

〔表-2-8.その2〕2001年3月大都市選挙事例3:「パリ第Ⅳ区」

党派	1回目(率)	2回目(率)	増減(率p)		議席
社会+	3,546(35.4)	融合左連立	+507(+3.0)		2
緑	1,579(15.8)	5,632(54.2)			左奪
保守反主流	2,482(24.8)	4,754(45.8)	+2,272(+21.0)	+585	1
保守連合	1,687(16.8)	辞退	−1,687(−16.8)	(+4.2)	−
LO	295(2.9)		−295(−2.9)		
FN	219(2.2)	不可	−219(−2.2)	−436	−
MNR	217(2.2)		−217(−2.2)	(−4.3)	
有効票総計	10,025	10,386	+361		
名簿数	7	2	−5		3
棄権率	35.2%	32.2%	−3.0p		
有権者数	15,870	15,865	−5		

にものぼった。一方、保守系はパリ全体での分裂騒ぎで、各派間の相互非難が報道され傷つき合ったことが災いして、2つの名簿を合計しても前回1回目の「保守連合」得票数（4,243票）にすら届かなかった。

　保守陣営の中で相対的に敗れた主流派「保守連合」は、2回目への進出を「辞退」し、保守票を一本化することを企図した。非難し合ってきた経緯から名簿の融合ができる状態でなく、やむなく敗れた側が自主的に退場することによって、各有権者の判断で一本化することに期待せざるをえなかったのである。それに対し「左」側は名簿融合による多数派づくりに成功、1回目よりもさらに得票を上積みして、相当に大きな差を付けて勝利した。

　表中の「増減」欄に見るとおり、2回目には、むしろ保守側の方が、主流派の「辞退」による保守票の移し替え以上の得票増加（＋585票）を実現している。「極右」支持有権者から「保守反主流」へ、また「極左」LOから「左連立」へ、それぞれ移し替え（有権者が自票を投ずる対象党派の変更）がどれほどあったか（さもなければ、それらの有権者は2回目に「棄権」に回る）は推測しにくい。1回目「棄権」で2回目「参加」という有権者も多いはずだが、そういうデータはない。結局、検証しえない推測をするに止まるので、これ以上の詮索は差し控えておく。

第2—4章　コミューン選挙の無効による「やり直し」

2—4—1節　コミューン選挙（2001年春）の「無効」

　2001年春の統一地方選挙を巡っては、一部で選挙妨害、不正な投票や立候補資格の欠如などを理由とする選挙無効の争訟が提起されていた。執行から1年半後の2002年の7月から9月にかけて、国務院（Conseil d'Etat．仏国における行政裁判の最終審）での判断が示され、結局、12のコミューンでの選挙が、重大な選挙違反があったとして無効と判断され、10月6日までの間に、それぞれやりなおし再選挙をすることとなった。

2－4－2節　ヴィトロールでのやり直し再選挙（2002年秋）

(1)　「ヴィトロール」への注目

　ここでは、南仏マルセイユ近郊（ブッシュ・デュ・ローヌ県）のヴィトロール（Vitrolles）という人口3万7千人ほど（人口3,500人以上であるから、選挙制度は比例代表併用多数派プレミアム制）の小都市での、やりなおし再選挙を取り上げる。2001年春統一地方選挙での選挙無効による再選挙の中で仏国中の注目を最も浴びたのはヴィトロールであった。その結果は劇的でもあり、かつ、地方選挙制度の機能の仕方を見るのに格好の事例にもなるので、ここで取り上げることとする。

　同市の2001年3月統一地方選挙では、仏国内全体ではFNに次ぐ「極右」勢力たる「共和国民運動」（MNR＝メグレ党首。メグレは元下院議員・元欧州議会議員。2001年春には「マルセイユ第Ⅶ連合区」で市議当選）が僅差で多数派となり、党首の妻カトリーヌ・メグレ女史が市長に「再選」された。ところが、同派が他の保守派（RPRのロッシィ）の名誉を傷つける中傷ビラで選挙妨害をしたという理由から選挙の効力が争われ、2002年7月29日になって、選挙運動に重大な違反があったという理由で選挙無効・再選挙が確定。やりなおし再選挙が全国の注目を浴びたのである。

(2)　「ヴィトロール」2001年春コミューン選挙

　まず「無効」と判断された2001年春選挙の状況を見ておこう。〔表-2-9〕に示したとおり、1回目には、現職市長のメグレ女史を筆頭とするMNRのほか、「右」から「保守連合」（筆頭はロッシイ＝RPR）、「左」からは「社会＋」（ティシャドゥ）、「共産」、「極左」の合計5つの名簿が立候補。有権者の関心も高く、棄権率は1回目27.5％、2回目19.1％と低かった。ヴィトロールでは有権者の参加度は極めて高く、1995年春の2回目には棄権率が僅か14.9％にまで低下している。

　結果を見ると、1回目には1995年（ただし当時の「極右」は分裂前でFN）と同様の党派順となり、MNRが約4割の得票でトップ、続く「社＋」は16ポイント近くも引き離された。ただ、同じ統一地方選挙で他のコミュー

〔表-2-9〕 コミューン選挙のやり直し：「ヴィトロール市」（2001年春と2002年秋）

党派	2001年春統一地方選挙				2002年秋やりなおし再選挙			
	1回目 (%)	2回目 (%)	増減	席	1回目 (%)	2回目 (%)	増減	席
MNR	5,595 (39.1)	7,292 (45.3)	+1,697	29	5,080 (36.7)	6,878 (46.0)	+1,798	9
FN	—	—	—	—	301 (2.2)	—	−301	—
社会＋	3,351 (23.4)	融合左連立 7,091 (44.1)	+1,375	8	左連立 4,293 (31.0)	8,089 (54.0)	+3,796	30
共産	2,365 (16.5)							
社会分派	—	—	—	—	1,735 (12.6)	辞退	−1,735	—
極左	473 (3.3)	—	−473	—	—	—	—	—
保守連合	2,511 (17.6)	1,707 (10.6)	−804	2	UMP 1,688 (12.2)	辞退	−1,688	—
					UDF 732 (5.3)	—	−732	—
有効票総計	14,295	16,090	+1,795	39	13,829	14,967	+1,138	39
名簿数	5	3	−2		6	2	−4	
棄権率	27.5%	19.1%	−8.4p		33.9%	27.4%	−6.5p	
有権者数	20,341	20,366	+25		21,312	同左	0	

ンでは、多くの場合に始めから混合していた「社」「共」を合わせれば、合計で僅かながらもMNRを凌いではいた。

　2回目には、いわば予定どおり「社会＋」「共」が名簿を融合し決選に臨んだので、「極右」対「左連立」の一騎打ちに「保守」が絡む「三つ巴」戦（triangulaire）という展開になった。ただ、マスコミ報道（全国紙『フィガロ』2001年3月16日）によれば、融合した「左」2党派は、それまでの選挙戦では相互に攻撃しあっており、実際には団結するのが難しい実情にあったという。1回目の「棄権」票を上位2名簿のどちらが動員し取り込むかが焦点となったが、結果は僅か201票の僅差でMNRの勝利となり、メグレ女史

の市長続投が決定した。2回目には「保守連合」票の3分の1が減少しているが、これには選挙無効の原因となった名誉毀損の中傷ビラによる選挙妨害も影響しているものと思われる。ただ、1回目での得票分布から、2回目には「左」と「極右」の間の決選になると見て、中傷ビラ如何にかかわらず、保守系有権者のうち「社」「共」などが幅広く融合した「左」の市政には賛同しがたいという一部がMNRに票を移し替えたこともありうる。

⑶ 「ヴィトロール」2002年秋やり直し再選挙

　選挙無効による再選挙は、ヴィトロールでは、統一地方選挙の1年半後にもなる2002年9月29日（日）に1回目が実施された。立候補の状況を見ると、MNRは現職メグレが筆頭の名簿。「社会」はオビノが党公認となり、今回は始めから「共」と名簿を混合（「左連立」）。これを不服として、前回「社会＋」名簿筆頭のティシャドゥが独自に立候補（「社会分派」）。保守系は無効になった前回選挙時の筆頭ロッシィではなく、ボレリ（RPR）が保守新党UMPの公認となり、それに納得しないポルト（DL＝元来の党派も別ではある）も独自に立候補した。

　棄権率が2001年春よりも上昇。その結果は、MNRが、2001年春よりは実数も率も下回ってはいるものの、得票率36.7％でトップ。第2位にかなりの差をつけたが、1週間後の2回目までに「左」「右」とも、どんな合従連衡が成立するかによって、結果が分からなかった。各党派の得票率は、「MNR」36.7％、「左派連立」（オビノ）31.0％、3位「社会党分派」（ティシャドゥ）12.6％、4位「UMP」（ボレリ）12.2％。ここまでが得票率10％以上で第2回目の決選投票への出場資格あり。5位「UDF」（ポルト）と6位「FN」は得票率10％未満で決選進出不可（そのうちポルトは他との「融合」は可能）であった。

　1週間後10月6日（日）の第2回目に向けて、各政治勢力の間でいろいろな動きがあり、「調整」の結果、決選投票進出資格のある「社会党分派」と「UMP」とは、いずれも立候補を「辞退」。その結果、MNRと左派連立との1、2位同士の「一騎打ち」となった。結果の得票率は「左」が54.1％、

MNRが46.0となり、社会党中心（＋共＋緑ほか）の「左」の勝利。議席配分では、「左」が30議席、MNRが9議席という圧倒的な差がついて、オビノを市長として連立左派による市政運営がなされることとなった。

　ただ、注意すべきは、再選挙でMNRが敗れたとは言っても、2回目での得票率は2001年春統一選挙で「勝利」した際と同じレベルな（細かく言えば「上昇」してさえいる）ことである。多数派プレミアムが重要な機能を果たす選挙制度の下で、敵方の陣営編成の差によって議席数が大逆転したのであって、有権者からの支持自体が大幅に低下したわけではない。この点は、2002年大統領選挙における「敗者」FNル・ペンの得票を見る場合と同じような注意が必要になる。

(4) やり直し再選挙での政治動態
① 反「極右」の大同団結　　今回は、1回目から「社」「共」などが混合名簿を編成したうえ、2回目には社会党分派や中道・右派までが立候補「辞退」して、「極右」の進出阻止の「大同団結」がなされた。これがやりなおし再選挙を巡る政治動態の注目点である。

　2001年春の場合、2回目への進出資格を得て、実際にも立候補したのは、MNRと「左」融合名簿のほかに「保守連合」があり、結果「三つ巴」決選。上位2名簿の得票率が45.3％と44.1％になり、僅差でMNRが勝利した。やりなおし再選挙でもMNRの得票率はほとんど同じレベルだが、対抗勢力が1党派に絞られ「一騎打ち」になった。それに有権者がどのように反応したかは票数の変化から推測するしかないが、2回目での「左連立」の得票が2001年春の2回目よりも約千票増加（有効票総計は1,123票も減っている中で）している一方で、MNRが414票の減少を見ていることから推測すると、1回目の「社会分派」支持者に加えて、保守票が相当規模で「左」に移し替えられたため逆転が起きたと考えられる。

　同年春の共和国大統領選挙で、2回目に「極右」ル・ペンを排除するため、「左」票が大量にシラクに移し替えられた（第1－2章）のと、同じ趣旨の動きが起きたのであろう。左右の方向は逆だが、「極右」に対抗するた

めに、「民主」「共和」を重視する勢力の中で1回目で相対的に多数になった者に、有権者が投票を集約したことに変わりはない。

② **表舞台での大同団結の演出**　実際、1回目投票後の動向を報じたマスコミ報道（『フィガロ』紙、2002年10月4日〔金〕）によると、現地では1回目のあと、10月1日（火）の晩（同日の24時が第2回目投票への立候補届け出の期限）に「左派連立」（オビノ名簿）の集会が開催された。そこには「社会党分派」のティシャドゥも参加して、演壇上でオビノ等と抱き合ってみせた後、自らは2回目への進出を「辞退」するので、自分の名簿に名を連ねた同志の立候補者（colistiers＝「同一名簿掲載立候補者」〔複数形〕）と支持者たちはオビノ名簿に票を投じてほしい旨を訴えた。また、2回目には進出不可の中道保守系ポルト候補はメッセージを寄せ、その中で「メグレを打倒しうる唯一の民主的かつ共和的な候補者に投票しよう」と呼びかけて、オビノ支持を明らかにした。保守主流派では、当時UMPの暫定総裁であったジュッペが、『ル・モンド』紙（同紙の政治的立場は左派系）掲載の記事の中で、オビノに投票するように「投票の寄託」（consigne）をする旨を述べたと報道されており、そのことに「左」からの称賛の弁も述べられた。さらに、集会の終了間際になってから、すでに前日月曜日に2回目「辞退」を明らかにしていた「保守連」名簿の立候補者たちが会場に参加していることが、オビノ派の選挙運動責任者から紹介され、満場の拍手を浴びた。このような形で、打倒「極右」の大同団結が実現したという演出もされている。

③ **舞台裏の駆け引き**　ただ、舞台裏は複雑であった。保守主流は「辞退」はしたものの、「左」から見ると、納得がいく形でオビノ支持を表明するまでには至っておらず、その「辞退」の意味が不鮮明だと非難された。表向きでは態度を明確に表明したティシャドゥやポルトにしても、舞台裏では2回目に向けて「左派連立」との名簿「融合」の交渉を試みた。名簿掲載する29名のうち、前者は8名の配分を、後者は6名を、それぞれに要求したという。ティシャドゥにしてみれば、融合が実現すれば、その得票数からして「当然」の配分（1回目得票数で単純計算すると8.4名になる）であったが、

オビノ側に断られ、結局、単なる「辞退」に終わっている。ポルトが断られたのは言うまでもない。「大同団結」が演出はされても、実態はこうであった。

第2―5章　コミューン間広域行政組織の選挙

2―5―1節　コミューン間広域行政組織の重要性

　フランスにおける基礎レベル自治単位たるコミューンの規模は今日なお極めて小さく、それを補う役割を果たしているコミューン間広域行政組織（以下「広域組織」と略）が重要なことは、フランス地方制度の顕著な特色である。この点については、（財）自治体国際化協会刊〔平成14年1月〕『フランスの地方自治』の第3章第1節・第2節及び第9章、並びに同協会刊〔1992年3月〕クレア・レポート#042『フランスの広域行政』〔このレポートは、その後の制度改革のため、一部の記述が現状に合わなくなっている。〕を参照されたい。

　大都市などの区域内においてすら、広域組織が地方行政上で果たす役割は極めて重要であり、たとえばストラスブール（市自体の人口は27万人）の場合、広域組織は27コミューンにより結成された「ストラスブール大都市共同体」（Communauté urbaine de Strasbourg.略CUS）であり、人口45万人をカバーしている。その予算規模（2003年当初）は総計9億2千万ユーロを超え、4億5千万ユーロ強程度の中心市ストラスブールの2倍以上になっている。リール（市自体は人口19万人）に至っては、その広域組織たる「リール中枢大都市共同体」（Communauté urbaine de Lille Métropole.CUDLと略）が、85もの構成コミューンにより設立されている。所管区域全体の人口は106万人にも達するから、中心市人口の5倍以上。代議員数は170名に上り、構成コミューンから、都市計画、地区整備、都市交通、道路、駐車場、教育施設、下水道など多くの重要な行政権限が移管されている。

　広域組織はそうした重みを持つ行政主体であり、実際にも、以下に見るように全国レベルでも有力な政治家たちが、その「政権」を巡ってしのぎを

削っている。その意味からも、地方行政ばかりか、地方と国とを通じてみた政治動態を論じる場合にも、それを含めて論じる必要があると思われる。そこで、以下、2001年春統一地方選挙ののちに、各地で行われた広域組織関係の選挙について、簡略ながら、まとめておくこととする。

2－5－2節　広域行政組織の管理運営形態

　広域組織には、いくつかの異なる形態が存在する。伝統的には、我が国における一部事務組合と同様の形態たる単一目的あるいは多目的の「事務組合」(syndicat de communes) が中心であったが、今日では、より一体性の強い結合形態たる「広域共同体」(communauté) 方式（それにも都市化等の状況如何により、大きく3類型の区分が設けられている）が、とくに都市化の著しい地域を中心として、重要性を高めている。

　形態の如何に関わらず、その管理運営は、各広域組織の組合管理会 (comité) や共同体議会 (conseil)（以下、これらを「広域議会」等と略）と、その内で互選される首長 (président) はじめ執行部とによることが基本である。広域議会等のメンバー（すなわちコミューンの代議員＝délégués des communes）は、当該広域組織の設立母体たる各構成コミューンに配分された定数（法に規定されたルールによることも、構成団体間の協議によって決定することも可能であり、配分ルールは一様でない）に応じて、その議会内で互選される。そのためコミューン議会選挙があってのち、各コミューン議会で各広域組織への代議員の選出が行われる。それが出揃ったところで、広域議会等が開催され、当該広域組織の首長（執行機関かつ議長）、副首長 (vice-présidents. 多数) などが互選されるという手順になる。

2－5－3節　代議員の選出

　各コミューンから広域議会等へ送り込む代議員の選出方法は均一ではない。代議員の総定数と各コミューンへの定数配分は、法律の定めが直接に適用されている場合と、各広域組織設立時の規約等の定めによる場合とがある

が、いずれの場合でも、単一のコミューンからの代議員が広域議会議席の過半数を占めることはないようにされている。

各コミューンで自団体の代議員を選出するルールも均一ではない。例えば「大都市共同体」(communauté urbaine．略 CU) への代議員を各コミューン議会内部で互選する場合は、定数1名の場合には2回投票式で過半数以上の多数決制を原則（2回で決着しなければ、3回目の相対多数で決定。そこでも同数ならば、年齢が上の者とする。）とし、複数定数の場合には拘束名簿式比例代表制による。いずれにしても、どのようにして党派間で合従連衡するかは、所と時期とにより、まさに政治状況次第でマチマチである。

たとえばボルドー市では、市議会選挙で定数61名のうち、「右」が50議席（82％）を占め、「左」は「社会＋」と「緑」合わせても10名にしかならなかった。広域組織（大都市共同体）の代議員総定数は120名で、そのうち同市から選出しうる代議員数は46名（広域議会全体定数の38％）。そのすべてを市議会での多数派が独占できるのではなく、今回ならジュペ市長（保守）を中心とする多数派から41名、「左」から5名になっている。

2−5−4節　広域行政組織の首長等の選挙

広域組織への代議員が、各構成コミューンの議会により選出されて後、新メンバーによる広域議会等が開催される。そこでの最初の議案が、首長など執行部の選出（メンバー間で互選）であり、その選挙は「統一地方選挙の第4ラウンド」などとも呼ばれる。

(1) 2001年春・広域行政組織執行部選挙の概略

まず、結論から見ておこう。2001年春の場合、3月18日にコミューン選挙の第2回投票が行われてのち、3月中に各コミューンで、新しい議会構成を踏まえて、メールをはじめとする執行部が選出（議員内部で互選）された。各コミューンから関係広域組織に送り込む代表、即ち広域議会等代議員も選出される。その後、4月初めから20日（金）にかけて、各地で広域組織の議会等が開催され、その首長を始めとする広域行政の執行部が選出（互選）さ

れている。その結果を、これまで取り上げてきた主要なコミューン（圏域の中心都市）等について一覧表にすると、〔表-2-10〕のようになる。

この表を見る限り、広域組織の首長は、その中心都市の市長が兼務するのが一番多い形であり、それは我が国での多くの場合と同様であるから理解もしやすい。中心都市での行政とその都市圏域での広域行政が同一歩調で進むことになるから効果的であろうし、中心都市や都市圏全体での責任の所在も明確で住民にも分かりやすいだろう。

そういう「順当な」相互関係に対する例外が、ストラスブール、リール、そして本稿でこれまでは取り上げていないルーアンである。前2者は、中心都市の市長自身が広域組織では首長とならず、同じ政治的な立場の有力者に譲っている事例であり、その有力者は中心市では助役（筆頭）である場合と、前の市長（しかも元首相）である場合とになっている。後者ルーアン

〔表-2-10〕中心都市と広域組織の首長同士の対比

都市名	市長	立場	構成コミューン数と管内人口		広域首長	立場	相互関係	備考
ナント	エイロー	左	24	55万	同一	同	同一人	
ボルドー	ジュペ	右	27	66万	同一	同	同一人	左右共存
リール	オブリ	左	85	106万	モロワ	左	同系別人＝前市長	前は双方を兼任
トゥールーズ	ドストブラジ	右	21	57万	同一	同	同一人	
ストラスブール	ケラー	右	27	45万	グロスマン	右	同系別人＝市筆頭助役	前「左」は双方を兼任
エクス・アン・プロヴァンス	マッシニ	右	34	33万	同一	同	同一人	
リヨン	コロン	左	55	117万	同一	同	同一人	左右共存
マルセイユ	ゴーダン	右	18	98万	同一	同	同一人	
エヴルー	ドゥブレ	右	31	8万	同一	同	同一人	
ルーアン	アルベルティニ	右	34	39万	ジムレー	左	別系別人	ねじれ

は、広域組織の議会では中心市とは違った党派構成になっているために、広域の首長が中心市の市長とは別の（対立する）政治的な立場から選出され、相互に「ねじれ」が生じている事例である。相互が別人であっても同系の政治的な立場であれば、政策方針上は極端に違わないと期待できようが、ルーアンのように正反対（中心市での野党側が広域の執行部）の場合には、中心市と広域組織との間に行政施策の基本方針が食い違うことになろうから、その都市圏での地方行政全体が混乱することになりかねない。規模の利益を発揮して効率のよい行政を展開するはずの仕組みが、政治的対立に起因する政策方針の不一致のために、行政活動の混乱や麻痺をもたらしかねないのである。

　以下、こうした概観を念頭に置きながら、いくつかの選挙事例を観察してみよう。

(2)　広域行政組織選挙の事例1：「順当」な事例

　広域行政の圏域における中心都市の代表が広域行政組織の首長にも就任するという「順当」な事例としては、まず、ナント市とその都市圏での広域行政組織たる「ナント大都市共同体」（Communauté urbaine de Nantes. 略CUN）を挙げられる。ナント市自体の人口は27万人ほどだが、統計的な意味での都市圏人口は67万人。そのうちCUNがカバーするのは21コミューン、人口55万人ほどになっている。大都市共同体には、母体のコミューンから、都市計画、都市交通、道路、駐車場、地区整備、下水道、教育施設、家庭廃棄物処理など、多くの重要な権限が、制度上当然に移管される。たとえば、フランスで初めて現代的な形で「復活」させた路面電車（tramway）は、行政的にはこのCUNが所管しており、都市計画、道路、駐車場、地区（居住や経済活動）整備などの権限の行使と併せて、都市圏全体での総合的な政策展開によって、都心居住の推進や中心商業地区の活性化などが進められているわけである。

　市議会選挙では1回目で「社」のエイロー（当時の現市長かつ下院議員で、現在は下院の社会党議員団長でもある）が率いる「左派連立」が圧勝し

たが、広域組織でも「左」の勢力が強く、エイロー市長が首長となって都市圏全体の行政運営にあたるという、いわば自然な形になっている。エイローは、ナント市長、広域組織の首長、そして地元選出下院議員を兼任し、ナント都市圏域における政治・行政全体に指導者としての役割を果たし続けることになった。

そのほかコミューンのうちで、トゥールーズ、マルセイユ、エヴルーなどが「典型的」な形になっている。トゥールーズでは、中心市とそれを囲む21コミューン（区域内人口57万人）が「大トゥールーズ都市圏共同体」(Communauté d'agglomération du Grand Toulouse) を結成して、都市政策、経済開発、地域整備、住宅政策などを所管している。中心市たるトゥールーズでは、転入候補者ドストブラジが「保守連合」を率いて市議会選挙に勝利したが、その後、「国替え」出馬した下院議員補欠選挙にも勝利し、さらに広域組織でも首長に選出された。結果、彼を後継者として指名したボーディが就いていた要職を3つとも引継ぎ（いずれも直接、間接の選挙での勝利による）、トゥールーズ都市圏域の新しい政治指導者として、その地歩を固めたことになる。

エヴルー市では、「保守連合」のドゥブレ（当時RPR）が、連立「左派」を基盤にして長年にわたり市長職にあったプレザンス（共産党）から市政「政権」を奪取したが、その後の広域組織たる「都市圏共同体」(Communauté d'agglomération) においても、その首長職をプレザンスから奪取している。

その他の主要都市で、中心市の市長が広域組織の首長も兼任する態勢になったものとしては、マルセイユ、レンヌ (Rennes．イル・エ・ヴィレンヌ県庁及びブルターニュ州庁所在地。いずれも「社」のエルヴェが首長）など多数。

(3) 広域行政組織選挙の事例2：「ねじれ」の事例

これに対し「ねじれ」の事例として、ルーアン (Rouen) がある。ルーアンは人口11万人（都市圏人口は45万人）ほどだが、セーヌ・マリティーム県

およびオート・ノルマンディ州の中心都市。我が国では、ジャンヌ・ダルクが火炙りの刑に処された土地として、また、モネの連作「ルーアン大聖堂」のある町として有名。

2001年3月の統一地方選挙では、アルベルティニ（UDF所属の下院議員。今回、モンサンテニアン町長から中心都市ルーアンに転進）を筆頭に据えた「保守連合」が、社会党を中心とする「左派連立」（筆頭は「社」のロベールで当時の現職市長）を辛くも破って多数派を奪取。2回目投票での得票率は、「右派連合」51.2％で、獲得議席数は全体の76％にあたる42議席。惜敗した「左派連立」は48.8％の得票で13議席にとどまった。

前回（1995年）は右派の分裂もあったうえに、1回目で13.6％を得票したFN（極右）が2回目に進出して「右」票が一層分散。「左派連合」は51.0％の得票で多数派となっていた。今回は、1回目の「左」票総体（「極左」含む）では50％を超えたが、「緑」との軋轢などで結集に苦慮。それに対し、1回目に棄権した有権者の動員に成功した中道・右派が勝利するという結果になっている。

市議会の安定多数派となった保守陣営は、名簿筆頭のアルベルティニを市長に選出。（なお、同氏は2002年6月の国会下院総選挙では、従前同様モンサンテニアンの選挙区〔セーヌ・マリティーム県第2区〕から出馬し当選している。ルーアン選挙区は従前からの保守系現職が当選）。広域組織たるルーアン都市圏共同体（Communauté d'agglomération Rouennaise. 略CAR。所管区域内人口は39万人）には、同市から多くの保守系議員を代表として送り込んだが、周辺コミューンでは従前同様「左」の勢力が強いため、その党派構成は「左」優位のままであった。

その結果、同年4月上旬に開催された広域議会において、投票の結果、ジムレイ（「社」。元下院議員。現欧州議会議員。構成コミューンたるプティ・ケヴィリの町長だったが、広域首長就任に伴い、町では「筆頭助役」になった）が51票で当選。アルベルティニは46票にとどまって敗退。「左」の首長と執行部が誕生し、中心都市ルーアンと広域組織とは、首長など執行部の政

111

治的立場が異なることになった。なお、このCAR首長は、1989年から2000年まで社会党のファビウス元首相（人口2万7千人の町のメール。2000年春に経済財政産業相就任）、2000年からは同党のロベール（当時のルーアン市長）であり、ジムレイは副首長の1人だった。ルーアン都市圏では、例えば公共交通機関のありかたを巡って、かねてから党派間の政策方針に食い違いがあり、こうした「ねじれ」が行政の現場に、住民の目に見える形で具体的な姿を現すことも考えられる。

　「ねじれ」が生まれた主要都市としては、ルーアンのほかに、タルブ（Tarbes. オート・ピレネー県庁所在地。市長は「右」が奪取したが、広域は「左」の当時の現職農相グラヴァニが首長）がある。

(4)　広域行政組織選挙の事例3：地方での「左右共生」の事例

　〔表-2-10〕で「順当な」ケースのように見えるところのうちには、実は複雑な過程を経た結果、広域組織で「左右共生」（cohabitation）状態となり、一見だけならば「順当」な姿になっているだけ、という事例がある。それはボルドーとリヨンとである。

① 　ボルドー大都市共同体　　ボルドー市での市議会選挙については先述した。ボルドー市議会自体では、「保守」が1回目で勝敗を決するほどの勢力を持つが、その周辺コミューンでは事情が異なり、「左」が主導権を握っている場合が多い（広域組織を構成する27コミューンのうち、「左」が「政権」を握っているのが19団体＝7割）のである。広域組織たるボルドー大都市共同体（Communauté urbaine de Bordeaux. 略 CUB。一般に使用されている呼称は Bordeaux-Métropole＝「大ボルドー中枢都市」）の議会（定数120名）へは、各構成コミューンの人口に比例した定数（少なくとも各コミューン1名は保証）の代議員が送り込まれる。結果、ボルドーでこそ保守系が多数派であっても、広域全体の算術計算としては「左」の方が若干とはいえ優勢であり、ボルドーのジュペ市長が広域でも首長に互選されるのは至難に思われていた。

　4月5日（木）の広域議会における執行部選挙では、「保守」ジュペに対

するに、「左」からは現職アキテーヌ州議会議長（すなわち州の首長＝「州知事」）のルッセ（「社」。ワイン産地ペサックの前町長。統一選後の政治勢力配置状況を見て、広域の首長を目指すこととし、地元の町では「筆頭助役」に自ら降格して就任。それを「従来、自団体の首長でない者が広域の長になったことはない」と批判する人々もいた。）が候補者となり、両雄の決戦。

　投票した結果はジュペの勝利。算術計算では、広域議会の党派構成は、「左」61名 vs「右」59名。ところが「左」陣営から2名が寝返ったので勢力が逆転し、61票を獲得した「右」ジュペの勝利となった。「左」の内訳は「社」45名、「共」10名、そして「緑」6名。当時は国政でも連立政権を組んでいた間柄の党派であるが、広域議会の執行部を「連立左派」で奪取して後の副首長ポストの分け前を巡って、お互いに駆け引きを続けており、一枚岩の団結にはなっていなかった。結局、その駆け引きは「とらぬタヌキの…」に終わった。

　同日には、首長選挙に引き続いて、副首長など執行部の選挙、その他の定例的な日程が進められるのが通常であるが、こうした劇的な結果となったために、首長選任をふまえての事前の各党派内での調整も出来ておらず、副首長選任等は延期されている。従前の広域議会における党派構成は「右」62名vs「左」58名で、首長ジュペの下にあっても、副首長（それまでは23名）は左右両派から、ほぼ同数が選任されており、行政運営にあたってコンセンサスが重視されて、重要案件の大多数は全会一致、ないしほぼそれに近い形で決定されてきていた。それがまた、執行部内の意見不一致のため重要な事案が先送りされてきたと、外部から指摘される原因でもあった。

　しかし、今回、統一選挙の結果、周辺コミューンで「左」が勢力を伸ばしたため広域組織での勢力が逆転し、広域行政「政権」の維持を狙うジュペが、もともとまとまりにくい様相を呈していた「左」を切り崩して勝利したから、コンセンサス型運営方法への影響は必至となった。広域議会での首長選挙直後には、さっそく周辺部コミューンのうち9団体（いずれも「社」主

導）で、ジュペの広域首長辞任を要求する議決（先例を見ない混乱への責任を問う）をするなどの動きが見られ、前途の多難を予想させた。また、一部には、広域組織の議会も住民の直接選挙で選ぶべきだという声が上がったという。

なお、ボルドーが中心都市であるアキテーヌ州では、かつて1985年に、シャバンデルマス（ジュペに禅譲した元ボルドー市長。元首相でもある）が州議会議長に選出された折りにも、同じことが起きている。今回の広域議会執行部選挙にジュペが立候補を表明した際には、「左」側は自陣営内部に裏切りがあったのではないかと疑い、首長互選の投票に際して、自陣営所属議員には、投票後に手元に残した票（つまり自分が投票しなかった候補者名が印刷された投票用紙）を必ず見せるべし、とする異例の締め付けを行った。フランスでの公職選挙における投票は、一般に、事前に配布される各候補者名が各々印刷された複数の投票用紙のうちから、自分が投票する候補者のもののみを選んで投票箱に投入する投票方式ゆえ、選ばなかった候補者のものが手元に残る。秘密投票で投じた票そのものは見ることが出来ないが、手元に残ったものなら見てもルール違反ではないのかも知れない。だが、尋常ではない。それでも裏切りを防ぎ切れなかったという（全国版経済紙『レ・ゼコー』2001年4月6＆7日記事）。

② **リヨン大都市共同体**　　一方、統一選挙で「左」が市政「政権」を奪取したリヨンでも、同様なことが起こっている。リヨンでは従前から長期にわたり、市政を掌握してきた保守勢力の分裂を突いて、「左派連立」が9区中6区を押さえ、市議会全体でも議席の57.5％を獲得した結果、「社」のコロンが市長に就任した。

これに対し、周辺コミューンでは、従前同様、「右」が優勢。そのため広域組織である「大リヨン圏大都市共同体」（Communauté urbaine de Grand Lyon. 略 CUL）の議会でも、算術計算上では「右」が優勢となった。CULは、リヨンを中心とする55のコミューンによって結成。広域議会は、統一選挙後の各コミューンでの議員間互選の結果、定数155名のうち「右」が過半

数の81名、「左」は73名、さらに「極右」（MNR）が1名という党派構成になった。多数派になるためには78名の支持が必要だから、「右」の場合は一致団結、「左」なら団結のうえ、「右」から5名以上を「転向」させなければならない。

　算術計算上で優位にある「右」からは、数人が広域首長候補として名乗りを上げた。このため、自陣営の候補者を1人に絞り込むため、陣営内での「予備選挙」を実施。これには81名全員の中道・保守系議員が参加し、その結束が示されたとも言われた。結果、ウラン町長のビュッフェ（37歳の弁護士でRPR所属）が統一候補として選定され、4月20日の本選挙に望むこととなった。一方の「左」でも、中心市リヨンの新市長たるコロンのみでなく、当時のジョスパン内閣で国会関係相であったケイランヌ（前ブロン町長）も立候補の意志を示したが、後者は国務大臣を兼任しながらの出馬をジョスパン首相に差し止められた結果、コロンに一本化された。かくして広域議会における本選挙では「左」と「右」の一騎打ちとなった。その投票結果は、何と「左」コロンが85票を獲得、一方の「右」ビュッフェは67票にとどまり、白票や棄権が3票という驚くべき姿になった。

　この時の投票では、苛烈な対立状況を反映して、投票方式も厳格なものにされた。従前は、リヨンの広域議会では、執行部選挙の場合でも、各議員が投票用紙に手書きで自分の支持する候補者氏名を記入し、それを投票箱に入れる方式であったが、それでは筆跡で投票者が分かってしまうことがある。今回は、候補者氏名が別々に印刷された投票用紙が議員に配分され、各議員が自分の氏名を呼び上げられると、投票準備所（服の試着室のようにカーテンで周囲から隔離された空間）に入って、自分の支持する候補者の氏名が印刷された投票用紙のみを選んで所定の封筒に入れてから、そこを出て投票箱（フランスでは一般にガラス製で透明）に封筒ごと投入する、という一般の公職選挙の場合と同じ厳重な秘密保護方式が採用された。このため、首長を選ぶだけの投票を決着させるのに、今回は2時間もかかったという。（全国紙『フィガロ』2001年4月21日記事）。なお、こうした方式の図解と写真を、

クレア刊『フランス地方選挙の制度と実態』の16頁、24頁、53頁などに掲載してあるので参照されたい。

　この結果は、「右」から「転向」してコロン支持に回った票が12票もの多数に達したこと（そのうえ3票の「右」側での取りこぼしで、計15票もの裏切り）を意味する。その原因は何か？　実は、「右」陣営のうちには、マスコミで「右諸派」とのみレッテルを貼られ、独自の政治的動きをする「小規模コミューン首長」のグループ「協働」（Synergie）があり、このグループは党派的な結束よりも自地域が大都市圏の中で埋没しないようにすることの方を重視。少数派ながら、その存在価値を高める戦略を練っていたところに、コロン側から誘いの手が伸びたのである。すなわち、コロンは、異なる党派が「共和国的アーチ」（l'arc républicain）の下へ結集して広域組織の執行部を超党派のものにすることを提唱し、そうした中間派を惹き付けることに成功した。リヨンにおいては、この標語には、かつて州議会での多数派形成のために「極右」とすら連携した過去のあるミヨン（元国防相）とそのグループを共通の「敵」役として設定する意味合いがあり、ミヨンに反発する穏健保守グループをも「共和国」の名の下に結集する旗印となる。「共和国」という旗印は、翌年春の大統領選挙で、2回目に「極右」のル・ペンに対抗するため、シラク支持に結集する人々によっても掲げられたものであり、排外主義的な「極右」を排除するため大同団結する意味合いが込められている。

　こうして、広域組織でも首長に就任したコロンが、左右共存での広域行政運営を進めることとなった。そうした形はリヨンでは初めてのことではなく、リヨン市長かつ広域の首長でもあったバール（保守。元首相）が、1995年に共産党以外の「左」との間で採用した先例もあった。今回はコロンがミヨン派は排除して、対決姿勢を明確にしている。

(5)　同一党派内で中心市と広域とを分配：ストラスブールとリールの事例
　「左右共存」の他に、もう一つ承知しておくべき形が、ストラスブールやリールの広域組織で見られる。中心市と広域組織といずれにおいても同じよ

うな勢力が多数派を占めており、中心市の市長が広域の首長にも互選されうるような政治勢力配置でありながら、広域の首長には、市長自身でなく、同じ政治勢力内の別の有力者が就任するという形である。

まず、ストラスブールの場合、広域組織は「ストラスブール大都市共同体」(上記)。従前は「左」が、市と広域組織の両方で多数派であり、例外的な一時期を除いて、両方の首長を市長のトロットマン(社)がつとめていた。また、広域の筆頭副首長は周辺コミューンの首長のうちから選任されていた。今回の市議会選挙では、「保守連合」のケラーが勝利して市長職に就いた。同時に、同市の都市圏域内では、他の2つのコミューンを「右」が奪取した。

その結果、4月20日に行われた広域議会での執行部選挙においては、市の筆頭助役たるグロスマン(RPR。他に州議会副議長など兼任)が、総数90票中の4分の3に当たる68票を獲得して、首長に選任されている。グロスマンは、広域では筆頭副首長に選任されたケラー市長に、包括的な代理署名権限を付与。これは、市政の場合に、ケラー市長が筆頭助役たるグロスマンに付与しているのと同種の権限である。広域の執行部には20名の副首長が置かれたが、全員が「右」からの選出。そのうち半数はストラスブール市の執行部から選出され、両者を兼任する態勢が敷かれている。同時に、グロスマンは「各コミューンを公平に扱う」ことを約し、「左」の広域「政権」時代には「発言権がなかった」保守系首長たちがこれを歓迎し、この点とくに留意して広域行政の運営にあたるという。新しい広域「政権」は、前「政権」が計画していた路面電車の路線延長は、沿線住民の意見に十分配慮して進めるとしたが、その他の大規模施設整備事業については見直しをする旨述べている。(『フィガロ』2001年4月20日記事、及び経済紙『レ・ゼコー』同月23日記事)。

一方、リールでは、モロワ元首相(社。元下院議員。1981〜1984年、ミッテラン大統領の下で首相)が、市長(1973〜2001年。一時期は首相と兼任)と広域組織CUDLの首長(1989年〜)とを兼任してきた。2001年春の選挙

で、リール市長の職は同じ「社」のオブリ女史に「禅譲」されたが（モロワは市では助役にもならず一般議員になった）、広域組織の首長の座には引き続きモロワが坐っており、オブリはリール市長就任後も従前どおり「副首長」（総数33名のうち現在は第2順位）のままでいる。今回の再任に際して、モロワは「これが最後」と述べたと報じられている（『フィガロ』紙、2001年4月20日記事）。そのモロワ自身も、1973年に市長に就任して直ぐに広域組織の首長になったわけではない。1971年から副首長をつとめ、市長就任後でも首長にはならず、結局1989年になってから両者を兼任するようになっている。

　この場合も、同一人物すなわちリール市長のオブリが両者を兼任することが自然のようにも見えるのだが、実はリールの場合には、広域における政治勢力の配置状況が複雑である。広域議会（定数は170名にも上る）の党派構成を見ると、モロワの本来の立場たる「社」を始めとする「左」は80名ほどに過ぎない。これに対する「右」は35から36名で少数。残る50名以上は中小規模コミューンの立場を代表する中間派であり、この勢力の帰趨が広域の執行部選挙を決めるのである。モロワは、従来から、副首長に取り込むなど、そうした中間派の要求にも配慮した「コンセンサス」重視の広域行政運営に心がけ、大方の支持を得てきたからこそ、長年にわたって首長を続けてきたのであった。単に「左」勢力に支えられていただけではない。そのためもあって、広域の首長選挙に際しては、「右」側からは立候補がなく、モロワの不戦勝になってもいる。それに比し、国政の場で、当時のジョスパン政権の中枢（雇用・連帯相＝我が国の厚生・労働大臣で、「社」「共」「緑」などからなっていた左派連立内閣の花形閣僚）として、「週35時間労働制」など左派色の鮮明な政策を打ち出してきたオブリが、老練なモロワと同じように中間派の支持を受けた懐の深い政治的立場に立てるかは未知数だ、という事情もあると言えよう。

第2－6章　県（デパルトマン）の選挙

2－6－1節　県議会選挙制度と2001年春統一選挙

デパルトマン（以下「県」）議会議員の選挙制度については、0－2－5節(3)①で簡略に説明したとおり[7]、県内を選挙等の目的のために区分したカントン（canton）ごとに1人の議員を選ぶ小選挙区「単記2回投票」（scrutin uninominal majoritaire à deux tours）で、3年ごとに半数を改選する方式である。首都パリは例外で、「パリ議会」がコミューンと県との両レベルの行政を所管し、その「県」としての選挙はコミューン選挙に併せて行われていることになる。なお、県議選の場合、今回2001年春に改選期が来た議員は、「前回」の選挙執行期日が6年前（1995年）ではなく、国会の議決により、その前年の1994年とされたため、コミューンとの同日選挙にはなっていなかった（クレア・レポート第105号25頁を参照）。なお次回も特例で2008年に1年延期されている（2005年12月15日法）。

2001年春統一地方選挙では、コミューン・レベルと同じ日にちに県議会の選挙が執行された。対象になるのは全県であるが、3年ごとに各県の半数を改選する方式で選挙区が2群に分けられているため、実際にコミューンと同日選挙になるのは、半数のカントンの区域内においてのみである。我が国では、参議院で3年ごとの半数改選制が採用されているが、半数にする方法が違い、各回とも全ての選挙区で選挙が実施される。国際比較をする場合には、邦訳で同じ用語法を使った場合にも、制度の中身を早合点してはいけない。

2－6－2節　統一県議会選挙の結果：2001年春の全体像

(1)　県レベルでの「政権」を支える「党派」把握の困難性

政治勢力を「左」と「右」とに分別するという簡便な整理法をとった場

---

[7] 詳しくはクレア・レポート第222号6頁以下、及び第105号の県関係部分参照。

合、2001年春の県議選の結果、県「政権」が入れ替わったのは、仏本土96県のうち6県のみである。以下の事例観察では、「左」「右」それぞれ現状維持となった大多数は省略して、左右が明確な形で「交替」した事例のみ、すなわち「左」から「右」へ交替したアリエ県、「右」から「左」へ交替したクルーズ県とイゼール県を取り上げたい。

　具体例を見る前に、全体的な政治勢力の盛衰について概観しておこう。地方選挙の場合、全国規模での政党名を名乗るばかりでなく、独自の「党派」や「独立」すなわち我が国で言えば「諸派」や「無所属」に該当する立場を標榜して立候補し、全国的な尺度をあてはめようとしても分類整理し切れない人々が多い。候補者自身の標榜する「党派」名を尊重せざるをえない公的統計では、あまりにも細かすぎて全体を見るのは難しい。当選者の全国的な状況を概括的に把握しようという場合は、どうしても全国的なレッテル貼りをして、その枠組みの中に個性ある地域的な独自党派や1人1党の人物をもはめ込むことになる。ここでも各地の状況を自らの判断で枠組みにはめ込む全国的なマスコミ報道での割り切り方を参考にする。

(2) **全体的な結果の概括**

　2001年春の県議会選挙の全体的な結果について、マスコミの発表したデータはそれぞれ異なる。迷路に迷い込むことを避けるため、各紙とも共通して概括した観察のみを参考にすると、おおむね次のようなことがポイントになる。話題にしている事柄の規模を思い浮かべるために、『ル・モンド』2001年3月20日の議席数データを各党派略称に付けた括弧内に示しておく。実は、それらが「正確」だと信じ込むのは問題がある。実際、他の新聞では違うデータが掲載されている。読者は基本的には括弧の外の文章表現のみを辿って頂きたい。

　すなわち「左」「右」とも既成大政党が議席数を減らし、それぞれ立場の近い「党派」で「左」「右」分類では同じ陣営に属する「諸派」がその分増大した。選挙当時の国政与党である「左」では、「社」(今回当選494議席)「共」(121議席) がいずれも減少し、合計して凡そ50程度の減。とくに「共」

は約15％議席減。その分、「緑」（13議席）や左「諸派」（計122議席）が増加している。「急進左派」（44議席）は約1割増。

「右」では、国政での当時の保守本流たる3党派がいずれも議席を減らしているが、その分右「諸派」が大幅に増大し、全体としての左右バランスには従前と大差がない。3大党派では「RPR」（323議席）「UDF」（216議席）「DL」（98議席）とも1～2割方の減少。全国規模の少数党派たる「RPF」（18議席）と「MPF」（4議席）は、ほぼ現状維持。増加したのは右の「諸派」（計434議席）で、実数で凡そ100議席、3割方も増えている。

ここまでの、各地で県行政の主導権（県「政権」）を奪い合う「左」「右」の勢力関係は、「右」総計約1,100議席に対し、「左」総計約800議席である。こうした大枠で見る限り、改選前と大差がない状況に終わっている。主要大政党は、いずれにとっても期待はずれ。逆に「諸派」など小党派（1人1党を含む）にとっては、それぞれの県議会で、議会内での合従連衡工作における自らの存在価値を高めることができることになった。

「極右」は「FN」「MNR」その他を含めて当選者はなく、改選対象になった5議席を全て失っている。その他分類しにくい「その他の諸派」（30議席）や漁業者や狩猟者の代表として自然と伝統を重視する「CPNT」（5議席）が、議席を改選前より増やした。

こうして見ると、小選挙区制ではあっても、全国レベルの少数の大政党による寡占化のみが進むとは限らず、中央での少数派、独自の立場で地方的な活動をする人々、大政党のありかたや決定に不満を持つ人々など、さまざまな人々が立候補するうえ、しばしば当選しているということが推測される。それには、フランス人の個性を尊ぶ気質も影響してはいようが、おそらく2回投票制の選挙制度も関係しているものと推測される。以下、各地の事例を見ることによって、制度と実態を具体的に把握しよう。

ただし注意を要するのは、以下に見るとおり、全国的なレッテル貼りで捉えた場合の県議会多数党派と、県「政権」＝執行部とは、必ずしも同一の政治勢力にはならないことである。執行部は議会内で互選されるにもかかわら

121

ずである。選挙直後のマスコミ報道では、話を分かりやすくするために、この両者が同一であるかのような報道がなされる。しかし、国レベルのレッテルでは「諸派」とするしかない、要するに「全国的なレッテルを貼れない」党派があり、しかもその存在が無視されえない。そうした中間勢力が存在する場合は、しばしば、マスコミの「党派構成」情報は裏付けを欠いたものと化す。

2−6−3節　県議会選挙の事例1：県政権が「左」から「右」に交替
(1) 事例1「アリエ県」の概略

2001年春の統一地方選挙で県「政権」の左右交替があった県のうち、「左」から「右」に交替した唯一の事例であるアリエ県を、まず取り上げて実態を見よう。アリエ（Allier）県はフランス中部のオーヴェルニュ州（州都はクレルモン・フェラン）内にある。人口34万5千人、面積7,340平方キロほどであり、県議会議員定数35人（因みに県内選出国会議員数は上院2名・下院4名）。我が国の「県」と較べると極めて小規模であるが、仏国本土の96県の中では、人口規模が特に小さい方ではなく、同県よりも小さい県が30数県存在する（最小はラングドック・ルシオン州内のロゼール県で人口7万4千人）。県庁所在地はムーラン。県内にあるコミューンの数は320。県域は3郡（arrondissements）、さらに35のカントンに区分されている。各郡の中心都市たる「郡庁」（郡地方長官事務所）所在地は、ムーランのほかに、モンリュソンとヴィシー（第2次大戦中〔仏独は「休戦」後の1940年7月〕に84歳の老雄ペタンを「国家主席」とするいわゆるヴィシー政府がおかれた温泉保養地）である。国土の平坦なフランスとしては特異な山間地帯であり、休火山群が独特の風景を形づくっている。

(2) アリエ県議会議員選挙の概括

まずアリエ県での選挙が全体としてはどのような姿になったのかから見てみよう。〔表-2-11〕にまとめたとおり、改選前には共産党の勢力が強く、定数35人の県議会で3分の1の議席を占める第一党であった。総勢20人と全体

の6割弱の左派勢力が「共」を中心として連立し、議長（＝県知事＝県の行政執行責任者）にも同党のメラル（州・県・コミューンの議員を兼任）が就任していた。それに対し保守勢力は、全国レベルでの政党に所属する議員は少なく、独自の穏健右派（以下、ここでは「右諸派」）を構成して、議会内「右」の中軸になっていた。

今回、改選になったのは17議席（したがって17カントン）。現職の内訳は「左」9（「共」6など）対「右」8（「右諸派」4など）であった。非改選は18議席あり、その内訳は「左」11対「右」7で、与野党の議席差が4あった。

選挙の結果は「右諸派」の圧倒的勝利となり、同派の10議席当選を中心に、「右」が5議席増の合計13議席を獲得し、「左」は（逆に5議席の減）僅か4議席の当選にとどまった。とくに「共」は改選6議席中の4議席を、「社」は2議席すべてをそれぞれ失い、退潮ムードを示す事例となった。象徴的だったのが現職首長のメラルであり、自らの選挙区たる南ムーランで「右諸派」に敗退している。

この結果、非改選の議員と合計しても、「左」は多数派を維持できないどころか、勢力関係が完全に逆転。共産党に代わって最大勢力となった「右諸

〔表-2-11〕2001年3月県選挙「アリエ県」／県議会全体見取り図

党派		選挙前			選挙後		
		合計	非改選	改選	当選	増減	新議席数
左	共産	12	6	6	2	−4	8
	社会	6	4	2	0	−2	4
	急進左派	2	1	1	2	+1	3
「左」合計		20	11	9	4	−5	15
右	UDF	3	2	1	1	0	3
	DL	1	0	1	1	0	1
	RPR	2	0	2	1	−1	1
	右諸派	9	5	4	10	+6	15
「右」合計		15	7	8	13	+5	20
総合計		35	18	17	17	0	35

〔表-2-11.その２〕2001年３月県選挙事例１:「アリエ県・ムーラン南」選挙区

候補者		１回目得票（率%）	２回目得票（率%）	増減（率p）
共産	メラル　現	2,580(36.9)	2,528(46.4)	−52(+9.5p)
社会	P	727(10.4)	不可	−727
緑	G	197(2.8)	不可	−197
右諸派	ペリゴン	2,832(40.5)	当選　2,921(53.6)	+89(+13.1p)
右	T	230(3.3)	不可	−230
FN	S	337(4.8)	不可	−337
MNR	C	91(1.3)	不可	−91
有効票総計		6,994	5,449	−1,545
立候補者数		7	2	−5
棄権率		38.7%	44.7%	+6.0p
有権者数		11,917. 10% =1,192	10,190	−1,727

派」が新議会の主導権を握り、そのリーダーたるデリオ（今回非改選。中道派。1985年から県議と上院議員を兼任。1995年から地元でメールでもあったが、今回から「助役」に就任）が首長に返り咲き（1992〜98年首長）を果たすことになった。

　以下、同県内の２つの選挙区を取り上げて、その結果を見る。

(3) 選挙区ごとの状況：その１「アリエ県・ムーラン南」選挙区

　この選挙区では、現職首長たる「共」のメラルが１回目投票から「右諸派」にリードを許した。一騎打ちになった２回目には、より大きな差をつけられて敗れている。１回目の「社」や「緑」の票が、２回目に「共」へと移し替えされなかったどころか、「共」自体の票すら減少するという惨敗であった。勝者のペリゴンは1956年生まれの医師で、新人ながら、今回選挙後に新執行部の第２順位「副首長」（＝副議長＝副知事）に選任され、保健福祉、住宅・都市政策を担当するという重責を担うこととなった。

　同時に行われたムーラン市議会選挙（定数35名）では、現職市長のペリソル（RPR。元住宅大臣）が率いる「保守連合」が１回目から58％という過半数を得票し、28議席の安定多数を確保している。「左」は今回「社」を筆

〔表-2-11. その3〕2001年3月県選挙事例2：「アリエ県・ヴィシー北」選挙区

候補者		1回目得票（率%）	2回目得票（率%）	増減（率p）
共産	B	407(8.0)	不可	−407
社会	V	第2位 835(16.4)	2,006(38.9)	+1,171(+22.5p)
緑	R	535(10.5)	不可	−535
RPR	マカン 現	1,976(38.7)	3,151(61.1)	+1,175(+22.4p)
RPF	A	708(13.9)	不可	−708
FN	C	291(5.7)	不可	−291
MNR	M	349(6.8)	不可	−349
有効票総計		5,101	5,157	+56
立候補者数		7	2	−5
棄権率		41.0%	37.6%	−3.4p
有権者数		9,063. 10%＝907	同左	0

頭とする「左派連立」であったが、34％程度の得票（獲得議席数は6）にとどまり、「共」のメラルを筆頭としていた前回よりも得票率で2.7ポイント減（投票率も下がったため実数で734票・2割減）に終わっている。

(4) 選挙区ごとの状況：その2「アリエ県・ヴィシー北」選挙区

ヴィシーでは1選挙区のみで県議選が行われた。1回目には保守系が分裂し、RPR所属で現職のマカンに加え、分派RPF（元内務大臣のパスクワ派）所属のAが立候補。左派からは「社」「共」「緑」と当時の国政での連立政権における主要3派が別々に立候補。さらに「極右」もFNとMNRが加わって、国政の縮図のごとき観を呈している。

マカンは1回目からいわば順当にトップに立ったが、直ちに過半数を制するには遠かった。このため決選投票が必要になったが、他には群を抜いた候補者がおらず、2回目に進出する原則的な敷居である「登録有権者数の10％以上」に達しなかったため、第2位につけた「社」候補者が一騎打ちの相手方として舞台に残ることとなった。それでも2回目には投票参加率も上昇するほど有権者の関心を集めた。左派陣営は予定どおり「左」支持票の集約を図り、それに成功したが、「右」も、直前までは同じRPR同士であったA

候補支持の票などがマカンに集まって、大きな差を付けて逃げ切っている。

同時に行われたヴィシー市議会議員選挙（定数35名。有権者数17,446人）では、保守陣営が「保守連合」（筆頭はDL所属の現職市長）と「右諸派」とに分裂し、2回目に至っても一本化されなかった。一方、「左」は2回目に一本化（筆頭は「急進左派」の国会下院議員かつ県議会副議長で、1977年から近隣のヴェルネ村長を務めてきたシャラス〔今回中心都市ヴィシーに挑戦〕）して、分裂状態の保守から市政を奪う好機を迎えた。三つ巴の接戦となったが、結果は「保守連合」が42.3％の得票でトップとなり、7割の25議席を確保して継続して市政を掌握。融合名簿「左連立」が38.6％で7議席、そして「右諸派」19.1％で3議席という形に落着した。

(5) 「左」が勝利した選挙区での状況

一覧表にすることは省略するが、今回「左」が勝者となった4選挙区の状況をまとめると、次のようなことになる。まずル・ドンジョン選挙区では、「左」では「共」が独自候補を立て、「右」からは「右諸派」とFNが出馬する中で、中心地たる町の現職町長でもある急進左派の現職県議Cが、1回目に即決して勝利した。

もう1人の急進左派からの当選者Cは、ラパリス選挙区で、2回目に進出不可となった「緑」「共」「左諸派」という左派系3党派の票を集約して自票に上積みし、中心地の町長でもある「右諸派」現職県議に追いついて打倒。

「共」所属の当選者2人は、いずれも現職県議で、1回目から40％半ばの高い得票したうえ、「社」候補者の2回目への進出「辞退」に支えられて票を上積みし、「右諸派」の追撃をかわしている。個人的な人気の特にあるル・ドンジョン町長以外は、左派の団結に支えられての勝利であることが明らかである。ただし、2回目決選になった14選挙区では、すべてで左派間での協力（資格があっても進出を「辞退」したり、自らが進出「不可」でも支援したりする）がなされており、それでも結局「右」に敗れた選挙区が多かったことも事実である。

2－6－4節　県議会選挙の事例2：県政権が「右」から「左」に交替

(1) 事例2「イゼール県」の概略

　イゼール（Isère）県はフランス中東部のローヌ・アルプ州（州都はリヨン）内にある。人口109万4千人と、フランスの県としては大規模な方であり、首都パリ周辺の県を除くと、大きい方から7番目になる。県議会定数は58名（国会議員は上院4名・下院9名）。県庁所在地はグルノーブル。県内のコミューン数は533。県域は3郡、58カントンに区分されている。県土は北半分がリヨン都市圏につながる平坦地、グルノーブル以南の南半分はアルプスに連なる急峻な山岳部と、地形的な対照が著しい。

(2) イゼール県議会議員選挙の概括

　この県では、「右」が1985年選挙で多数派となって後、劣勢であった1998年選挙の後でも辛うじて2議席差に踏みとどまって政権（首長はDLのソーゲイ）を維持した。しかし今回は、現職が引退した4選挙区のうち2つを失った上、現職の1人が1回目トップに立ちながら2回目に団結した「左」に敗退。逆に「右」新人女性候補が「共」現職を2回目に敗るという番狂わせを演じた選挙区があったが（同区では2回目の左派間選挙協力で「左」の勝利と予想されていたが、「緑」から「共」への票の移転が順調にいかなかったと言われている。）、そうした劇的な勝利も1区のみで、「右」は文字通り「一矢を報いた」に止まった。

　それら以外の25選挙区では、現職（「左」10、「右」12）またはその後継候補（「左」1、「右」2）が勝利、勢力分野としては左右の間での移動はなかった。結果、改選29議席の新しい配分状況だけで見れば、「左」14対「右」15の1議席差で「右」の方が多いという、一見「右」の勝ちにも見える結果になった。

　しかし非改選議席では「左」が3議席上回っている。「右」が改選議席を2議席失ったことが致命傷となり、合計すると僅か2議席差で「左」が県議会全体での多数派となる。新議会では、「左諸派」と「緑」は「社」との統一会派へと合流（総勢22名の最大会派）。16年ぶりに「左」が政権に就くこ

〔表-2-12〕2001年3月県選挙「イゼール県」／県議会全体見取り図

党派		選挙前			選挙後		
		合計	非改選	改選	当選	増減	新議席数
左	共産	9	4	5	4	−1	8
	社会	15	9	6	7	+1	16
	緑	0	0	0	2	+2	2
	左諸派	4	3	1	1	0	4
「左」合計		28	16	12	14	+2	30
右	UDF	6	3	3	1	−2	4
	DL	6	3	3	3	0	6
	RPR	5	2	3	3	0	5
	RPF	1	1	0	0	0	1
	右諸派	12	4	8	8	0	12
「右」合計		30	13	17	15	−2	28
総合計		58	29	29	29	0	58

ととなり、社会党のヴァリニが首長に選出された。彼とともに県執行部を構成する副首長は10名おり、その党派別は「社（左諸派を含む）」が筆頭ほか計6名、「共」が第2順位ほか3名、「緑」は第9位1名のみと、ほぼ議席配分と同様になっている。

(3) 選挙区ごとの状況：その3「イゼール県・グルノーブル第5」選挙区

イゼール県内の選挙区のうち、県庁所在地であるグルノーブルでは3選挙区（第2、4、5）で改選があり、いずれも「右」の現職が立候補したが、そのうち1つ（第5区）で「左」が勝利して注目された。1回目には現職（UDF）が第2位にかなりの差をつけてトップに立ったが、2回目には、「社会」のクリフォ候補が、左派のうち協力関係にある「共」「緑」「市民」「左諸派」の1回目の得票を合わせた程度の得票増加を実現して、逆転勝利している。（〔表-2-12．その2〕参照）

なおグルノーブル市議会選挙では、1回目には「保守連合」（筆頭は「右

第2編　地方選挙

諸派」のミクー）が得票率で34.7％でトップに立ったが、2回目に「社＋」と「緑」が融合した「左派連立」（現職市長で「社」デストが筆頭）が得票率51％で辛くも逃げ切った。上記県議選の場合と同様に、2回目投票での大同団結が左派の勝利に結びついた形になっている。なお、得票率2％ポイントの僅差で惜敗した「右諸派」ミクーは、同時に行われた県議選では第4区では、前回より後退したとはいえ、13％ポイントもの差をつけて「左」を斥けて当選している。

2－6－5節　議会での勢力伯仲が首長互選に及ぼす影響
(1)　「年長者」の首長就任

2001年春選挙の結果では、ヴォークリューズとオート・ソーヌの両県も注目を浴びた。それは、この両県が前回1998年選挙の結果、議席配分が完全に「左」「右」同数になったために、議員間での首長（＝議長＝県知事）の互選

〔表-2-12.その2〕2001年3月県選挙事例3：「イゼール県・グルノーブル第5」選挙区

候補者		1回目得票（率%）	2回目得票（率%）	増減（率p）
共産	G	342(5.1)	不可	－342
社会	クリフォ	1,585(23.4)	当選　3,673(51.7)	＋2,088（＋28.3p）
緑	F	1,286(19.0)	不可	－1,286
市民	R	260(3.8)	不可	－260
左諸派	A	172(2.5)	不可	－172
LO	C	277(4.1)	不可	－277
UDF	P　現職	トップ　2,080(30.8)	3,436(48.3)	＋1,354（＋17.5p）
FN	C	505(7.5)	不可	－505
MNR	G	257(3.8)	不可	－257
有効票総計		6,764	7,109	＋345
立候補者数		9	2	－7
棄権率		50.4％	47.4％	－3.0p
有権者数		14,175. 10％＝1,418	同左	0

において得票数が互角になり、結果、法の規定に従って、候補者中で年長の者が首長職に就任した県だからである。前者は「右」、後者では「左」。しかも後者では、その年長者が今回選挙前の1月に死去し、統一選挙までに間がないために補欠選挙はなく、議員の人数の優った「右」が首長になっていた。(すなわち、今回選挙の直前では「右」政権ではあったが、前回選挙自体で生まれたのは「年長」のゆえとはいえ「左」であった。このため本稿では、前回と今回との比較を考える場合には、同県は「左」であったとしてデータ集計している。)

今回選挙の結果、まず前者ヴォークリューズ県（総定数24。現職の勢力分布は「左」「右」とも12議席ずつであった）では、1選挙区で左右が逆転し、新議会の議席配分が「左」13対「右」11になったので、「社」のオー（下院議員兼任）が新首長に選任された。後者オート・ソーヌ県（定数32。前回選挙では左右とも各16議席）でも、1議席を「左」が奪取して、「社」のクラッタンジェを首長に選任している。これらの場合は、政権が「右」から「左」に転換したというよりも、「中」から「左」にであると分類した方が、有権者の表明した党派支持に忠実だと言えよう。これら2県を除くと、「左」が有権者の投票の結果、「実力」で「右」から奪取したのは3県ということになる。

(2) 鍵を握る「諸派」

県議会議員選挙の結果、とくに県執行部の選出過程を理解する上で注意すべきは、選挙後の議会でどのような位置に立とうとするのかが判然としない「諸派」の動向である。今回の選挙では、「左」「右」の勢力が伯仲する状況になった県のうち、とくに「ムルト・エ・モーゼル」「アルデッシュ」「南コルス」の3県で、そうした党派（というよりも1人1党）の動向が、首長選挙の帰趨を決める結果となり、いずれも、表面上、マスコミの貼るレッテルでの分類では多数派には見えない「左」が政権を維持している。

たとえばムルト・エ・モーゼル（Meurthe-et-Moselle）県はロレーヌ州（州都はメッス）に所在。県庁所在地はアール・ヌーヴォーで我が国にも有

名な都市ナンシー。県人口71万人で、県議会の定数は46議席（今回1議席増加）。594ものコミューンがある。郡の数は4。

　今回の選挙の結果、新しい議会構成は、『ル・モンド』紙のレッテル貼りによれば、「共」7、「社」12、「左諸派」3で、「左」合計22議席に対し、「右」はUDF10、DL 3、RPR 3、「右諸派」7の合計23議席。それに同県内では「自由な電子」と渾名されている「諸派」1で、総計46議席という勢力分布になったはずであった。そのため同紙は、従前の「左」（首長＝「社」）から「右」に政権交替が起こると予想し、選挙直後の全国情勢の解説記事（3月20日）でも、見出しや全国一覧図に「右」による同県奪取を表示していた。

　改選後の新しい議員構成を基礎として、首長（＝議長＝県知事）等の執行部を選出すべき最初の県議会本会議は、全国統一して3月23日（金）に設定された。それに向けたさまざまな駆け引きの中で、党派に縛られない「自由な電子」は、『ル・モンド』紙などの予想に反して、今回は1人だけでなく3人にもなるという状況が生まれ、独立独歩の3議員が首長選挙の帰趨を決める鍵を握ることになった。従来は、この3議員は「右」と歩調を合わせると思われていたのであるから、情勢は急変したわけである。

　結果、3議員が「右」から離脱し、うち少なくとも1人は「左」に投票したため、首長選挙の結果は、「左」23票対「右」21票（他に白票あり）となって、前回1998年に選任された現職の「社」ディネが再選を果たしている。結果、副首長として県執行部入りした10名の党派構成を見ると、「社ほか」5名、「共ほか」3名に加え、「自由な電子」たる「無所属」議員が2名（順位は第7位と8位）含まれることとなった。

　少数者が鍵を握って、首長選挙の予想を覆すという結果は、他にもアルデッシュ県と南コルス県で起きている。アルデッシュではムルト・エ・モーゼル同様「左」から「右」へ政権が交替すると、他方、南コルスでは「右」が政権を維持すると、それぞれ予想されていた。ところが少数派の動きを原因とする紆余曲折の末、結局、前者では「左」現職の再選、後者では「右」

131

から「左」への交替が起きて、注目を浴びたのである。

　1人1区の小選挙区制であっても、各区での結果を集計してみれば、必ずしも大差で勝敗が決まるわけではない。そのうえ有力党派の戦績が僅差の場合には、ごく少数の「党派」あるいは独立した1議員の動きで「政権」の帰趨が決まることすらあることが、実例によって証明されるのである。

第2—7章　州（レジオン）の選挙

2—7—1節　州議会選挙制度

(1) 選挙制度とその改革

　州議会の選挙制度は、ジョスパン左派連立政権時代の1999年1月19日法律第99-36号によって改正され、その直近の2004年春の選挙から新しい制度が適用される予定であった。この改正は、従前の州内の「各県を選挙区とした拘束名簿1回投票式単純比例代表制」を改め、「州全体を選挙区とする拘束名簿2回投票式多数派プレミアム・比例代表併用制」（2回目への進出には1回目で5％以上の得票率が必要）へと切り替えるものであった。ところが、その後、2002年の国民議会（国会下院）総選挙での国会多数派の交替（「左」から「右」へ）によって、2003年4月に至り、さらに新しい法案がまとめられて国会で可決成立（2003年4月11日法律第2003-327号）。1999年改正後の制度による選挙が1度も実施されないうちに、また新しい制度（下記）へと改正されて、2004年春の州議会選挙を迎えた。

　州は1982年3月2日法律第82-213号いわゆる「〔1982年〕地方分権法」[8]によって初めて地方団体としての地位を与えられ、第1回目の州議会議員選挙が実施されたのは1986年の3月16日であった。州での選挙制度を初めて規定したのは1985年7月10日法律第85-692号で、その後の1999年1月の法律、そして2003年4月の新法のそれぞれが設けた仕組みを一覧にすると〔表-2-13〕のようになる[9]。

---

8) Loi n.82-213.relative aux droits et libertés des communes, départements et des régions.

(2) 現行の州議会選挙制度

2003年4月の改革を進めた政府（シラク大統領＋「保守・中道」のラファラン内閣）は、1999年1月の法律改正はいくつかの問題を残したと主張した。

その第1は、任期の問題。他の地方団体類型の場合は、議員の任期は6年となっている。一方、国政（大統領〔2002年改選から〕、下院議員）や欧州議会では5年。政府は憲法（第24条）で、上院が「地方団体代表」とされていることにも鑑みて、上院議員の任期も6年へと短縮（従前9年）すると同

〔表-2-13〕州議会議員選挙制度の推移

項目	1985年7月10日法	1999年1月19日法	2003年4月11日法
任期	6年・全員一斉	5年・全員一斉	6年・全員一斉
選挙区域	県ごと	州一本	州ごとで県区分併用
投票回数	1回	2回	同左
名簿	拘束名簿	同左	拘束＆県区分あり
選挙方式	単純比例代表制	多数派プレミアム・比例代表併用制	同左
2回目進出資格	－	得票率5％以上	得票率10％以上
2回目における名簿の融合	－	得票率3％以上なら可能	得票率5％以上なら可能
議席配分	得票率5％以上の名簿のみに配分	得票率3％以上の名簿のみに配分	得票率5％以上の名簿のみに配分→県区分ごとに当選者
多数派プレミアム	なし	比較第1党に議席の25％をまず配分	同左
男女比	規定なし	パリテ（＝男女同数制）	県区分ごとにパリテ
結果の特色	安定多数派が生まれにくい	1度も実施されず	2004年3月選挙の結果を参照（本書）

（出典） 筆者稿「フランス選挙制度の特色と動態」(9)、『自治研究』第79巻11号（H15/11）、p.75、〔表-22〕を一部修正。

---

9) なお、このうち1985年法による制度については（財）自治体国際化協会『フランス地方選挙のあらまし』（クレア・レポート第105号、1995年7月）に、1999年法による制度については同協会『フランスの地方自治』（平成14年1月）に、それぞれ具体的な解説がある。

時に、州議会議員も6年に戻すことを提唱した。

　第2は、全州を一本の選挙区とした比例代表制のうえ、2回目進出や議席配分のための敷居がコミューン選挙に較べて低すぎるために、議席配分の細分化を招き、安定した政治勢力形成に支障がある。

　第3は、州全体が選挙区では、議員と選挙民との距離がますます遠くなることが問題であると政府は考えるとした。

　今回の制度改革には、こうした問題への対応策が盛り込まれていた。

① **任期は「州」でも6年に**　　まず第1に、任期を従前どおり6年に戻し、他の地方団体と同じにする。国政や欧州議会に合わせるのでなく、上院まで含めて「地方」共通のルールにするというわけである。

② **2回投票制と「敷居」**　　従前の制度は、一口に言えば「拘束名簿1回投票式単純比例代表制」であった。そのため、もともと多くの政党が存在するフランスでは、州議会には多数派が形成されにくく、政治状況は不安定で、毎年のように新年度予算が成立せず国の介入を招くような州が生まれていた。選挙制度改正は、そうした欠点を改めるため2回投票式にした。1回目に直ちに過半数を獲得した名簿がない場合は、1週間後に2回目の投票を行うが、2回目に進出しうるのは1回目で一定の敷居値（10％）以上の得票率を得た党派に限るなどして、少数派の排除と安定多数派の形成を容易にする効果を狙ったものである。

　少数派政党のうちでも特にFN（Front National＝「国民戦線」＝「極右」）が州議会のキャスティング・ヴォートを握る状況になるという懸念（実際、1998年選挙後には一部の州でそうなった）は、「左」政権にも「右」政権にも共通していた。そのため、1999年、2003年いずれの改正においても、1回投票での単純な比例代表制を改め2回投票制にして、2回目進出に「敷居」を設けることと、「多数派プレミアム」導入とが、改正のポイントになった。

　改正後の現行州議会選挙では、従前と同様に一応は拘束名簿式の「比例代表」制を採用しているが、新制度では「多数派プレミアム」（定数の25％相当）と併用するうえ、投票は2回（1週間の間合いを置く）行う。2回目の

投票（決選投票）に進出するには1回目での得票率が「10％」以上、2回目に向けての名簿融合（fusion＝1回目での複数党派の名簿を決選投票に臨んでの多数派形成のため一本化すること）と2回目での議席配分には得票率「5％」以上をそれぞれ条件とする。これらは人口規模の大きいコミューンの議会選挙の場合と同じである。政府が国会に提出した原案は、もっと高い敷居（2回目進出は登録「有権者」数の10％以上得票）を設定し、一旦は国会で可決成立したが、手続的な瑕疵があったとして憲法評議会が下した違憲の判定に対応して、政府側が妥協して内容を修正したという経緯がある。

③ **選挙区域は「州」で候補者には「県」区分** さらにラファラン内閣は、州全体を一本にした選挙区では議員と選挙民との距離がますます遠くなることが問題だと指摘した。そこで州議会議員と選挙民との間の距離を縮小するための工夫として、

(ア) 州全体を選挙区として投票し、その得票結果に応じて各党派に州での議席数を配分、

(イ) その後、各党派ごとに県での得票数に応じ自派の獲得議席数を県別に区分して配分

(ウ) 自派の県別に配分された獲得議席数まで、県区分内での名簿登載順に当選者を決定

という、結果の算出が大層複雑な（投票者は自ら支持する名簿に印を付けるだけで、他の選挙の場合と大差ない）新方式を採用している[10]。

つまり有権者は「州」での名簿（融合名簿を含む）に投票する。その得票結果をもとにして、各「州」名簿の間で議席数を配分する。トップ（相対多数の比較第1党派）になった名簿には、まず州議席定数の25％が「多数派プレミアム」として与えられる。残余の議席（75％分）を得票率5％以上の名簿（トップ名簿を含む）の間で比例配分する。こうして各名簿ごとの配分議席総数が決まる。

---

10) 現行選挙制度の複雑性については、Le Monde 紙、21&22 Mars 2004、8面に「極めて複雑な投票方式」と題する記事で、読者に改めて解説されている。

その後、各名簿の獲得議席を各名簿内での県区分別に配分する。このため、もともと各名簿の中で、候補者を県別に区分し順序づけて表示しておく。各名簿ごとに、州内の各県ごとの得票数を計算し、州全体で獲得した議席数を、各県内での得票数に比例して県区分別に配分する。こうして県区分別での掲載順に当選が決まっていき、各名簿での合計で「州」での獲得議席数に一致するというわけである。

④　**党派名簿の筆頭者**　さらに注目すべき点に、新たに改正された「制度」ではないが、従前からの実際の「運用」としての党派名簿の編成方法がある。コミューンにおける場合と同様、各党派の提示する候補者名簿の「州」での筆頭には、通常、その党派が多数派となった場合に首長（州の「プレジダン」）に互選することを予定している候補者の氏名が記載される。選挙人は名簿に投票するが、実質的には、首長候補とそれを支える仲間（党派）とを一括して同時に選択するのと同じである。マスコミ報道でも、各地の結果について、党派の勝敗ではなく、首長候補の当落のような言い方での報道がなされる。

　こうした仕組み全体によって、安定的な多数派の形成、州議会議員と住民との距離の短縮、他の「地方」代表との関係の円滑化などの目的を達成しようというのが、政府の説明である。もちろん同法案の審議の過程では、2回目進出の敷居（とくに政府原案にあった「有権者数の10％以上」）を越え難くなる「極右」や「極左」ばかりでなく、シラク大統領を支持する陣営内の中道・保守の一部まで含めた少数派から激しい抵抗があった。野党たる社会党も強く反対した。

　なお州議会（全員一斉改選）と県議会（半数改選。2004年春に県議会で改選になるのは、1998年3月に選挙が行われた選挙区において）の一般選挙は、選挙法典で「3月に実施」することが規定されている（第L.192条および336条）。これをうけて政府は、2004年春の統一地方選挙を、州、県いずれも第1回目＝3月21日（日）、第2回目＝3月28日（日）とする旨を決定し

た。

(3) 州議会選挙での「多数派プレミアム」

筆者は規模の大きなコミューンでの選挙制度を「拘束名簿2回投票式比例代表併用多数派プレミアム制」と呼んできた。フランスの『選挙法典』(Code Electoral) 自体の中では、「名簿式2回投票制」(scrutin de liste à deux tours.同法典第L.260条) 程度の表現しか用いられておらず、「拘束」「比例代表」「多数派プレミアム」などという表現は、関係条文の中で散文的に登場するのみである。

フランス国内では、直訳すると「多数派プレミアム付き拘束名簿式比例代表2回投票制」となるような呼び方も使われるが、筆者は、そのような語順は故意に用いない。コミューン選挙での「多数派プレミアム」は議席の半数にまで達するということを重視して、それを締め括りの位置に置いている。「多数派プレミアム」の意味、計算法、機能 (「安定多数派形成機能」)、さらにはコミューン選挙における実例の数々については、すでに詳述している。

これに対し州の場合は、「拘束名簿2回投票式多数派プレミアム・比例代表併用制」とでも呼称すべき仕組みとなった。従前の1回投票式単純比例代表制では、州議会での安定多数派形成には支障が多かったのを改正したものである。コミューンでの制度と違うのは、多数派プレミアムの大きさであり、州選挙で多数派に優先的に与えられるのは全議席数の1/4 (25％) だけ。残り3/4が比例配分に回される。したがって計算してみると、有効投票の1/3超を獲得して始めて、議席の過半数を占めることが出来る (コミューンの場合は、プレミアムが50％にも及ぶから、1/3の得票でもトップになりさえすれば〔理論上は有り得る〕、議席数は2/3にも達する)。

2—7—2節　州議会選挙の事例

以上に述べた制度の仕組みについて一層よく認識するため、また、制度の作動のしかたを理解するために、以下では、選挙の実態をみることとしよう。まず制度自体の骨組みを理解しやすく説明できるように、個別選挙区の事

例として、2回目に「極右」FNが進出できず比較的にシンプルな「左」対「右」という2党派群（いずれも複数党派を混合した名簿）の「一騎打ち」対立となった州のうちから、今回の選挙によって州「政権」が「右」から「左」へと交代したオーヴェルニュ（Auvergne）州を取り上げる。

(1) オーヴェルニュ州の概略

オーヴェルニュ州は、フランス内陸部の中央山塊地域にあり、ミネラル・ウォーター「ヴォルヴィック」、あるいは戦時中の一時期に「政権」が移転した温泉保養地たる「ヴィシー」などで、我が国にも縁の浅からぬ地域である。上述で県議会選挙の事例紹介をしたアリエ県は同州に属する。

地方団体としての「州」が発足した1回目の選挙（1986年）以来、3期連続18年にわたりジスカール・デスタン（Valéry Giscard d'Estaing. 略VGE.2004年選挙時点で78歳）元共和国大統領（在職1974～81年。ミッテランに敗退）が州首長に就任し続けて州行政を主導した。今回のVGE（保守・中道系名簿〔1回目から連合〕たる「UMP-UDF」の筆頭候補者）の敗北により、同州政権が初めて「左」連立に移行した。

(2) オーヴェルニュ州の選挙結果総括

同州での選挙結果を総括的に示したのが〔表-2-14〕である。前回1998年は1回だけの投票で、各県が選挙区となっての単純な比例代表制であり、州内4県それぞれで立候補者名簿を整えた党派模様は一様でなかったが、それを集計したデータが記されている。今回2004年は州全体で1選挙区となり、1回目には9つの党派名簿が立候補した。

① **1回目投票の結果** 1回目投票の結果、全国的にも懸念されていた「棄権率」は35.9％となり、1998年よりも1.4％ポイントの低下を見せた。9名簿のうちで2回目進出に必要な得票率「10％」に達したのは、トップになった保守・中道の連立名簿（UMP-UDF＝1回目から混合した名簿）と、第2位の社会党（PS＝1回目は単独名簿）の2つのみ。2回目に向けて他の名簿と「融合」しうる「5％」という敷居を超えたのは、「極右」FN、共産（PC）、緑の3名簿であった。FNは州内4県のうち2県では10％以上

の得票をしたが、中心地域たるピュイ・ドゥ・ドーム県で8.0％に止まり、州合計では10％未満で2回目への進出に失敗した。

② **2回目投票に向けた名簿融合**　2回目に向けて、予定どおり「社」「共」「緑」の「左」3党派は、名簿を「融合」して「PS(社)-PC(共)-緑」という左派連立の名簿を結成し、その筆頭には「社」名簿の筆頭であったボンテ（同氏は、州の中心部たるピュイ・ドゥ・ドーム県の首長（県知事）の地位に6年間就いていた）が座る。1回目の投票では3党派が別々の名簿で各党独自に有権者の支持を競い、その各党派ごとの得票状況を確認した上で、2回目の3党派「融合」と各候補者の順序づけをして、「決選」に臨んだのであった。10％を超えたのは「社」のみであったが、3党派を合計すると得票は43％に達しており、トップの「右」よりも6.6％ポイント多くなっていた。

③ **2回目「決選」投票の結果**　2回目の投票では、有権者の関心が一層高まり、棄権率は低下して32.1％となった。投票に参加した有権者数のデータだけを見ると38,995人の増加だが、実際には「極右」や「極左」の支持者がどれほど2回目にも参加したか、また2回目にだけ参加した有権者が「左」「右」いずれにより多く投票したのかは明らかでない。結果を見ると、「左」は3党派合計で比較して得票を＋77,644票上積み。一方、名簿に変更のない「右」は＋83,507票と「左」より多く票を増やしたが、差を埋め切れずに敗退した。

従前の1回投票による単純な比例代表制の下におけるのとは異なり、こうした「各党派独自での有権者獲得競争＞1回目投票＞党派間交渉・調整＞名簿融合（大同団結）による多数派形成工作＞2回目投票＞議会多数派の実現」というプロセスは、フランスの多くの選挙で採用されている2回投票制が、元来企図するとおりの姿である。各有権者も、1回目と2回目を通して、自分の投票行動を計画し、多数派形成に参画するわけである。

④ **得票率と議席配分**　2回目の決選投票での得票率は、勝利した「左」が52.7％、敗れた「右」が47.4％で、その差は5.3ポイント。総議席数は47

議席だから、単純な比例代表制であれば、議席配分は「左」25対「右」22で議席差＝3というところになるが、実際の配分は**[表-2-14]**にあるとおり、「左」30対「右」17で議席差＝13という大差になっている。これが「多数派プレミアム」制による第1党へのボーナス付与の機能である。

　念のため計算すると、勝った「左」にまず「25％」相当の12議席が与えられる。残り35議席を比例配分するから、「左」に18議席を追加、「右」には17議席という結果になる。合計すると、第1党「左」が53％ほどの得票で2/3近くの安定多数を形成し、敗れた「右」は47％強の得票でも1/3程度の議席

〔表-2-14〕2004年3月州選挙事例／「オーヴェルニュ州」／総括

党派	前回1998（4県の合計）		今回2004（「州」計）				
	1回のみ（率％）	席（率）	1回目（率％）	2回目（率％）	席（率）	＋−（率p）	
MNR		―	MNR他	6,108(1.0)	―	―	−6,108
FN	54,592(9.6)	5(11%)	56,874(9.6)	―	―	−56,874	
右諸派	5,581(1.0)	―	20,498(3.5)	―	―	−20,498	
保守中道 RPR -UDF	RPR-UDF 228,270(40.0)	21(45%)	UMP-UDF 215,921(36.4)	299,428(47.4)	17(36%)	+83,507 (+11.0p)	
CPNT	18,164(3.2)	―	―	―	―	―	
MEI	16,429(2.9)	―	13,287(2.2)	―	―	−13,287	
MDC	5,865(1.0)	―	―	―	―	―	
社(PS)	23,573(4.1)	11(23%)	167,433(28.2)	融合 PS+PC+緑 332,958(52.7)	30(64%)	+77,644 (+9.7p)	
共(PC)	PS+PC 155,188(27.2)	6(13%)	54,609(9.2)				
緑	9,638(1.7)	3(6%)	33,272(5.6)				
左諸派1	8,914(1.6)	―	―	―	―	―	
左諸派2	29,596(5.2)	1(2%)	―	―	―	―	
LCR	2,946(0.5)	―	LO-LCR 25,389(4.3)	―	―	−25,389	
LO	11,904(2.1)	―					
総有効票	570,660	47 (100%)	593,391	632,386	47 (100%)	+38,995	
名簿数	13パターン		9	2		−7	
棄権率	37.3%		35.9%	32.1%		−3.8p	
有権者数	964,367		975,066	974,562		−504	

〔注〕　1）表は筆者作成。元データは、Le MONDE/MARDI 30 MARS 2004選挙特集 p.35
　　　2）「前回1998」の議席数の欄は今回2004年選挙直前の各党派別議席数を示す。

に甘んじるのである。単純な比例の場合と較べて第1党の議席数は＋5の増加であり、総体で見れば、およそ2割ほどの割り増しということになる。

(3) 県区分ごとの結果総括

この結果を同州内の「県」の区分ごとに見たのが〔**表-2-14. その2**〕である。「州」全体での議席数は、上述したとおり「左」30対「右」17となったが、それを各党派名簿内で、どの候補者の当選に結びつけるかには、「県区分」が関係する。表には州合計のデータの下に州内4県ごとの両名簿の獲得票数を示してある。「州合計」では同一行のデータをヨコに見ていくことになるが、その後に、名簿ごとに同一の列をタテに見ていくことになる。「左」は州合計で30議席を獲得したが、それを県ごとの得票数シェア（同じ列内でのシェア。表中では【　】で表示）に比例させて、例えばCantal県（因みに同県は産地名統制〔AOC〕のある特色あふれるチーズ〔仏語ではfromage〕で有名）では「30×11％」＝3議席という具合に各県区分に配分するので、結果は得票数の多い県の順に15、8、4、3という配分になる。「右」についても同様に配分すると、ちょうど同じ県順になり、順に8、4、3、2という結果になる。

ここでたとえばCantal県をヨコに見ると、（　）で示した県内での得票率は「左」45.0％対「右」55.0％と、「右」が10ポイントも引き離している。しかし県区分内での獲得議席は合計5議席で、「左」3対「右」2と「逆転」。一方、Allier（アリエ）県では、県内得票率が「左」55.3％対「右」44.7％と11ポイント弱の差なのに、合計12の獲得議席は「左」8対「右」4と2倍もの差がついている。これらが第1党への「多数派プレミアム」付与後に、各同一名簿内で【　】に示した（タテの列で記された）得票数シェアに比例して県区分ごとの名簿内議席数を配分する仕組みの生む結果なのである。

(4) 県区分ごとの状況

少し細かくなるが参考のために、オーヴェルニュ州の中心地域であるピュイ・ドゥ・ドーム（Puy-de-Dôme）県での投票結果を〔**表-2-14. その3**〕

141

〔表-2-14.その2〕2004年3月州選挙事例その2:オーヴェルニュ州における県区分ごとの得票/獲得議席状況

区分	PS-PC-緑		UMP-UDF		差 %p 倍		合 計	
	得票	議席	得票	議席	得票	議席	得票	議席
州 合計	332,958 (52.7%) 【100】	30 (64%) 【100】	299,428 (47.4%) 【100】	17 (36%) 【100】	+5.3p	+13 +28p	632,386 (100) 【100】	47 (100) 【100】
Puy-de- Dome 県	156,883 (54.7%) 【47%】	15 【50%】	129,816 (45.3%) 【43%】	8 【47%】	+9.4p	+7 1.9倍	286,699 (100) 【45%】	23 【49%】
Allier 県	89,550 (55.3%) 【27%】	8 【27%】	72,257 (44.7%) 【24%】	4 【24%】	+10.6p	+4 2倍	161,807 (100) 【26%】	12 【26%】
Haute- Loire 県	51,348 (48.6%) 【15%】	4 【13%】	54,386 (51.4%) 【18%】	3 【18%】	-2.8p	+1 1.3倍	105,734 (100) 【17%】	7 【15%】
Cantal 県	35,177 (45.0%) 【11%】	3 【10%】	42,969 (55.0%) 【14%】	2 【12%】	-10.0p	+1 1.5倍	78,146 (100) 【12%】	5 【11%】

〔注〕 1)表は筆者作成。元データは、Le MONDE/MARDI 30 MARS 2004選挙特集 pp.35~36。
2)表中( )は同一行(ヨコ)内での割合を、【 】は同一列(タテ)内での割合を示す。

に示した。同県は、上述のとおり、州内有権者の半数を擁する中心地域であり、得票数が勝敗を決する現行制度の下では、ここでの投票状況が「州」での帰趨を左右する。「左」融合名簿の筆頭に座った「社」のボンテが6年にわたり県知事をつとめてきた県ではあるが、"Vulcania"と名付けた火山をテーマとし欧州規模の意味づけを付与された特色ある大規模テーマ・パークを開設するなど、州知事たる VGE が開発に最も力を入れてきた地域(因みに同地域の風景の一端は、同地産の Volvic のラベルに描かれた連山により想像することが出来る。)でもある。

表からは、前回は1回投票制だったことから、初めから「社」「共」が混合して同一名簿で登場し善戦していたこと、今回は FN が同県での得票率を下げはしたが、データをよく見ると、実数ではむしろ得票を増加させたことが分かる。実は FN は、今回、議席を獲得できなかったものの、「州」全

〔表-2-14.その3〕2004年3月州選挙事例その3：オーヴェルニュ州「ピュイ・ドゥ・ドーム県」区分

党派	前回1998	今回2004				
	1回のみ（率%）	1回目（率%）	2回目（率%）	席（率）	+－（率p）	
MNR	－	2,970(1.1)	－	－	－2,970	
FN	21,089(8.5)	21,444(8.0)	－	－	－21,444	
右諸派	－	7,106(2.7)	－	－	－7,106	
保守中道 RPR-UDF	RPR-UDF 100,812(40.4)	UMP-UDF 92,236 (34.4)	129,816 (45.3)	8 (35%)	＋37,580 (＋10.9p)	
CPNT	6,247(2.5)	－				
MEI	10,156(4.1)	5,856(2.2)	－	－	－5,856	
MDC	5,865(2.4)	－				
社（PS）	－	87,802 (32.7)	融合 PS＋PC＋緑 156,883 (54.7)	15 (65%)	＋29,329 (＋7.2p)	
	PS＋PC					
共（PC）	90,240(36.2)	25,595(9.5)				
緑	－	14,157(5.3)				
左諸派1	－	－	－	－	－	
左諸派2	－	－	－	－	－	
LCR	2,946(1.2)	LO-LCR 11,133(4.2)	－	－	－11,133	
LO	11,904(4.8)					
総有効票	249,259	268,299	286,699		＋18,400	
名簿数	8	9	2	23 (100%)	－7	
棄権率	37.5%	34.8%	30.3%		－4.5p	
有権者数	419,068	428,487	428,137		－350	

〔注〕 表は筆者作成。元データは Le MONDE/MARDI 30 MARS 2004 選挙特集 p.36.

体での得票率を前回並みに維持している。州内4県のうち Allier など3県では、得票率（1回目のみ）まで前回1998年よりも上がっており、うち2県では「10%」超にすら達している。「州」全体で「10%」という「敷居」が奏効して FN の議席獲得は阻止されたが、実際の勢力伸長自体は、オーヴェルニュ州においても、決して食い止められていないし、むしろ拡張しているのである。単なる獲得議席だけから政治情勢を判断すると、とくに「極右」や「極左」についての見通しを誤ることになるので、この点は今後とも

注意が必要なのである。

2—7—3節　全国の状況

全国での状況を観察すると、今回2004年の選挙では1回目の投票で決着した州はない。2回目投票での決着について全体的な状況をまとめたのが〔表-2-15〕〔表-2-16〕である。

(1)　党派間での離合集散

まず、21州での離合集散の状況を概括して見ると、〔表-2-15〕のようになる。ここからは一般論を導出するのは困難であり、各州での政治状況と、関係者の判断如何により、さまざまな形（ただし「極右」FNと「保守・中道」との連立は無い）が見出される。ごく概括的に言うと、「左」も「右」も、複数党派が1回目から「連立」して名簿を混合（選挙法上は1つの立候補者名簿）する場合も、2回目に「融合」（選挙法上で認められた fusion）する場合もある。また何らかの地元事情から、2回目になっても、融合可能な名簿間での団結が実現せず分立したままの場合（その場合、UDFは舞台外に退去）もある。そのような「例外」は、Bourgogne、Franche-Comté、Languedoc-Roussillon、Basse-Normandie の4州であり、保守・中道系

〔表-2-15〕離合集散の概括：各パターンごとの州の数

区分			右派（保守・中道）			左派 計
			分立	連立		
				1回目〜	2回目融合	
左派	分立		0	0	0	0
	連立	1回目〜	2	2	7	11
		2回目融合	2	4	4	10
右派 計			4	6	11	21

〔注〕　1）表は筆者作成。元データは、Le MONDE/MARDI 30 MARS 2004選挙特集
　　　2）「連立」「融合」の大方は「左派」＝「PS＋PC＋緑」また「右派」＝「UMP＋UDF」が基幹
　　　3）「分立」は「右派」でUMPとUDF間での分立。「左」で1回目に「共」が得票率5％の「融合」可能ラインに到達しなかったため「融合」できなかったケースは「分立」扱いしていない。

のUMPとUDFが分立したままに終わっている。そのうち後者3州では、UDFが1回目に10%に達しなかったうえ、UMPとの名簿融合もせずに舞台から去った。BourgogneではUDFが1回目に13.0%の得票をしたが、2回目進出を「辞退」。それでいてUMPとの名簿融合も、UMPへの票の「寄託」もしないという複雑な対応を見せている。

煩雑になるので、表ではデータの掲載を省略したが、今回2004年選挙では、結果的に勝利した陣営への2回目投票での支持率が過半数ラインを超えたか否か、すなわち陣営全体への支持の強さ如何と合従連衡状況との間に相関があるようには見えない。ただ「左」では、1回目から「連立」して混合した合同名簿をつくったケースが「右」よりも多かったし、党派間の対立が解けずに「分立」したままで終わったケースは無かったのであり、その意味では「大同団結」の作戦が成功したとも考えられる。今回の選挙では、国政の場で国民に痛みを伴う改革を進めた保守・中道ラファラン政権への「制裁」票がもっとも大きな役割を果たしたとも言われるので、共通の「敵」に立ち向かう団結が容易だったのかとも推測される。

(2) **僅差から大差まで**

次に〔表-2-16〕では、保守・中道が勝利した唯一の州たるアルザス州を別扱い（選挙制度が若干異なるCorse〔英語風ではコルシカ〕州は除外）にして、以下、いずれも「社」＋「共」＋「緑」という「左」連立が勝利した20州についてのデータを整理したうえで、21州を概括してみた。

① **僅差での決着**　この表で見ると、勝敗は僅差の場合も大差のついた場合もある。最僅差のシャンパーニュ・アルデンヌ州（発泡葡萄酒〔英語風で「シャンペン」〕のふるさと）では、勝利した「左」の得票率は41.9%に止まり、第2党（39.8%）と第3党（18.3%）とを加えた「野党」勢力全体での得票（計58.1%）の方が大きかった。比較第1党たる「左」と第2党「右」との間の得票差は僅か2.1ポイントに過ぎない。それでも議席配分は多数派プレミアムのお蔭で26ポイントもの差がついている。従前の単純な比例代表制の場合を基点（100）として言えば、勝利した「左」は、3割以上の

議席の「割増」を受けているとも表現できよう。このように僅差であっても、比較第１党（名簿）に安定多数を与えるという制度改革の企図は実現されている。

② **大差での決着**　一方、「左」が62.0％もの得票を達成したリムーザン州（焼き物の町リモージュが中心都市）においては、FNが１回目で前回（得票率7.3％）よりも３割近く得票（実数）を伸ばしたとはいえ、「敷居」未満の9.3％の得票率に止まり、決選投票は左右の一騎打ちとなった。結果の議席配分は第１党「左」に72％、第２党「右」に28％となり、第１党への「割増」率は16％ほど。比例的な議席獲得でもそれなりの多数派を形成

〔表-2-16〕2004年３月州選挙／全国総括（仏本土中21州の２回目投票結果）

区　分 （州名）	第１党＝「勝」		第２党		第３党（FN）		合計	
	得票 （率）	議席 （率）	得票 （率）	議席 （率）	得票 （率）	議席 （率）	得票 100％	議席 100％
Alsace 州 UMP-UDF	299,351 (43.6％)	27 (57％)	236,689 (34.4％)	12 (26％)	151,186 (22.0％)	8 (17％)	687,226	47
僅差 C-A 州 「左」連立	228,622 (41.9％)	28 (57％)	217,322 (39.8％)	15 (31％)	99,766 (18.3％)	6 (12％)	545,710	49
勝「左」得票 50％以下＝8	45.0～ 49.2％	59～ 62％	40.0～ 33.9％	30～ 25％	21.6～ 10.1％	15～ 7％	100％	100％
If 得票50％ で第1党なら	*得票 50％ → 62.5％*	*議席*	*得票合計 50％ → 37.5％*		*議席合計*		*100％*	*100％*
勝「左」得票 50％超＝10	51.8～ 58.7％	65～ 69％	47.7～ 28.4％	35～ 21％	有19.7 ～8.7％ ＋無	14～ 5％ ＋無	100％	100％
大差 Lim 州 「左」連立	215,612 (62.0％)	31 (72％)	132,044 (38.0％)	12 (28％)	無	無	347,656	43
合計21州	41.9～ 62.0％	57～ 72％	47.7～ 28.4％	35～ 21％	22.0～ 8.7％＋無	17～ 5％＋無	―	―
議席総数	「左」 1,041	(62％)	「右」 474	(28％)	FN 156	(9％)	議席計 1,671	(100)

〔注〕　１）表は筆者作成。元データは Le MONDE/MARDI 30 MARS 2004選挙特集
　　　２）州レベルの選挙制度が異なる Corse（英語風では「コルシカ」）を除く21州の総括
　　　３）C-A 州＝Champagne-Ardenne 州、Lim 州＝Limousin 州
　　　４）第3党が敷居（1回目得票率10％以上）に阻まれ2回目に進めなかったのは4州（表中「無」）

第 2 編　地方選挙

できるが、プレミアムが付いて一層安定した州行政の運営が可能となる。

(3) 離合集散と勝敗

　離合集散と勝敗との関係を見ると、今回2004年の場合は、多くの地域で「左」が圧倒的な差をつけて勝利している。保守・中道勢力が大同団結せず「離散」（分立）したままに終わった4州では、たとえ名簿融合がなされていたとしても、結局、かなりの差をつけられて「左」に敗退したと見込まれる結果になった。ただし、それでも4州での2回目での「左」「右」得票差が他の地域に較べて格別に大きかったわけではない。4州での得票差は6.2～20.4ポイントと幅広く分布しているが、「右」が連立した16州でも、得票差を見ると、20ポイントを超えたのが5州、10～20ポイントが5州、10ポイント未満が6州という分布になっている。もっと接戦になっていた場合には、「連立」と「分立」との差異がそれ相応の差異に帰着したはずであるが、今回2004年州選挙では、保守・中道系があまりの惨敗を喫したため、細かな分析をしても意味をなさないのである。

2－7－4節　「勝者」と「敗者」との差

　〔表-2-16〕では、さまざまなケースを一括りにしたため、「25％」の多数派プレミアムが実際に果たす機能が分かりにくい。そこで、その機能を一般化して示すために、ごく簡単な数式とグラフを示しておこう。コミューン選挙での「50％」というプレミアムの場合については既に示してあるが、それと類似した算式とグラフを州の場合について掲げる。多数派プレミアム制の結果、各党派（名簿）の「得票率」と「議席シェア」との間には相当大きな「乖離」が生じる。その大きさを見るために、ここでは2回目に進出しながら議席を獲得できない得票率5％未満に引き戻されるような名簿は無いケースを設定する。

　第1党になった党派の得票率を X％、その党派に配分される議席のシェアを Y％ とすると、プレミアムが25％の場合なら、$\underline{Y=25+(100-25)\times(X/100)}$ すなわち $\underline{Y=(3/4)X+25}$ となる。〔表-2-16〕の中央の行に、たと

147

〔図-2〕多数派と少数派（「州」選挙の場合）

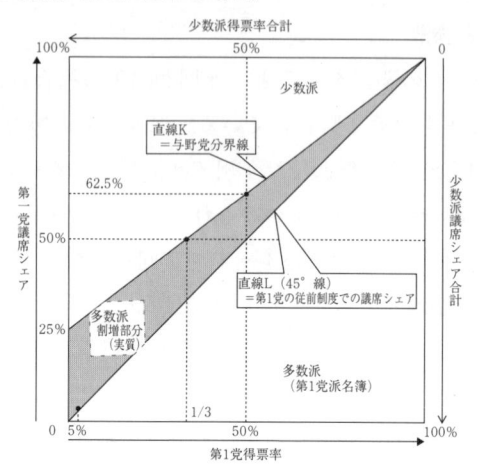

少数派得票率合計・第一党議席シェア（縦軸Y）、第1党得票率・少数派議席シェア合計（横軸X）を示すグラフ。直線K＝与野党分界線（(50%, 62.5%)を通る）、直線L（45°線）＝第1党の従前制度での議席シェア。多数派割増部分（実質）が直線Kと直線Lに挟まれた領域として示される。多数派（第1党派名簿）。

〔注〕グラフは横軸Xが党派名簿の「得票率」、縦軸Yが「議席シェア」を表す。算式は、直線Kが $Y=(3/4)X+25$、直線Lが $Y=X$（45度線）である。

えば得票率50％で第1党になった場合の数字（すなわち議席シェアは62.5％となる。この場合「割増」率は25％）を掲げてある。この得票率と議席シェアとの一般的な関係を図示すると〔図-2〕に示した直線「K」＝表中の「与野党分界線　K」が描かれる。

　上述の〔表-2-16〕におけるそれぞれの州での結果をプロットすれば、各点はグラフの中で直線「K」＝「与野党分界線　K」すなわち $Y=(3/4)X+25$ の直線に概ね一致する（議席配分のための端数処理による乖離あり）分布を示すことになる。従前の単純な比例代表制ではグラフの直線「L」すなわち「45度線」の近傍に分布するから、この両直線に挟まれた部分がプレミアムによる実質的な「割増」部分であることになる。

第2―8章　異なる範疇の選挙の同時実施

2―8―1節　コミューン議会選挙と県議会選挙

　上述したいくつかの県の選挙事例の場合、（「右」から「左」へといった）県議会での多数派の交替と、執行日が同じコミューン選挙での県庁所在都市

第2編　地方選挙

での改選後多数派とは、歩調が揃っているように見えた。以下では、同日に執行される異なるレベルの選挙では、全国レベルで貼った単純なレッテル（「左」とか「右」とか）で見て、同じような方向での選択を有権者が必ずしもするわけではない、ということを確認するため、ウール県における「県議会」選挙と「コミューン議会」選挙の事例を取り上げてみよう。

(1)　ウール県議会選挙（「右」から「左」）

オート・ノルマンディー州のウール県（Eure）は人口54万人。県内には675ものコミューンがある。3郡、43カントンに区画され、国会議員数は上院3名・下院5名である。県議会は従前、「左」17議席、「右」26議席の勢力分布（定数43）で、「右」UDFが首長であった。県庁所在地はエヴルー（Evreux．人口5万4千人）。

2001年春には、22議席が改選。その結果、「左」は「社」4増、「急進左派」1増の計5増となり、その分だけ「右」が議席を失ったので、新勢力分野は「左」22、「右」21の1議席差で「左」優位となり、結果、「社」のデスタンが首長に選任されている。デスタンはENA出身の外交官（1951年生まれ）で、1994年から県議会議員かつ州議会議員のほか、95年からはポントドメール町長も兼任。同時に行われた町議会選挙でも名簿筆頭で勝利したが、県首長への就任に伴い、町では自ら降格して「第1助役」に選任されている。

(2)　「エヴルー市」での市議会選挙（「左」から「右」）

県議会の「右」から「左」への転換の一方で、コミューン選挙においては、県庁所在地エヴルー市で、政権が「左」（市長は「共」で全国的にも有名であった）から「右」に転換したことも注目された。

エヴルーでは、1977年以来の長きにわたって、共産党のプレザンス（1925年生まれで、1976年以来県議）が左派連立勢力を基盤に市長職に就いてきた。2001年春には、かつて1989年にも挑戦して敗北したことがあるドゥブレ元内相（RPR。1944年生まれ。下院議員。同氏は前回1995年にはパリで立候補し、同じ保守系のティベリに敗北）が「保守連合」を率いて再挑戦し、

149

ついに勝利した。

選挙結果は〔表-2-17〕に見るとおりで、国政でも知名度の高いドゥブレを筆頭にした「保守連合」が1回目投票でリードするという接戦になった。前回は2回目の投票まで進出した「極右」は、今回は2派に分裂していたため両派ともに進出不可となっている。「左」では、1回目には独自の名簿で戦った「緑」が、前回よりも大幅に得票を伸ばした。このため、「左」2党派の1回目得票を合計すれば、前回2回目よりも相当な得票増になっていた。

2回目には、「左」は予定どおり名簿融合をしたが、すでに息切れしており、1回目の両派合計よりも得票を伸ばすことは出来なかった。一方「右」は、1回目に棄権した有権者の動員にも成功して得票を大幅に上積みした。また、2回目に進出できなかった「極右」支持票のかなりの部分が、左右の一騎打ち対決になった状況では、「反共」の立場から(「棄権」することなく)「保守連合」支持に移行したと見られている。

なおドゥブレは、1986年以来下院議員であるが、2002年国会下院総選挙で

〔表-2-17〕2001年3月コミューン選挙事例8:「エヴルー市」

党派	前回1995		今回2001				
	1回目(率)	2回目(率)	1回目(率)	2回目(率)	増減(率p)		席
保守連合	4,373(27.4)	5,530(32.9)	5,600(36.9)	8,655(53.2)	3,055(16.3)		33
FN	2,823(17.7)	2,302(13.7)	682(4.5)	不可	−682		−
MNR		分裂前	1,273(8.4)	不可	−1,273		−
共+左派	5,439(34.1)	6,814(40.6)	5,164(34.0)	左派連立 7,611(46.8)	−32(−3.5)		10
緑(エコ)	984(6.2)	−	2,479(16.3)				
社会分派	2,348(14.7)	2,156(12.8)	−	−			
有効票総計	15,967	16,802	15,198	16,266	+1,068		43
名簿数	5	4	5	2	−3		
棄権率	40.2%	36.2%	40.0%	35.8%	−4.2p		
有権者数	27,201	26,799	26,270	同左	0		

〔注〕 前回のFN筆頭が今回はMNRの筆頭。前回「共+左派」および今回「左派連立」の筆頭は現職市長の「共」プレザンス。「保守連合」は筆頭が替わっている。

のUMP勝利の後、下院議長に選出されている。憲法起草でド・ゴールに協力し、第5共和制での初代首相として、フランス政治史上に名を残すミッシェル・ドゥブレは彼の父である。

(3) エヴルー市内でのウール県議会議員選挙

県議会（とその首長）を「左」が奪取し、一方で県庁所在都市の市議会（とその首長）を「右」が奪取する（それも、長年続投しつづけ全国的に有名だった共産党市長から、これまた全国的にも知名度の高いドゥブレが）という劇的な展開になったため、ウール県での結果は全国的な注目を浴びた。では、エヴルー市関係の選挙区における県議会議員選挙は、どういう状況になったのだろうか？

今回の県議会選挙では、エヴルーで改選のあった2つの選挙区（非改選は2選挙区）では、1つは「共」から「社」へ「左」の中での交替、もう1つは「右」から「急進左」に交替と、いずれも「左」の勝利になっている。

① **ウール県議会議員選挙「エヴルー南」選挙区**　まず「エヴルー南」選挙区では、現職県議はエヴルー市長のプレザンスであった。彼は市政に専念するとして今回は立候補せず、後継者を指名した。結果は〔**表-2-18**〕に見るとおりで、決選投票に残ったのは「社」、「共」（＝後継候補）各1名のみとなり、1回目第2位であった「共」が「辞退」して「社」が当選した。従来から「左」が強い選挙区ではあるが、今回「右」は保守本流が2つに分かれたため（1回目の得票率を合計すれば、十分に「敷居」を越えている）、2回目進出の機会を失っている。

② **ウール県議会議員選挙「エヴルー東」選挙区**　もう1つの「エヴルー東」では、〔**表-2-19**〕のとおり、「左」から2回目に進出できたのが「急進左派」の候補者1人のみとなった。その結果、左派支持の有権者の立場から見れば一本化した「左」が、1回目トップであったが2回目に向けて「極右」票までは取り込み切れなかった「右」の現職を敗り、県議会全体での「左」の躍進に貢献している。

1回目は左右とも多くの候補者が銘々の立場を主張して乱戦になり、その

中から、保守主流派に属する現職（DL）がトップに立った。決戦進出の条件を満たした「左」「右」1人ずつの一騎打ちになった2回目には、「棄権」からの参加の程度が分からないため正確な推測はできないが、表面の数字の動きだけから見ると、「左」側は各派の支持票をまとめきったが、「右」側は、「保守」主流と「極右」との間では支持者が票を移行させるわけではないため取りこぼしが多く、結局、僅差で議席を失う結果になったように見える。

2－8－2節　県選挙とコミューン選挙の比較

エヴルーで改選がなかった県議選挙区を見ると、前回選挙で選ばれた現職は、「エヴルー北」で「急進左」、また「エヴルー西」では「社」、つまりい

〔表-2-18〕2001年3月県選挙事例4：「ウール県・エヴルー南」選挙区

党派	1回目 得票（率）%		うちエヴルー市内	2回目 得票（率）%		増減
LCR	89(1.5)	左派計 3,299 (55.5)	左派計 1,732 (64.3)	－		－89
左諸派	212(3.6)			－		－212
共＝後継	937(15.8)			辞退		－937
社会	1,487(25.0)			3,418(100)		＋1,931
緑	574(9.7)			－		－574
右諸派	93(1.6)	保守計 1,785 (30.0)	保守計 553 (20.5)	－		－93
DL	767(12.9)			－		－767
RPR	925(15.6)			－		－925
MNR	284(4.8)	極右計 863(14.5)	極右計 408(15.2)	－		－284
FN	579(9.7)			－		－579
有効票総計	5,947 〔注〕投票総数　6,350 　　　　無効票　　403		2,693 2,901 208	3,418 〔注〕投票総数　4,908 　　　　無効票　1,490		－2,529 －1,442
候補者数	10		同左	1		－9
棄権率	41.5%		50.6%	53.5%		＋12.0
有権者数	10,853. その10%＝1,086		5,878	10,553		－300

ずれも「左」陣営になっている。さらに今回、唯一残っていた「右」現職からも議席を奪取したことによって4選挙区全部が「左」の手中に落ちたことから見れば、エヴルーは相当に「左」の強い地域で、左派の「牙城」ぐらいの表現すら当てはめうるように思える。そうした県議選での「左」勝利の一方で、市議選では「右」が奪取するという結果は、どのように理解したらよいのだろうか？

　その議論をするうえで問題なのは、県議会議員を選出する選挙区たるカントンは、エヴルーという1つの都市の区域だけを4つの区に分けているのではなく、実はいずれも周辺の数コミューンと合わせた区域になっているという事情である。例えば、上記した「エヴルー南」カントンの場合、その区域は、エヴルー市の南部に加え、近隣の6つのコミューンをカバーしている。同選挙区の有権者数10,853人のうち、エヴルー市内在住は半分強の5,878人に過ぎず、周辺コミューンに居住している4,975人と合わせて、県議会議員

〔表-2-19〕2001年3月県選挙事例5：「ウール県・エヴルー東」選挙区

党派	1回目		2回目		うちエヴルー市内	得票増減	
	得票(率)%	備考	得票(率)%	備考			備考
LCR	192(2.8)	左計 3,326	不可	急進左派 2,300 (51.3)		−192	左計 +84
左諸派	437(6.4)		不可			−437	
共	407(5.9)		不可			−407	
急進左派	1,767(25.8)		3,410(50.4)			+1,643	
緑	523(7.6)		不可			−523	
右諸派	111(1.6)	右計 3,527	不可	DL 2,180 (48.7)		−111	右計 −164
DL　現職	2,323(33.9)		3,363(49.7)			+1,040	
FN	456(6.7)		不可			−456	
MNR	637(9.3)		不可			−637	
有効票総計		6,853	6,773		4,480	−80	
立候補者数		9	2		2	−7	
棄権率		38.7%	39.3%		40.4%	+0.6p	
有権者数		11,738. その10%=1,174	同左		7,905	0	

を選出する形になっている。「エヴルー東」の場合も、エヴルー市東部に加え近隣11コミューンをカバー、有権者数11,738人のうちエヴルー市内在住は3分の2ほどである。したがって、県議の選挙区たる「エヴルー南」や「東」で「左」が強いといっても、それはエヴルー市内ではなく、周辺コミューンでの「左」優位の反映であるかもしれないのである。

そのため、純粋にエヴルー市内での得票はどういう状況だったかを、2つの選挙区それぞれについて表に示してある。その数字を見ると、「南」では、同市内で「保守」票の占める割合（20.5％）は、選挙区全体（30.0％）におけるよりもむしろ大幅に小さく、「左派」の勢力の方がずっと大きくなっている。一方、「東」では同市内での「右」DLの得票割合（48.7％）は、選挙区全体（49.7％）とほぼ同様である。こうした県議選挙における党派支持の状況を、同時に行われたコミューン選挙での投票データ（県議選挙区ごとに分けて整理したもの）と比較したいところだが、後者については同市全体を集計した結果しか入手できない。今回は県議選挙のなかった残り2つの「西」と「北」選挙区のうちで同市内に限ってみた場合に「右」支持の有権者が非常に大きい可能性は残っており、その点を実際のデータで検証しない限りは正確な判定は下せない。ただ、その2つの選挙区から前回選出された県議はいずれも「左」であったことから考えると、そのうちエヴルー市内だけ「右」が大幅に優位であるとは推測しにくいのである。

そのような問題があることを認識した上で、おおまかに判定するならば、同一時期に行われる地方選挙では、たしかに「左」「右」という基本的な支持動向が基底において反映されるだろうとはいえ、同じ有権者が県議選と市議選との間で、中央政治の鋳型だけで捉えるならば「異なった」判断をして、代表を選択しているように見える。「左」「右」というモノサシだけで測った場合には「反対」方向の選択が同じ時になされるのは、有権者の選択に候補者次第という部分がやはりあるからだと推測される。それぞれの選挙区での地方的な「政局」による差も大きい。有権者は、選挙の種類の違いを考慮しつつ、各候補者個人への評価を加えながら、その時々の地元の政治状

況を考えて投票しており、その結果は、中央政治を基礎にした画一的なレッテルや政治状況だけで判定できるようなものではない、という判断ができるように思われる。ただ、この点は、上記の問題について、なお一層の検証を必要とする。

第3編　公選職への人材調達

　これまでフランスにおけるさまざまな選挙制度を観察し、その中で主要な指導的政治家たちが、国政ばかりでなく、地方政治・行政の場でも、公選職の兼任を通じて、中心的な役割を果たしていることを見た。国政で枢要な立場を確保するには、地方での経験や政治基盤が不可欠であるように思われる。地方での活躍が国家レベルの政治世界への人材調達の手がかりになっており、逆に、国家レベルの活躍が地方での指導的な立場への人材調達のルートにもなっている。

　本編では、政治の世界に適切な人材を十分に調達するうえで、重要な機能を果たしていると思われる制度的な工夫を2つ取り上げる。すなわち、フランス政治の顕著な特色である公選職の兼任について制度と現状を把握すると同時に、公務員を含む一般の被用者が比較的スムーズに公選職に選出しうるように配慮された法令など制度的な工夫と配慮について、具体的に観察し叙述する。

　こうした特色を具体的に把握するためには、「フランスでは、国・地方で指導的な立場にある政治家は、どのような経歴を辿って、調達、選抜、育成され、実績を上げ、そして評価されているのだろうか？」という問いかけをして、それに答えてみることが有効と思われるので、これまで本書で取り上げた人物を中心に、政治家たちの辿る道筋のいくつかを観察して、フランスの特色ある選挙制度の機能を考察するヒントを探る。

　そのような実例を見ることによって、さまざまの制度的な工夫が、政治家の人材調達をより円滑にし、彼らを十分に育成訓練し、その業績を有権者が評価し続けることに繋がっていることを見出していく。

第3—1章　公選職の兼任

3—1—1節　兼職を制限するルール

　旧来からフランスにおける政治の実態を観察する上で、見逃してはならない特色に公選職の兼任（le cumul des mandats électoraux）がある。旧来は、同一人物が国会下院議員、コミューンの首長（メール）、さらには県議会議員を同時に兼任したり、メールでありつつ州議会にも県議会にも議席を維持するなど、兼任が緩やかに認められてきた。政治家が肩書き付きで呼ばれる折りに、「上院議員—メール」（sénateur—maire）とか「下院議員—メール」（député—maire）と紹介されるのは、ごく普通の日常的な事象である。

　しかし、1980年代の地方分権改革に伴う地方での政治指導者の行政的な任務の増大もあり、それぞれの公職の職務により専念する必要が強調されて、兼職制限の強化を唱える声が大きくなり、制度改正が具体化するに至る。ジョスパン連立左派内閣時代の2000年4月には、2本の法律が同時に制定され、かなりの制限を加えている。まず上下両院の国会議員については、組織法律第2000-294号（2000年4月5日）が、地方団体における公選職との兼任に対する制限を強化するとともに、欧州議会議員との兼職を禁止した。また、同日に公布された通常の法律第2000-295号（同日）が、欧州議会議員、地方団体の議員、そしてその首長の間の兼職制限を強化した。

　さらに、ラファラン保守内閣の提案により、欧州議会議員選挙制度等を改正する法律第2003-327号（2003年4月11日）が制定され、選挙制度の改革に合わせて、欧州議会議員にかかる兼職制限が緩和された。国会議員よりも厳しかった欧州議会議員についての兼職制限が国会議員並みに改正され、たとえば、欧州議会議員が地方団体首長（従来は兼職禁止）を1つなら兼任しうることになった。改正の理由としては、欧州レベルでの決定が身近な地方レベルではどのような影響を及ぼすのかについて、欧州議会議員が敏感になり、人々の希望や懸念を十分に勘案した判断をすることができるようになる

第3編　公選職への人材調達

ことが挙げられていた。

こうした制度改正を経てのちの現行の制限状況を〔表-3-1〕にまとめた

〔表-3-1〕公選職にかかる兼職制限一覧（2003年5月現在）

区分	1．国会議員（上院・下院）	2．欧州議会議員	3．地方議会議員	4．地方団体首長
A.国会議員（上院・下院）	上・下院両方の兼職は不可 *CE：LO.137条* *CE：LO.297条*	兼職不可 *CE：LO.137-1条* *CE：LO.297条*	・国会議員は以下のうち1つの議員のみ兼職可：州、コルス、県、パリ、人口3500人以上のコミューン *CE：LO.141条* *CE：LO.297条* ・小規模コミューン、大都市の区、広域組織はさらに可	・国会議員は以下のうち1つのみ兼職可：州、コルス、県、パリ、コミューン、大都市の区の首長 *A3＋D4から* ・広域組織はさらに可
B.欧州議会議員	A—2．参照	＊	A—3．と同様 *2003／4改正*	A—4．と同様 *2003／4改正*
C.地方議会議員	A—3．参照	B—3．参照	・次の地方議会の議員のうち2つまで兼職可：州、コルス、県、パリ、コミューン（規模に拘わらず） ・大都市の区、広域はさらに可 *CE：L.46-1条*	・次の地方議会議員は他の地方団体の首長を1つ兼職可：州、コルス、県、コミューン、大都市の区 *C3＋D4から* ・広域組織はさらに可。
D.地方団体首長	A—4．参照	A—4．と同様 *CGCT：L.2122-4, 3122-3, 4133-3条*	C—4．3照	・以下の地方団体首長相互間での兼職は不可：州、コルス、パリ、県、コミューン、大都市の区 *CGCT：L.2122-4, 3122-3, 4133-3条* ・他に広域組織は可

〔注〕　1）関係法の条文を筆者がまとめたもの。
　　　 2）*斜体太字*で示した*略号*は　*CE* ＝Code électoral（『選挙法典』）、*CGCT* ＝Code général des collectivités territoriales（『地方団体総合法典』）。
　　　 3）なお、同一類型の職は兼任できない（「水平的兼職」の禁止。たとえば、同時に複数のコミューンで議員になることは不可）。表は「垂直的兼職」が可能な場合を示している。

159

(経過措置は含まない)。着目すべき要点としては、次のようなことになろう。

(ｱ)　地方議会の議員の兼職は２種類の地方団体までに限る。つまり、州議会、コルス議会、県議会、パリ議会、コミューン議会のうち、異なる種類の議会議員を２つまで。

(ｲ)　地方団体の執行部の長（首長）は１つだけに限る。つまり、メール、県知事（＝県議会議長）、州知事（＝州議会議長）のうち１つのみ。

表の示すところを注意深く読むと、たとえば、下院議員が同時に県議会議長（＝知事）と小規模な（人口3500人未満）コミューンの議員（首長は不可）を兼任したり、上院議員が小規模コミューンの首長と州議会議員（議長は不可）を兼任するといったことは、今でも可能である。また、パリは「県」でも「コミューン」でもないという特殊な性格を持つので、パリ議会とどこかの県議会と、２つの議員を兼任することは法的に可能であるとされる。実際にシラク大統領は、かつて出身地たるコレーズ県の議員とパリの議員とを兼任していたことがあり、国務院は、それを選挙法典第L.208条（複数の県議会における議員の兼任を禁止する規定）には違反せず適法だと判断している[11]。

また広域行政組織は、性格上も地方団体そのものではなく、複数の地方団体が共同して設立する公施設法人（特別な公法人）であり、その首長の地位は間接公選によるものでもあるから、この制限には関係がない。広域行政主体としての性格上、いわば当然でもある。またコミューンの助役、州や県の副議長への就任も「首長」の制限とは関係がない。

なお、2000年改正の当時、ジョスパン内閣が国会に提出した法案では、国会議員と地方団体の首長との兼職禁止まで盛り込まれていたが、中道・右派とくに上院が強硬に反対し、政府案は修正されたといういきさつがある。したがって、現在でもなお、「上院議員―メール」や「下院議員―メール」は

---

11) CE, 14 mars 1980, AJDA, 1980, p.531.

健在である。また上記に事例を示したとおり、国会議員は、たとえば県か州の議員いずれか1つに加えて、人口規模の小さな（3500人未満）コミューン議会の議員なら兼職できる。また、兼職制限を免れるために、従前は「下院議員―メール」であった有力者が「助役」（筆頭）に自発的に降格して影響力を維持し続けることも、政治的立場を問わず行われている。

　新しい公職に挑戦して当選するなどの事情によって法律で禁止されているような兼職の状態に至った者は、それが国会議員と欧州議会議員との間での兼職である場合には直ちに、それ以外の場合は30日以内に、いずれかの公選職を辞任しなければならない。自ら選択しない場合には、国会と欧州との間では直近に就任した職が、欧州や地方団体間の場合は最も古くに就任した職が、それぞれ自動的に剥奪される。なお、欧州や地方団体間の兼職禁止の場合で、本人が直近に当選した職を辞任することを選択する場合は、最も古くからの職も併せて自動的に剥奪され、自動的に2つの職を失うものと規定されている。これによって、名簿式投票制のコミューンで、当選しても議員に就任するつもりがもともとない候補者が、売名行為、地盤固め、自らの人気をテコにした自党派の得票増などのために、名簿上位で立候補して、見事当選したら辞任し自党派名簿での次点候補に席を譲るなどという、選挙利用はしにくくなっている。

　また、州、コルス、パリ、コミューン、大都市の区の場合は、党派名簿によって選挙が行われることに伴う例外的な仕組みも設けられている。すなわち、既に当選している者の死亡などによって、次点であった者が繰り上げ当選すると兼職制限に抵触するという場合、当該次点者は、繰り上げの原因が生じた日から30日以内に、辞任すべき職を選択する。その選択が期日までになされない場合には、名簿上でその者の次に記載されている者が繰り上げ当選する（法律第2002-276号〔2002年2月27日〕により改正された後の選挙法典第L.270、272-6、360の各条参照）。

3－1－2節　兼職の状況：巨視的な観察

　実際には、公選職の兼任は、どのような状況になっているのだろうか？ここでは、マクロ的にまとめたデータを見よう。1980年代終わり頃までの状況については、邦語でも佐川泰弘氏による論文「フランスの中央—地方関係：公職兼任を中心にして」[12]があり、その中でデータも紹介されている。ここでは、その後の状況を知るために、まず公式のデータとしては、一昔前（1994年10月）に国会下院の政治資金に関する作業部会がまとめた報告書（Doc. d'inf. n. 60/94）に掲載されたものが、選挙関係法令を法典化した出版物である『選挙法典』の中に紹介されているので、それをもとに〔表-3-2〕を作成した。

　また地方議員の立場同士での兼職の状況についても、上記と同じ1994年の

〔表-3-2〕国会議員の公選職兼任状況（1994年10月現在）

区　　　分	上院議員		下院（国民議会）議員	
		全321名中		全577名中
欧州議会議員	0名	0%	4名	1%
州議会議員	29	9	89	15
県議会議員	127	40	248	43
パリ議会議員	6	2	—	—
大規模（人口2万人以上）コミューンの首長	29	9	83	14
大都市（人口10万人以上）の助役	1	0	6	1
合計	192	60	430〔注2〕	75

〔注〕　1) J.-Y. Vincentほか編 "Code électoral"（選挙法典）(Litec, 2002)、p.182に掲載されたデータを転記して表にまとめた。原資料に格別の説明はないが、同一人物による地方議員の兼職を重複して勘定していると推測されるので、「合計」は「延べ」での兼職数と思われる。
　　　2) 元のデータでは、この合計欄に450という数字が記されている。単なる印刷ミスか、それとも内訳の方が間違っているのか、判定しがたいので、ここでは内訳は正しいとして、内訳を合計した数字（430）を記している。

---

12) 櫻井陽二編著『フランス政治のメカニズム』〔1995年、芦書房刊〕の第4章。

データが、やはり『選挙法典』(53頁) の中に示されている。それによると、州議会議員では、県議との兼職が299人、パリとの兼職20人、人口2万人以上のコミューンのメール兼職が42人。県議会議員では、パリとの兼職は1人、同上規模コミューンのメール兼職が260人(うち何人が「州」の議員も兼ねているかは不明)といった状況にあった。人口2万人以上のコミューンは当時の総数でも約400程度しかないから、その概ね4分の3では、州議会か県議会の議員が兼職によってメールにも就任していることになる。〔**表-3-2**〕で、上下両院の議員による同規模コミューンのメール兼職は合計112人であり、そのうち何人が州や県の議員を兼職していたかが分からないので、純計での数字は不明であるが、いずれにせよ、こうしたデータから、メールの立場にあることが、国レベル、広域レベルでも大きな政治的影響力を獲得するのに、非常に重要であろうことが推測される。

　2000年4月の兼職制限強化前で下院総選挙があった1997年時点では、下院議員総数577人中で、公職兼任により、メールが323人(56%)に及ぶほか、県知事(県議会議長)が18人、州知事(州議会議長)が6人、欧州議会議員が13人を数えるという状況にあったというデータがある[13]。

　近年の状況を、上下両院のホームページに掲載されている情報をもとにして、一覧にしてみたのが〔**表-3-3**〕である。地方公選職の区分の仕方は違うが、従前の状況とも大雑把な比較ができる。

　まず、憲法上でも「地方団体代表」(la représentation des collectivités territoriales) と位置づけられている(第24条)上院から見ると、上院議員が地方団体の首長(3大都市の区長を除く)を兼職している数は、コミューンのメールが122人、県知事が35人(100県の3分の1強。副知事〔=副議長=各県ごとに多数〕は39人)、州知事が9人(全26州の3分の1強。副知事〔県と同様〕は10人)で合計166人となる。現在では国会議員が地方団体の首長を兼職できるのは1つのみであるから、この地方の首長職相互に重複

---

13) E.Aubin, "L'essentiel de l'introduction à la vie politique", 〔2003〕, p.105.

163

〔表-3-3〕国会議員と地方公選職の兼任状況（2003年7月現在）

区　分		上院 （全321人中の％）	下院 （全577人中の％）	合計 （全898人中の％）
コミューン	計	122以上 （うち長122＝38％）	365（うち長272＝47％）	511以上 （うち長407＝45％）
	うち3500人未満		76（57＝10％）	
	～10万人		263（205＝36％）	
	10万人以上		26（10＝2％）	
3大都市の区			24（うち長13＝2％）	
県		131（うち長35＝11％） （副39＝12％）	157（うち長18＝3％） （副50＝9％）	288（うち長53＝6％） （副89＝10％）
州		28（うち長 9＝3％） （副10＝3％）	47（うち長 3＝1％） （副13＝2％）	75（うち長12＝1％） （副23＝3％）
総計		延べ281以上 純計260 （うち長・純計166＝52％）	延べ593 （うち長・純計306＝53％）	延べ874以上 （うち長・純計472＝53％）

(出典)　国会両院それぞれのホームページに掲載された情報を、筆者が区分ごとに数え上げるなどしながら、選択し組み立て直したもの。

はなく、上院総定数321人の52％が地方団体の行政執行責任者となっている。この県知事の中には、上院議長でもあるヴォージュ県ポンスレ知事や、全仏県連合会（我が国の全国知事会に相当する連合組織。略ADF）の会長であるアヴェロン県ピエシュ知事、我が国の栃木県と友好提携関係にあるヴォークリューズ県のオー知事などの指導的政治家が含まれる。上院のホームページには、逆に何らの地方公選職も兼任していない上院議員の個人名リストも掲げられており、それを数え上げると、321人のうちで地方公選職を兼任していないのは61人に過ぎない。差し引き兼職しているのは純計で260人ということになる。

　一方、下院（国民議会）での状況については、上院よりも詳しいデータが掲載されている。下院議員（総定数577人）が地方議員を兼職している数は、コミューン議員が365人、3大都市の区議24人、県議157人、州議47人で、単純に総合計すると延べ593人になる。相互には兼職がないはずの首長の数字

第3編　公選職への人材調達

を見ると、メールが272人、3大都市の区長が13人（計37区の3分の1強）、県知事が18人（全100県の2割弱。副知事は50人）、州知事が3人（全26州の1割強。副知事は13人）で、合計306人。これらの兼職者とくにコミューンのメールの中には、すでに本書で具体的な選挙の事例を取り上げた多くの国・地方を通じる指導的な政治家が含まれる。州知事には、ブルゴーニュ州ソワソン知事、ローヌ・アルプ州コンパリーニ知事（女性）、県知事には、我が国の大阪府と友好提携関係にあるヴァル・ド・ワーズ県のセリエ知事などが含まれる。

　このような現状を見ると、2000年春の法改正によって兼職制限が強化された後でも、兼職が大幅に減少しているわけではない。国会下院では、2002年総選挙後で、総数577人中の半数にあたる285人がメール（大都市の区長を含む）を兼職している。確かに1997年時点よりは1割強ほど減少しているが、実際には、形だけ「助役」（筆頭）に降格したに過ぎないケースも多い。2001年秋に3分の1の改選があった上院では、議員がメールをしている割合は38％で下院より低いが、助役まで含めてコミューンでの執行部メンバーを兼職している割合を見ると61％にも達しており、前回改選後の1998年秋時点での53％をむしろ上回ってすらいる[14]。

　下院のデータでは、コミューンの人口規模別の区分も示されている。人口10万人以上という主要都市だけで見ても、10都市が「下院議員—メール」の手中にある。その他でも、上院の情報を仔細に点検すると、筆者が確認できた範囲でマルセイユ、リヨン、ニースなど6都市が、「上院議員—メール」を頂いている。人口10万人以上の都市は全国で37都市しか存在しないから、結局、その4割強（16都市）が国会議員兼職のメールになっている。さらに本書で見てきたように、現在は兼職状態でない都市でも、たとえばリールのオブリのように下院選挙に挑戦しながら苦杯をなめた市長や、筆頭助役の補充人に回ってペアで立候補しながら落選したストラスブールのケラー市長な

---

14) Ditto., p.108.

どがいる。主要都市のメールを兼職することは、党派的な立場如何に拘わらず、国政においても指導的な立場に立とうとする政治家にとって、むしろ「普通」になっていることが、こうした「失敗」事例からも伺われる。

さらに、下院では、地方でコミューン議員を含む2つ以上の公選職を兼任している下院議員名が公表されており、それを見ると、下院議員でコミューン・レベルと県との両方を兼職している者が72名、コミューン・レベルと州との両方を兼職している者が13名という状況になっている。それらの下院議員（合計85名で下院議員総数の15％ほど）の大部分は、コミューン・レベルの首長（メール）と、県か州の議員（首長ではない。「副」のケースがありうるが、データには明記されていない）とを兼職している。ただ、以前のデータ[15]と比較して見ると、データのある1988年時点で、上院議員で地方の職と何らかの兼任をしている者は83％で、うち3つ以上兼職している者が47％、下院議員では兼職者が90％で、うち3つ以上兼職が40％であったから、現在では、制度改正からして当然ではあるが、1人が兼任する公選職の数は大幅に減少しているとだけは言える。

こうしたデータが全体として示すところを見れば、兼職制限が法律上では相当に強化された今日に至るもなお、国会議員にとっては、コミューンの首長職を中心に地方の公選職を兼任することが、むしろ通常であり、兼職しない方が例外になっている。公選職の兼任によって、「政治家からすれば地方のポストを持つことで、人々の信頼を得ることができる。地方のポストは、より上位の公選職への進出やその再選を目指す際の跳躍台として、あるいは敗北した場合の一時退却の陣地として役立つ」[16]ことは、今日に至るも変わらない。そればかりでなく、筆者は、さらに兼職が、政治指導者たちの調達、選抜、育成・訓練、能力評価など、多面的な役割を持っていることに注目しているが、この点については後述することとしたい。

---

15) Ditto, p.105.
16) 佐川、前掲書、p.128.

第3編　公選職への人材調達

第3—2章　政治家たちのたどる道筋

　現在のフランスにおける主要な政治指導者のうちから、その経歴が選挙制度や公職兼任など政治の世界への人材調達について理解するうえで参考になるという観点から、いくつかのタイプごとに選び出してみる。各人の経歴のうちで主要な新規出発点を中心に一覧にした（以下「道筋一覧表」と呼ぶ）のが、〔**道筋表-X**〕である。表に記載してあるのは、筆者が調査した2003年現在での年齢や役職、その時点に至るまでの経歴であり、情報源は公刊されている"Le guide du pouvoir"などに依拠している。本文中のコメントも、一部の例外を除いて、2003年時点での内容に止めているので注意されたい。

3—2—1節　高級官僚から政治家へ：エリート・コース
(1)　シラク大統領：代表的エリート・コース

　まず大統領ジャック・シラクの辿ってきた公選職等を〔**道筋表-1**〕で観察しよう。戦後フランスでの典型的な高級官僚養成のエリート・コースたるIEP（略称「シアンスポ」）からENA（国家行政学院）へという進路を進み、ENAでの成績が最上位の者たちが希望すると言われる会計監査院（Cour des comptes）に入っている。

　その後、内閣官房などへ出向して経験を積んで後、主任会計監査官への昇格と前後して、まずコミューンから公選職に就任。すぐに下院に挑戦する機会を得て、35歳で見事に当選。「政府」（gouvernement）入りも同時期と早く、政務官や特命担当大臣を30歳代からこなしている。その一方で、地元（中央山地のコレーズ県で、人口は現在約23万人）の県議会にも議席を得て、38歳で議長（現行地方制度となる以前で、まだ官選県知事が県行政の執行機関であった時代の県議会）に就任し、経験を多様化しつつ、地盤を強化している。ジスカール・デスタン大統領のもと、42歳にして1回目の首相就任。44歳で「シラク派」とも呼ばれるRPR（共和国連合）を旗揚げ。パリ市長にも就任して、一層の政治的基盤の強化を進めている。未経験の公選職は、

上院（下院との兼任は禁止）と州議会（首相を経験した後に発足）だけといっ、幅広い経歴を積んでいる。

(2) 「左」でも代表的エリート・コースは「高級官僚から政治家へ」
　　―ファビウス元首相とオブリ元雇用・連帯相―

このような文字通り絵に描いたようなフランス的エリート・コースを歩んでいるのは、シラク大統領だけでも、保守系の人々ばかりでもない。社会党員でも、シラク大統領のもとで「左右共存」し左派連立内閣を担った元首相ジョスパン、ミッテラン大統領のもとで弱冠38歳にして首相に就任したファビウス、ジョスパン政権での花形閣僚たる雇用・連帯相として勇名を馳せたオブリ女史（リール市長。1－3－3節参照）、など、主要幹部の多くが同様のコースを辿っている。

〔道筋表-1〕シラク大統領の道筋一覧表

1932生	20＞30　　　＞40　　　＞50　　　＞60　　　　　　＞70～2003年71歳
学歴	(22)'54IEP（シアンスポ）卒
職歴	(27)'59ENA卒＞会計監査官＞内閣官房付 (30)'62首相官房付 (33)'65主任会計監査官
コミューン	(33)'65議員～'77、のちパリ市長
県	(36)'68議員 　　(38)'70議長～(47)'79　＊〔注〕パリ市長とも兼任 　　　　(45)'77パリ市長　～(63)'95
州	―
国会	(35)'67下院＞　　　連続当選（～'95大統領就任まで）
欧州	(47)'79議員～'80
党	(42)'74UDR幹事長 　　(44)'76RPR創立＝党首～(62)'94
政府	(35)'67政務官2回（雇用、経済財政担当） 　　(39)'71特命相（国会調整） 　　　(40)'72農業相、(42)'74内相 　　　　(42)'74首相～'76 　　　　　　(54)'86首相～'88 　　　　　　　　(63)'95大統領～(70)'02再選～

第3編　公選職への人材調達

まずファビウスとオブリの辿ってきた道筋を示す。いずれも一目瞭然である。シラク同様、地方での政治経歴を積み上げることと、国会議員となった

〔道筋表-2〕ファビウス元首相の道筋一覧表

1946生	20　＞30　　　＞40　　　　　　　　＞50　　　　　　　～2003年57歳
学歴	(22)'68IEP（シアンスポ）卒
職歴	(25)'71ENA卒＞国務院
コミューン	(31)'77助役～　　　　　　　　　(49)'95市長～'00筆頭助役　　～
県	(54)'00県議　　　～
州	(35)'81議長～'82、　'92議員～'95
国会	(32)'78下院＞連続当選　　　　　　　　　　　　　　　～ (42)'88下院議長～'92　(51)'97下院議長～'00
欧州	(43)'89議員～'92
党＝ 社会党	(28)'74入党 (33)'79書記長、　'92書記長、'95下院議員団長
政府	(33)'79大統領官房長 (35)'81特命相（予算） (37)'83産業・研究相 (38)'84首相～'86 (54)'00経済財政産業相～'02

〔道筋表-3〕オブリ女史（リール市長）の道筋一覧表

1950生	20＞30　　＞40　　　　　　＞50　　　　　　　～2003年53歳
学歴	(22)'72IEP（シアンスポ）卒
職歴	(25)'75ENA卒＞労働省、国務院 (31)'81労働大臣官房、社会問題・雇用大臣付など
コミューン	(45)'95リール市筆頭助役　(51)'01リール市長　　～
県	－
州	－
国会	(47)'97下院初当選　(52)'02下院落選
欧州	－
党	(50)'00党中央執行委員 (52)'02大統領選政策責任者
政府	(41)'91労働・雇用相～'93 (47)'97雇用・連帯相～'00辞任（＞市選挙準備）

り、中央政府で極めて重要な役割を得たりすることが、同時並行している。国政と地方政治との公職を兼任することが、選挙地盤の強化と責任ある立場の経験という両方の機能を果たしている。

(3) ロワイヤル女史とオランド書記長の場合
―急速に台頭してきたオシドリ・パートナー政治家―

一時期はフランスではじめての女性大統領候補の呼び声が高かったが2002年の国会下院議員選挙で落選して輝かしかった政治経歴に傷がついてしまったオブリ女史に代わって、社会党内で近年になって急速に台頭してきたロワイヤル女史の場合を見よう。ENA卒業後、行政裁判所勤務を経て、ミッテラン時代の大統領府に移り、ほどなく35歳で国会下院初当選。その後に、市議会、県議会にも議席を得て、幅を広げる。

パートナーたるオランド書記長（後述3―3―7節参照）とのオシドリ政治家で、公式の結婚はしていないが4人の子供がおり、子育てしながらの政治活動も国民的な人気の要因になっていると推測される。39歳にして環境相に抜擢され、その後も、政府においては教育・科学や家族・児童問題を担当

〔道筋表-4〕ロワイヤル女史（元環境相）の道筋一覧表

1953生	20　　＞30　　　＞40　　　　　　　　＞50　　2003年50歳			
学歴	IEP（シアンスポ）卒			
職歴	(27)'80ENA卒＞パリ行政裁判所 　　(29)'82大統領府環境問題・都市問題・社会問題担当など			
コミューン	(36)'89市議　　～'95			
県	(39)'92県議　　　　　　　　　　　　～			
州	＊(51)'04～州議会議員＆議長			
国会	(35)'88下院初当選　　　　　　　　　　～			
欧州	―			
党	(41)'94党全国総会議長～'95 　　　　　　　　　　　　　　＊国会下院議員団副団長			
政府	(39)'92環境相～'93 　　　　　　　　(44)'97教育・科学技術担当相～'00 　　　　　　　　　(47)'00家族・児童担当相～'02			

170

する一方で、社会党の幹部としての任務にも就いて、党内での地歩を築いてきた。

とくに2004年の州議会選挙では、自らの地元ではないにも拘わらず、当時の保守系現職首相であったラファランのお膝元たるポワトゥ・シャラント州（Poitou-Charentes＝州都はポワティエ。ラファランは、首相に就任する以前は長く同州の議長＝州知事であった）に乗り込み、連立左派を率い立候補して勝利。選挙において左派の名簿筆頭であったから、その後の新州議会で議長＝州知事に互選された。同選挙での左派圧勝（0－2－6節参照）の象徴的な存在として、全国から注目を浴びたのであり、こうした地方政治の場での活躍も、国民的な人気上昇に繋がった。

(4) 県地方長官（官選）から県知事（公選）＆下院議員へ

伝統ある地方長官（préfet.「プレフェ」）経験者で現在は下院議員という者には、たとえば2002年総選挙で「社」から初当選したマルタン現ジェール県知事がいる。マルタンの場合は、ENA出身ではないが、大臣の側近とし

〔道筋表-5〕マルタン元地方長官・現県知事の道筋一覧表

1953生	20＞30　＞40　　　　　　　　　　＞50～2003年50歳
学歴	大学院卒
職歴	(29)'82建設相付き官房課長、国防相付き参事官、予算相付き官房課長 　　　(40)'93ジェール県地方長官 　　　　(41)'94ランド県地方長官 　　　　　(44)'97ファビウス下院議長付き審議官
コミューン	－
県	(45)'98「社」ジェール県議 ＝(45)'98ジェール県知事　　　　　　～
州	－
国会	(44)'97「社」下院（ジェール県選挙区）落選 　　　(49)'02同上初当選　　　　　～
欧州	－
党	－
政府	－

ての職歴を積み重ね、地方長官に就任。その頃から「社」ファビウス元首相に近くなり、地方長官としての任地であったジェール県から44歳で下院に挑戦したが落選。翌年、県議会に挑戦して当選、直ちに余勢を駆って議長（県知事）にまで選任された。2002年には下院にも初当選。なお、プレフェとしての任地であった地域の選挙区から下院や県議会に出馬するには、離任後少なくとも3年以上経過していることが必要である（選挙法典第LO.131条）。

3―2―2節　地方からの叩き上げ
(1)　ラファラン首相：「現場」の代表

「左」「右」とも有力政治家に高級官僚出身が多い中で、民間企業から政治の世界に進み、地方での政治経歴を基礎に中央での立場を築き、ついに首相の座を射止めたのがラファランである。大学では法学士。大学院でマーケティングやコミュニケーション論を専攻。民間企業に就職。その後、当時の労働問題担当政務官付きに採用されて、広報関係業務に従事している間に、出身地であるポワティエの市議となって、政治の世界に踏み出した。

さらに〔道筋表-6〕のとおり、州議を兼任して頭角をあらわし、40歳で州議会議長に就任。さらに政党の要職や欧州議会議員を重ねることによって、中央政界への道筋を開き、47歳でジュペ内閣の中小企業相（商業、熟練工関係を担当に含む）に就任。さらに上院議員に加えて、全仏州連合会（州知事の会）の会長となって、中央での発言力を強めた。2002年の大統領選挙での功績もあって、有力候補がひしめく中、多くの国民から「ラファランって誰？」などとも言われながら、シラク大統領から首相に指名されるに至った（その後、2004年に辞任）。

その学歴から民間企業では初めから管理職であったが、政治経歴の面から見れば、地方からの「叩き上げ」であるから、首相就任時以来、「現場」(terrain＝「土地」に密接に結びついたイメージのコトバ）という表現が、「現場の人」(homme de terrain)、「現場の代表」(élu de terrain) などという形で自他ともに用いられ、これまで連続して首相を務めてきた高級官僚出

第3編　公選職への人材調達

〔道筋表-6〕ラファラン首相の道筋一覧表

1948生	20　　＞30　　＞40　　　　＞50　　　　　～2003年55歳
学歴	(24)'72ESCP(パリ高等商業)卒
職歴	(25)'73民間管理職～'76 　　(28)'76労働担当政務官付き～'81 　　　　(33)'81民間企業幹部～'89
コミューン	(29)'77議員(ポワティエ)～'95 　　　　　(47)'95助役(別コミューン)～'01
県	—
州	(40)'88州議長～'02 　　　　　　(50)'98全仏州連合会会長～'02
国会	(49)'95上院～'02首相就任で辞任
欧州	(41)'89欧州議～'95
党	(45)'93UDF 広報担当副幹事長 　　　　(47)'95UDF 幹事長、政策委員 　　　　(49)'97DL 副党首
政府	(47)'95中小企業相～'97 　　　　　(54)'02首相　　～

身者たちとの違いが際立たせられた。

(2) サルコジ内相（副首相）：弁護士のプロ政治家

　現在のフランス政界の中で活躍ぶりが際立っている閣僚に、サルコジ副首相兼内相がいる。学歴としては高級官僚養成コースであるIEP（シアンスポ）を卒業しているが、そこからENAには進まず、直ぐに弁護士となった。もともと大学在学中（21歳）からRPRに参加し、翌年市議に当選して、政治への志を明確にしている。地元はパリに隣接する高級住宅地ヌイイ市（Neuilly-sur-Seine．人口約5万9千人）。すぐに周囲に認められ、2回目の市議選後、市長に就任（28歳）。長年にわたり市長を務めてきたが、内相就任を機に「特別助役」なる立場に移っている。

　コミューンの掌握を足場にして、県議、州議を経験し、10年あまりの基盤づくりが奏効して、33歳の若さで下院初当選。地方行政の現場での責任ある立場の経験と、その実績によって高まった評価とが、国政に繋がるという代

173

〔道筋表-7〕サルコジ内相の道筋一覧表

1955生	20	>30	>40	～2003年48歳
学歴	(23)'78修士 (26)'81IEP（シアンスポ）卒			
職歴	弁護士			
コミューン	(22)'77議員 (28)'83市長～		'02特別助役に	～
県		(31)'86副議長～'88		
州		(28)'83議員～'88		
国会		(33)'88下院初当選		～
欧州			(44)'99欧州議～のち兼職制限で辞任	
党	(21)'76RPR 参加	(35)'90RPR 副幹事長 (43)'98RPR 幹事長		
政府			(38)'93～予算相、広報相 (47)'02内相	～

表的な事例と言ってよいだろう。下院当選後は、政党の役職（RPRの副幹事長等）を経て、38歳で初の大臣就任。その後は、幹事長など政党の要職を経験していたが、2002年のラファラン内閣発足に際し、（首相という呼び声も高かった中で）内務大臣に就任（47歳）し、最重要課題であるとされた地方分権改革や治安向上・交通事故撲滅などに精力的に取り組んだ。

　サルコジの場合、学歴は高学歴、職業は弁護士で、その意味では社会的にはエリートである。しかし学生時代からの経歴を見れば、「政治」をいわば「天職」として選択し、官僚ではない道筋を通って政治の世界へと進んでいる。志と資質豊かな素材が、度重なる選挙の先例を受けながら、若いうちから実際に行政責任を担い、地方政治の現場から叩き上げられて鍛錬・育成され、エリートへと磨き上げられた「プロ政治家」とでも表現できよう。その意味では、ラファランと類似している。コミューンから始まって、県、州、国会、欧州、政党に政府と、すべての範疇に関係しており、制度上で兼職できない上院以外は40歳代までで経験済み。残るは首相と大統領。その意味でも、特に近い将来が注目されるプロである。なお、ここに掲げた道筋表の時点以降、経済・財政・産業相を経たのち、2004年からは、ド・ビルパン内閣

第３編　公選職への人材調達

で副首相兼内相かつ保守党 UMP 総裁を兼ねており、着々と大統領への道筋を歩み続けている。

(3) ドゥルヴォワ公務員・行政改革・地域整備相：文字どおりの叩き上げプロ政治家

ラファラン内閣の大臣のうちで、もっとも「地方からの叩き上げ」らしい道筋を辿ってきたのが、ドゥルヴォワ公務員・行政改革・地域整備相だろう。同氏の場合、出身地は仏北部の鉱工業地帯たるパ・ドゥ・カレー県のバポーム（Bapaume．人口約 6 万 2 千人）。一般に公表されている情報媒体には、大臣としての公的なホームページも含めて、学歴が掲載されていない。職歴も農業に関係した企業の幹部とある程度で、会社の固有名詞等は書かれていない。

政治経歴を見ると、33歳で地元県議会議員当選、35歳で地元コミューンの首長に就任している（議員になった時期は不明）。39歳で下院議員当選。次の総選挙では、86年選挙で破った「社」元職（その後、今日まで同一人物が当選し続けている）に雪辱されて落選。全国に向けて大きく前進したのは、

〔道筋表-8〕ドゥルヴォワ公務員・行政改革・地域整備相の道筋一覧表

1947生	20　＞30　　＞40　　＞50　　　　　　　　　　～2003年56歳
学歴	不明
職歴	民間企業幹部
コミューン	(35)'82地元首長～　　　　　　　　　　　　　'02筆頭助役に　～ (45)'92AMF（全仏メール会）会長～'02大臣就任で辞任
県	(33)'80議員～'01
州	―
国会	(39)'86下院初当選～'88 (45)'92上院議員　　　　　　　　　～'02大臣就任で辞任
欧州	―　　　　ただし(52)'99選挙でRPR-DL連合名簿の最後尾の候補
党	～(53)'00RPR県幹事長 (52)'99RPR全国書記（地方分権担当） (52)'99RPR党首選挙に立候補（落選）
政府	(55)'02公務員・行政改革・地域整備相　～

1992年（45歳）で、まず9月に上院議員に当選。11月には全仏メール会（我が国の全国市長会と全国町村会を合わせたものに相当）の会長に選出されて、3万6千もの数のコミューン全体の代表者として、国政上でも大きな発言権を持つようになった。その後も1999年にはRPRの党首選挙に出馬するなど、さまざまな局面での果敢な挑戦によって我が道を切り開いてきたことが、同氏の身上であろう。2002年のラファラン内閣組閣に当たって、ついに大臣に就任。堂々たる体躯もあって、政治家としての気迫にあふれている。

⑷ エイロー・ナント市長：ドイツ語教員で議員・市長・下院「社」議員団長に

左派の中で、地方からの叩き上げと言えるのが、ナント市長エイローである。元来は地元ナント大学卒のドイツ語教員。若いうちから県議（26歳）となり、その翌年の統一地方選挙で人口4万人ほどのコミューンの首長に就任。地方政治での経験を足がかりにして、86年総選挙で下院初当選。その後、地元の中心大都市ナントに転じ、市長に就任。社会党では、国・地方を通じる議員全国連盟の会長、幹部会メンバーを経て、97年以来、下院の議員

〔道筋表-9〕エイロー・ナント市長の道筋一覧表

1950生	20　　　　＞30　　　　＞40　　　　＞50　　　～2003年53歳
学歴	(22)'72文学士
職歴	(23)'73教員（ドイツ語学）～'86
コミューン	(27)'77議員、(33)'83首長（サンテルブレン）～'89 (39)'89ナント市長　　　　　　　　　　　　～ (45)'95全仏大都市市長会会長～'97
県	(26)'76県議～'82
州	―
国会	(36)'86下院初当選　　　　　　　　　　　　～ (47)'97社会党下院議員団長　～
欧州	―
党	(42)'92社会党議員全国連盟会長 ～(47)'97党幹部会メンバー
政府	―

第3編　公選職への人材調達

団長として、社会党の国会活動を率いている。現在は野党の下院リーダーとして、しばしばマスコミにも登場しているが、今後、社会党が政権に復帰する時があれば、入閣は確実であろう。

(5) ピエシュ全仏県連合会会長（アヴェロン県知事）：地方の代表

最後にもう1人、地方を地盤にした政治経歴を積み、中央政府の大臣も経験しつつ、全仏県連合会（我が国の全国知事会に相当）の会長かつ上院議員として、地方団体の声を代表して活躍したアヴェロン県知事ピエシュの道筋を見よう。アヴェロン県は、中央山地地域にある人口26万人ほどの県である。ピエシュは20歳代で県議となり、34歳で県議会議長（地方分権改革前で官選知事の時代）に就任。さらに州議、コミューンの首長を経験し基盤を拡げる中で、国政への途が開かれ、上院議員に当選。89年には、我が国の全国知事会に相当する全仏県連合会（ADF）の会長となり、上院議員であることと併せて、地方の声を代表する極めて重要な立場に就く。そうした基盤の上に、中央政府で農業相（バラデュール内閣）、公務員相（ジュペ内閣）を歴任してもいる。

〔道筋表-10〕ピエシュ全仏県連合会会長（アヴェロン県知事）の道筋一覧表

1942生	20＞30	＞40	＞50	＞60～2003年61歳
学歴	修士(物理学)			
職歴	教員			
コミューン		(35)'77首長		～
		(41)'83県メール会会長		～
県	(28)'70県議～現在			
	(34)'76議長～地方分権改革後は公選知事に			
		(47)'89全仏県連合会会長	～	
州	(31)'73州議	(41)'83筆頭副議長～'86		
国会	(38)'80上院		～	
欧州	―			
党			(51)'93政策委員ほか	
政府	(32)'74政務官（住宅問題担当）付き			
			(51)'93農業相、(53)'95公務員相	

第3—3章 一般被用者の公選職進出に際しての法的身分保障

3—3—1節 給与所得者や公務員の公選職への就任

　前章で、主要政治家のさまざまな道筋を観察してきたが、その中で特に注目されるのが、子供時代からの厳しい競争に打ち勝って高級官僚（haut fonctionnaire. 邦語の語感では戦前の「高等官」に近いように感じられるので、以下ではそちらも用いる）の座をようやく射止めた人物が、ほどなく、極めて若いうちに、コミューンなど「地方」の選挙に打って出ていることである。折角手にした公務員世界での超特急指定席券を地方議員就任のために「捨てる」などということが、そんなに多くありうるのだろうか？　我が国の関係者から見れば、そういう疑問が湧くであろう。例示したのは選挙に出馬して運よく成功したので今日有名な政治家になっている人たちだけであり、当然、高級官僚出身でも選挙に敗れる人があるのは、2002年下院総選挙で苦杯をなめたオブリ女史（リール市長）を見れば分かる。

3—3—2節 国会議員の職業構成

(1) 下院議員の職業構成

　〔表-3-4〕に、2003年8月時点の国会下院における議員の職業構成を示した。職業分類に「公務員」があり、それが89人、構成割合にして15％ほど

〔表-3-4〕下院議員の職業構成（2003年8月現在）

区分	議員数(%)	区分	議員数(%)
農業	17(2.9)	管理職（技術系含む）	113(19.6)
被用者	29(5.0)	教員	73(12.7)
企業主	51(8.8)	公務員	89(15.4)
ジャーナリスト	8(1.4)	自由業	118(20.5)
労働者	3(0.5)	その他	76(13.2)
		合計	577

（出典）仏国会下院ホームページ

になっている。我が国での常識からすれば、この国会議員たちは元「公務員」であると推測することになる。フランスでも、この分類の中に「元」の公務員が確かに含まれるが、実は大多数は、まだ「現職」すなわち公務員としての身分を失っていない人々である。それがフランスの選挙制度の顕著な特色になっている。

そのうち国・地方の正規の公務員（一部退職者を含むが、多くは「現役」）では、まず「高等官職団」（grands corps）に属する国家公務員が31名で、「社」ではファビウス元首相、グラヴァニ元農相、ギグー元雇用・連帯相、オランド書記長、そしてロワイヤル元環境相など、保守系ではジュペ元首相（ボルドー市長）、ソワソン前ブルゴーニュ州知事など、また、「地方長官」（préfet）の経験者も少なくとも3名が、この時点では、この分類に含まれている。その他には、一般上級Aカテゴリー（高等教育免状レベル〔大卒等〕で企画・管理が任務）が28名、B（大学入学資格獲得レベル〔高卒で大学入学資格試験〈バカロレア〉合格〕で施策の実行が任務）が8名、C（職業教育免状取得レベルで事務補助や労務が任務）も2名いる。また地方公務員も、少なくとも10名（地方のAが7名、B2名、C1名）が含まれる。

下院による分類では、公務員でも、大学や小・中・高の「教員」（フランスでは公教育の教員は国家公務員）は別扱いになっている。「教員」の中には、保守系では、DL（中道）の大統領候補であったバイルー（大学教授）、ルーアン市長のアルベルティニ（大学教授）、「社」では、ナント市長で下院「社」議員団長のエイロー（高校教員）、ラング前国民教育相（大学教授）、ストロスカーン元蔵相（大学教授）などがいる。

(2) 上院議員の職業構成

「地方団体の家」とも言われる上院の場合でも、その議員に多くの公務員や教員を含むことに変わりはない。上院ホームページの分類では、総定数321人のうち「公務員」に分類されている議員を数え上げてみると、「高等官」（上記の haut fonctionnaire）が30人、「その他」が18人、「退職者」が7人で、合計55人。すなわち上院議員も17%ほどが、退職者を含めた「公

務員」となっている。「高等官」のうちには、ポンスレ上院議長（地元県の知事かつコミューン議員も兼任）やヴォークリューズ県のオー知事など、「退職者」には、1980年以来長い間、地方財政委員会（Comité des finances locales）の委員長であったフルカド議員（コミューンの現職メール、元大臣ほか、地方公選職多数も経験）などが含まれている。

3－3－3節　民間被用者や公務員の政界進出に際しての法的な身分保障

　我が国との差異を際立たせるため、現職の公務員の場合を代表的な事例として取り上げたが、実は、ここにフランスでの選挙制度の仕組みと特色を理解し、その政治動態を観察する上で、不可欠なポイントの1つがある。「職業としての政治」の世界への人材調達の観点から、フランスについて特に注目されるのが、一般の給与所得者や国・地方の公務員が、法律による身分保障の制度に支えられて、民間企業被用者や公務員としての身分を維持したまま公職選挙に立候補し、実際に当選している（もちろん落選もある）ことなのである。シラク大統領をはじめとして、官僚の世界に留まっていればスピード出世したであろう人材が、若い頃からコミューン議会など地方の選挙に出馬して政治家としての道筋を進むことができるのは、法的な身分保障措置あればこそと言ってよい。

　そうした人々は、幸いにして当選して公選職に就任して以後も、もともとの民間被用者や一般公務員としての身分を失わない。不運にも落選した場合や、当選しても以後の選挙で落選した場合は、また、被用者として元の企業組織や、公務員として行政組織の中に戻り、従前のような業務や公務に従事できる。それが法律で保障されているのである。

3－3－4節　民間の被用者の場合

　まず民間の被用者についてみると、『労働法典』（Code du travail）の中に身分保障等の規定がある。同法典第L.122-24-1条で、雇用主は、被用者が国会（上下両院）議員の候補者となった場合には、選挙運動を行えるよ

う、最大20日分の休暇を認めることが義務づけられている。この休暇を取得しようとする場合は、毎回、休暇開始前24時間以前に、雇用主に通告をする。この休暇による不在を理由として、その後の年次休暇や昇進等に際して計算基礎になる在職期間を縮減されることはない。

同第L.122-24-2条では、当選して国会議員となった場合は、雇用契約は、その選挙職の任期が切れるまでの間、一時的に休止される旨が規定されている。任期切れの後は、再選され公選職への就任が継続する場合は、契約の休止状態が継続する。再選されず当該被用者が復職しようとする場合は、任期切れ後、遅くとも2ヶ月以内に、その意思を雇用主に通告すれば、その通告から2ヶ月以内に、従前の職またはそれと同等の給与が得られる職に復職できる。在職年数を基礎に決定される各種の特典等については、同じカテゴリーに属する他の被用者と同じ扱いを受ける。

なお、国が季節的または一時的な必要等のために雇用する非正規（non-titulaire）の職員等については、労働法典第L.122-24-3条で、民間企業の被用者に関する上記の規定が準用されている。地方公務員の場合は、自らの雇用主たる地方団体で議員になることはできない（『選挙法典』第L.207条第①項〔県〕、L.231条第③項〔コミューン〕、L.343条第①項〔州〕）。

地方の公選職への就任については、その一部について、『地方団体総合法典』（Code général des collectivités territoriales. 略CGCT）で、労働法典の規定を準用している。すなわち、民間企業の被用者や非正規の公務員が、コミューンの首長（maire）または人口2万人以上のコミューンの助役に就任し、その公務遂行のために元来の職務の遂行を休止する場合は、国会議員就任についての労働法典第122-24-2条および同3条（いずれも上記）の規定が準用される（CGCT第L.2123-9条）。県、州の場合も、議長または副議長に就任する場合は、同様の身分保障規定がある（同第L.3123-7条およびL.4135-7条）。

181

3－3－5節　正規の公務員の場合：「派遣」と「休職」

　正規の公務員の場合は、法令を制定する国等の公権力自身が雇用者であるから、より具体的な措置が法定されている。

　フランスでは、公務員制度には、国家公務員、地方公務員、病院公務員の3種類があるが、それらに共通して正規公務員の権利と義務にかかる「一般身分規程」（statut général）が定められている。地方公務員が自らの雇用主たる地方団体の議員になることはできないなど、『選挙法典』に限定的に列挙されている一部の制限はあるものの、一般身分規程の適用を受ける正規公務員が、その身分を失うことなく公職選挙に立候補することが可能である。当選し、その公選職に就任する場合にも、公務員としての身分を放棄することなく、「派遣」（détachement）または「休職」（disponibilité）の扱いを受け、公選職に就任する間、一般公務員としての職務の遂行から離脱することが認められている（なお、ここに記した仏語の原語には、完全に意味の一致した邦語があるわけではないので、邦語訳自体が我が国の公務員制度上で持つ意味に拘り過ぎないよう留意願いたい）。[17]

　どのような扱いを受けるかは、当該公務員の法的地位と就任する公選職の違いに応じて差異がある。

ア）仏国会議員または欧州議会議員への就任の場合は、「当然に」（en plein droit）「派遣」扱いとなる（国務院〔CE〕1961年11月29日付け283-765号見解〔avis〕。Dalloz版、Code de la fonction publique 2003, p.408, 法第84-16号第45条関係解説）。選挙法典第LO.142条では、下院議員が一般の（選挙によらずに就任する）公職の職務を「遂行」することが禁止されている（ただし大学教授は例外）。当該公務員は、その身分規程の定めるところによって「派遣」扱いになる。同条は上院議員についても準用される（同第LO.297条）。

---

17) ここでの訳語の選択にあたっては、(財)自治体国際化協会刊『フランスの地方公務員制度』第2部〔クレア・レポート第070号、1993年7月〕p.60～に付された「参考資料3：訳語対比表」を参考にしている。

イ)『公務員法典』(Code de la fonction publique) に盛り込まれている公務員一般身分規程 (Statut général des fonctionnaires) の第Ⅰ編から第Ⅳ編が適用される公務員 (＝正規職員) が、首長または人口2万人以上のコミューンの助役、県または州議会の議長 (＝公選知事) または副議長の職務を遂行しようとするときは、その申し出に基づき、「派遣」扱いとする (CGCT 第L.2123-10条、L.3123-8条、L.4135-8条)。

ウ) 正規職員が、上記以外の地方の公選職に就任しようとするときは、その申し出により、現に雇用している当局の判断に基づいて、「派遣」扱いにできる (『公務員法典』第45～48条関係。1985年9月16日付け国務院デクレ第85-986号第Ⅱ部第14条第8号および2002年4月30日付け同デクレ第2002-684号第1条Ⅱ。Dalloz 版、同書、pp.411-412参照)。

こうした「派遣」と異なり、「休職」扱いは、地方公選職に就任する公務員からの申し出に基づいて、その公選職に就任し続ける間、自動的に与えられる (『公務員法典』第51～52条関係。1998年9月16日付け国務院デクレ第98-854号。1985年9月16日付け同デクレ第85-986号第Ⅴ部第47条に併合。Dalloz 版、同書、p.422参照)。

なお「派遣」扱いでは、「休職」扱いの場合とは異なり、原則として、公務員としての「昇進」(avancement) や「退職年金」(retraite) 関係の権利を保持し続ける。ただし、国会や欧州議会の議員に就任している間は、議員として行政府から独立した立場を維持するため、「昇進」は享受しえないのが原則とされる。

3－3－6節　国家公務員の実例

フランスでは、大学等での学業成績が特に優秀なうえ、高級官僚養成所たるENA (「エナ」＝国家行政学院) を修了し、国の行政組織の中枢での実際の公務を経験した人々が、国会や地方の選挙に打って出る。それが「左」「右」を問わず、ごく普通に見られる。その一部について、経歴を道筋一覧表として上述で示した。

保守系のシラク現大統領が代表的な例である。それに加え、シラクと「コアビタシオン」して左派連立内閣を率い、2002年大統領選挙で敗北した前首相の「社」ジョスパン、当時の経済・財政・産業相（元首相でもある）「社」ファビウス、さらには将来の大統領候補とまで期待されながら2002年国会下院総選挙で新人に敗れたリール市長の「社」オブリ女史、そしてオブリに代わって人気急上昇のロワイヤル女史（元環境相）などが、エナ出身者（「エナルク」）の官僚（「現役」も退職者も含む）である。
　一面では「エリート主義」という批判を浴びながらも、そうした仕組みが機能する結果、政治の世界に、基礎的な資質と学識などの能力に恵まれた人材が調達されている。実務でも政務でも責任ある立場で経験を積みながら鍛え上げられた人材が、国家行政と地方行政の双方を同時に視野に入れながら、さらには国際外交や欧州統合に至るまで、政治家主導で政治を進めていくフランス政治の基幹になっている。

3－3－7節　官僚＝政治家の「派遣」扱い

　フランスでは、そうして政界に進出した「官僚」たちが、国会議員でありながら、公務員としての身分を持ち続け、選挙で失敗した場合には、自ら望めば公務の世界に戻ることができる。我が国の人々には信じがたいルールだろう。実際、見事に当選して国会議員になってからも、万一に備えてか年金計算上の事情からか、一般の定年退官年齢近くになるまで、公務員の身分を保有し続けている場合が多い。たとえば既に首相まで経験しているジュペが、2003年（57歳。当時はシラク与党UMPの総裁）になって、「もう公務員に戻るつもりはない」と公務員身分を離脱した旨が巷間の話題になった（2003年1月21日『リベラシオン』紙の記事）。1945年生まれのエナルクで、1972年から会計監査官になっているが、それ以前を含めて三十数年間、公務員年金の掛け金を払い続けてきたという。
　選挙に落選して一般公務員に戻っている人物についての情報を、内情を知らない者が入手することは難しい。当選した人物についても、一般に公表さ

第3編　公選職への人材調達

れた情報をもとにして、実態についての観察をすることは容易ではない。ただ、当選者の場合は、そのごく一部について、毎年発刊される『行政年鑑』(Bottin administratif) によって垣間見ることはできる。同年鑑には、中央政府の行政組織内で要職にある人々の役職と氏名が掲載されているが、その中で「エナルク」の牙城である国務院（Conseil d'Etat）と会計監査院（Cour des Comptes）との場合は、官職にありながら「派遣」中や「休職」中である人の氏名を明示している。

　8世紀以来という由緒を誇る会計監査院の場合、百十数名の主任監査官（conseillers référendaires）の中に、それぞれの理由は不明であるが、記載されているところを単純に数え上げれば、「派遣」扱い中が57名（うち上級主任監査官45名）、「休職」扱い中が37名（うち上級主任監査官26名）、合計して94名も含まれる（『行政年鑑2003年版』）。名簿に掲載された主任監査官以上の幹部の8割以上が、会計監査院に籍をおきながら、政治家など他の職務に就いているのであろう。

　現シラク大統領も、上述の道筋一覧表に示したとおり、ENA卒業（27歳）後すぐに会計監査院に入り、6年後の1965年（33歳）には主任監査官に昇格している。同年にはコミューンの議員になって、政治の世界に足を踏み出し、2年後の67年（35歳）に下院議員に初当選。おそらく、その折りには「派遣」扱いになり、その後は議員当選や大臣就任を繰り返したので、結局、会計監査院には復職しないままで、相応の年齢になって退職し、今日に至っているものと推測される。

　現在の会計監査院幹部名簿中に氏名の見える有名な政治家には、たとえば、ジョスパン引退後の社会党を率いているオランド書記長（ロワイヤル女史の私生活上のパートナー）がいる。オランドは「上級主任監査官」で「派遣」扱い中だが、公選職として、下院議員のほか、地方でもコミューンのメール（広域組織の首長も兼任）に就任している。彼の経歴を見ると、1954年に生まれ、80年（26歳）ENA卒で会計監査院入り。広報担当政務官付きなど他の職場を経験してのち、84年（30歳）に主任監査官に昇格。88年（34

185

歳）総選挙で下院議員初当選。その後、下院を離れていた（理由は不明）93年（39歳）に上級主任監査官に昇格。97年（43歳）から社会党書記長。この間、コミューンの助役、州の副議長など、地方の公選職も経験。国会議員や地方議員でありながら、公務員としての身分を保持し続け、ちょうど下院議員でなくなって制限がはずれた時期に昇進までしている。

そのほか会計監査院では、本書でこれまでに取り上げた有力政治家で、2003年時点で「派遣」扱いされている者に、2002年総選挙で苦杯をなめた「社」モスコヴィシ元欧州担当相もいる。彼は1957年生まれ、84年（27歳）ENA卒で会計監査院入り。94年から県議、欧州議員、95年から市議、97年に州議さらに下院初当選。保守系では、2001年春の地方選挙でパリ市長の座に挑戦して敗れた元RPR党首のセガンの名前も見える。セガンは77年に主任監査官に就任したが、その翌年には国会議員に当選。現在では最古参の主任監査官で「派遣」扱い中という立場にある。連続して大臣や国会議員であり続けているため、「上級」に昇進する機会がなかったものと推測される。1943年生まれで、70年（27歳）ENA卒で会計監査院入り。78年（35歳）下院初当選。86年（43歳）社会問題・雇用相。93年（50歳）下院議長。97年（54歳）RPR党首。

国務院での事例としては、たとえばリール市長のオブリ女史。彼女は、国務院の主任調査官（maître des requêtes）で「派遣」扱い中になっている。国務院入りは80年（30歳）で、主任調査官就任は87年（37歳）。下院議員初当選は97年（47歳）。

3―3―8節　地方公務員の実例

現職の地方公務員で、国会下院議員になっている事例も、さまざまである。

(1)　カテゴリーAでの事例

地方公務員のカテゴリーAでは、保守系UMPのグロディディエがいる。1961年生まれ。もともとはコミューンの事務総長だが、28歳（1989年）で

第3編　公選職への人材調達

メッス市議会議員（1期のみ）に当選して以来、政治の途を進んでいる。31歳でロレーヌ州議会議員（のち副議長＝副知事で職業教育担当など）、32歳（1993年）で下院議員初当選（モーゼル県第1区）。97年には落選したが、2002年総選挙で雪辱し再起。その間、2001年春にメッスの隣町のメールに就任してもいる。

(2) カテゴリーBでの事例

「社」のカビドュは、パ・ドゥ・カレー県第11区選出で現在下院議員2期目。1952年生まれ。もともと地方団体の文書作成事務職員であったが、25歳（1977年）からコミューン議員（すぐ助役）となり、31歳（83年）でメールに就任している（メール4期目）。30歳（82年）からは県議会議員も兼職し、副議長にもなった（2001年3月まで）。

(3) カテゴリーCでの事例

「共」のドュトワは、1956年生まれ。地方団体の事務員。1995年（39歳）にマルセイユ市北部の第8連合区議員となり、すぐ同区筆頭助役。98年には州議会議員（のち兼職制限のため辞任）。2001年夏に区長が死亡した後をうけて区長に就任。2002年総選挙でも、前区長の後継として出馬し（ブッシュ・ドュ・ローヌ県第4区）、FNとの一騎打ち決選投票を制して初当選。

3―3―9節　法令による身分保障の効果

我が国と較べて極端に違う公務員の場合を中心として、法令による身分保障と、それを活用している政治家の実例を見てきた。こうして見れば、前章で道筋一覧表に示した経歴の意味がよく分かり、フランスにおける「官僚」政治家の実態が的確に理解できる。法律の規定によって、同様のことは民間の被用者にも当てはまるから、官僚ばかりでなく、ジャーナリスト、大学教授、企業管理職、病院勤務医師など、さまざまな分野の専門家、オピニオン・リーダー、あるいは比較的に条件のよい職場を得ている給与所得者が、勇躍して政治の世界に進出することに伴うリスクの大きさ（フランスでの小ささ）は、我が国とは比較にならないということが明瞭であろう。

第4編　フランス選挙制度の特色

　本編では、これまでの観察をもとにして、フランスにおける国・地方における選挙制度の特色はどのようなものであり、それが政治の実態にどのような影響を与えているかを改めて全体的に分析する。そうした制度と実態の両面から観察した結果を、とくに我が国との比較を念頭に置きながら総合することによって、フランスの選挙制度が持つ特色を提示する。それらを基礎にして、後述の結論と提言とを組み立てていく。その場合に、筆者が答えようとする問題は、本書冒頭の「はしがき」に提示したとおり、国・地方を通じる政治の世界に適切な人材を確保するためには、どのようにして人材を調達し、育成訓練し、活躍させ、業績評価すればよいか、そのために制度上で工夫できることは何か？である。

第4—1章　選挙制度を見る視点

4—1—1節　帰納法による接近

　本書では、これまで演繹的にではなく、帰納的に議論を運んできている。はじめから物事を捉える枠組みを「理論」や「理念」で固めてしまうのではなく、異なる国における制度を虚心坦懐に捉えること、そして読者諸兄姉に先入観なしに読んで頂くことを狙っての組み立て方である。筆者は、これまで地方自治の分野を中心に、さまざまな国際比較調査研究の結果を公にしてきたが[18]、いずれの場合でも、何処か外国での実際の制度的枠組みを、(「先進国」における「模範的」システムとして) いわば先験的に「理論」や「モデル」などと呼んで、自国の制度についての (通常は批判的な) 議論を組み

---

18) 例えば、山下・谷・川村の共著『比較地方自治』〔増補改訂版・平成4年・第一法規〕。

立てるというような国際比較の方法は採っていない。

　フランスにおける国・地方の選挙制度も、何か明解で合理的な「理論」や「理念」だけから直ちに生み出されたものではない。折々の多数派による党派的な利害を合理化する「説明」が組み込まれながら、さまざまな紆余曲折を経て形成されてきたものである。それは、叙述の簡略・重点化のために歴史的な沿革に触れることを意図的に避けてきた本稿ですら、ごく近年における州議会、欧州議会、国会上院についての選挙制度の改革を説明せざるを得ないこと、また、その改革の内容、たとえば一度も実行されないうちに、また改正された州選挙制度などを見ても、容易に理解されるであろう。

4－1－2節　いま、我が国での、比較調査研究の切り口

　フランスにおける国・地方の選挙制度について総括するにあたっては、論者の関心の所在に従って、さまざまな切り口が考えられる。以下では、我が国における政治制度の過去から現在、そして将来にわたる最大の課題と筆者が考える、「職業としての政治」の世界への適切な人材の確保、すなわち「政治家を人材調達、育成訓練、業績評価する制度的な工夫」（筆者稿「フランス地方自治管見」〔ぎょうせい刊、月刊『地方自治』平成14年4月号巻頭論説〕の副題）のために参考にするという観点から見て、一般には我が国ではこれまで十分には参考とされてこなかったと思われる点に照明を当てたい。

　この観点については、すでに筆者稿「フランス地方自治管見」の中で、細かな実証的論拠を掲げずに、常識的な判断によっても言明できる範囲で一通り論じている。以下では、これまでの本書での実例の観察をふまえ、新たな議論をも含めながら、改めて、いま、我が国で、必要としている方策を考えさせられる問題に接近していきたい。

4－1－3節　フランスでの特色——我が国とどう違うか？

　これまでの叙述によって、フランスの選挙制度には、少なくとも我が国と

第4編　フランス選挙制度の特色

の比較において、さまざまな相違点があることが明らかになった。幅広い国際的な比較をすれば、それらは必ずしもフランスの制度だけの特色ではない。しかし、本書は、知的な興味から、我々の知識を充実させるためにのみ、フランスの制度を取り上げているのではない。何よりも我が国の制度を考え、改革していく手がかりを摑むために、国際的な調査研究によって新しい知見を得ることが主目的である。選挙制度の枠組み全体の中で、筆者が関心を持つ「特色」というのも、そのような観点から見て注目される制度の構成要素のことを意味する。

以下、そのような意味でのフランス選挙制度の「特色」（すなわち我が国との相違点）を順次取り上げ、それがどのような機能を果たしていて、我が国にどう参考になるかを論じていきたい。本書での議論は、あくまでも筆者自身の我が国選挙制度に関わる問題意識に基づいて、フランスの選挙を観察したところから、帰納法的に推論して組み立てたものである。フランス国内で、こうした議論が自覚的に行われているわけではなく、後掲する参考文献の類も、単に制度の仕組みを理解する上で筆者が参考にしたものに過ぎず、それらを紐解いたからといって、以下のような「特色」が指摘されているわけではない。

異邦人であればこそ、祖国での仕組みとの比較において見えてくるような「特色」であり、その意味で筆者独自の見解であって、それ以上のものではない。たとえば他の多くの欧州諸国との対比でも「特色」だと言えるものではないことは、前もってお断りしておく。

なお、以下、フランス選挙制度全体を特に我国と比較して見た場合の「特色」（すなわち我が国との相違点）をいくつか取り上げて論じるが、それらのほか、いわゆる「パリテ」（parité）制すなわち各党派名簿に搭載する候補者の「男女同数制」も注目に値する。ただ、その内容は明解で分かりやすいこともあり、本書では叙述を省略する[19]。また、補充人の制度についても

19）「パリテ」については、山崎榮一、『フランスの憲法改正と地方分権——ジロンダンの復権』（日本評論社・2006年）、pp.274～288.に詳しい。

注目に値するが、既述したところに止めておく。

第4―2章　フランス選挙制度の特色

4―2―1節　一般被用者の公選職進出に際しての法的身分保障：
　　　　　特色その1

　まず、我が国民が驚きをもって注目するだろうと思われるのは、フランスにおいては、一般の給与所得者や国・地方の公務員が、法律による身分保障の制度に支えられて、民間企業被用者や公務員としての身分を維持したままで公職選挙に立候補し、実際に当選しているし、そのまま公選職としての任務を立派に果たせるように、「派遣」や「休職」などの制度的な配慮が整っていることであろう。この点については、すでにデータも掲げて上述してあるが、道筋一覧表に掲げた有力者の多くが、こうした制度を十分に活用して、自分自身を磨いてきたし、それがフランス国民のためにもなってきたことは、もっと注目してよいと考える。

　我が国では、一般のサラリーマンの多くや国・地方の公務員は、選挙職への「立候補」すらなかなかできない。安定した職場を打ち捨てて、悲壮な覚悟を固め、家族はもちろん、親類縁者にまで猛烈に反対されるのを無視しなければ、「候補」になることすらできない。筆者は民間の内情まで十分には承知していないが、ジャーナリズムの世界も含め、民間企業であっても、政治の世界に進もうという被用者には、立候補の段階で「自発的」な辞職を「求める」という風習がありはしないだろうか？　それほどの（筆者流の表現では）「潔癖主義」が、はたして政治の仕組みとして、我が国の国民全体のためになるであろうか？

　政治の世界への人材調達が十分でないと言うのならば、関係する制度を改正して、供給のパイプを太く、また多様化したらよい。一般の民間被用者や公務員としての経験を積んだ人々が、社会人としての経験を活かしつつ、その識見、能力を政治の世界で発揮することを、むしろ積極的に促進したらよ

い。それによって政治家（志望者）間での競争を促進する。さらに、志と素質ある人々に、実践の場で行政責任を負って経験を積む機会を多く与えて叩き上げ、質・量ともに豊富な政治エリートを養成していくべきではないか？ 以下、そのような問題意識から、フランス選挙制度の観察を継続していこう。

4－2－2節　2回投票制：特色その2

　フランスにおける公職選挙では、一般に2回投票制が採用されている。唯一の当選者を選ぶ大統領選挙等ばかりでなく、コミューン議会のように党派名簿に投票する選挙で、比例代表制を加味している場合でも、2回の投票が行われる。従前は1回だけの投票で決める拘束名簿式の単純な比例代表制であった州議会選挙も、2004年3月からは2回投票制に移行した。

(1)　「多数派」の勝利と「漁夫の利」の防止：2回投票制の機能その1

① **制度が元来想定する形**　大統領選挙の場合は、決選投票に進出できるのは1回目の上位2名のみであるから、決選での勝者は有効投票の過半数を必ず獲得して、その地位にふさわしい政治的な権威を身につけた上で、共和国大統領に就任する。シラク現大統領も、2002年春の選挙で、1回目には得票率20％ほどに留まったが、「極右」ル・ペンとの決選では82％という歴史的な得票率で圧倒的に勝利し、その正統性を確立した。このような「多数派」の勝利に導いて、できるだけ大きな正統性を獲得した人物を当選とすることが、2回投票＝決選投票制のまず第1の目的だろう。

　国会下院議員の総選挙では、2002年総選挙の折りは保守系が始めからUMPという大同団結した党派を組んだから、2回目投票での多数派結集が目立ったのは左派の側であり、バ・ラン県第1区（2回目で「左」の逆転勝ち）に典型例がみられる。元来は大同団結したはずの右派でも、1回目にRPRから分派した候補が出馬して21％もの得票をした（3位だが決選進出資格あり）ものの、2回目には当該候補が「右」陣営の勝利のために「辞退」したお蔭で、1回目に2位の位置にいたUMP候補が「左」（1回目

193

トップ）を抜いて逆転当選したメーヌ・エ・ロワール県第4選挙区の事例も見られた。

　下院と同じく小選挙区制の県議選でも、アリエ県のムーラン南選挙区（2回目で「右」の勝ち）、イゼール県グルノーブル第5選挙区（2回目で「左」の逆転勝ち）、ウール県エヴルー東選挙区（2回目で「左」の逆転勝ち）などが、分かりやすい事例になっている。

　党派名簿で選挙するコミューンの結果でも、「右」派なり「左」派なりが、2回目に大同団結（名簿の融合や2回目進出辞退による票の寄託）したり、1回目の得票で同陣営から進出しうる候補者が絞られて自ずから一本化し「多数派」となって勝利したという事例を、リール市議選（「社会＋」と「緑」が名簿融合して勝利）やエクス・アン・プロヴァンス市議選、さらには2002年秋のヴィトロール市やりなおし市議選（「反極右」陣営が大同団結してMNRから市政奪還）で見た。州の選挙でも大同団結は必勝への鍵であった。

　1回の投票での相対多数獲得者を直ちに当選させる我が国の公職選挙の一般的な仕組みでは、主要な政治勢力内での大同団結による「一本化」が不調に終わり、本来は（潜在的には）「多数派」たるはずの陣営から候補者が乱立すると、その外側の思いがけない人物が当選することになりかねない。少数派は支持しているが有権者の大勢が（「次善」の選択の場合を含めて）支持しうるわけではない（許容範囲内で選択しえない）候補者が「漁夫の利」を占めて当選するような結果は、2回投票制によって回避できる場合が多くなる。

② **制度にとって例外的な状況**　　ただし、2回投票制でも、「天下の大勢」を形成しうるはずの勢力が、何らかの事情によって2回目になっても分裂したままであると、結局「漁夫の利」が生じることは、1995年春のマコン市議選（「右」の分裂で「左」が勝利）、さらに大都市リヨンやパリ（いずれも「右」分裂、「左」勝利）で実例を見た。

　シラクの大勝に終わった2002年の大統領選挙でも、もしも1回目にもう1

人有力な保守系候補者が立候補していたら（実際、1995年は同じ旧ド・ゴール派から、バラデュール元首相が出馬し、シラクと競い合った。）、シラクに投じられた保守票が分裂し、その結果、1回目はトップがFNのル・ペン、第2位が「社」ジョスパンとなり、この両者の一騎打ち決選になったかもしれない。その場合は、2回目におそらくジョスパンに結集する「反極右」大連合が形成されて、ジョスパン大統領の誕生となっただろう。それが、もし1回だけの相対多数で直ちに決着する我が国のような仕組みであったら、1回目トップたる「極右」のル・ペンが堂々と当選することになるのである。選挙制度如何が、いかに重大な差異を生むかが、こういう仮定を立てるだけでよく分かる。

(2) 公明正大な多数派形成プロセス：2回投票制の機能その2
① 従来型一本化工作と公募制　　選挙制度が我が国におけるように「少数派」による「漁夫の利」を可能にする制度であると、大同団結すれば形成されうる元来の多数派は、自分たちが敗北しないようにするため、投票で有権者の判断を仰ぐ以前に、プロだけの間で（舞台裏で）協議・調整して候補者を「一本化」するという手法を採りがちになる。最近は「公募」のうえ、党員の間で投票して一本化するという方法も採られ始めている。現職がいると、一本化は多くの場合「現職」にである。現行選挙制度による限り、そうすることが、より多数の有権者に適合した選択肢を提示し、「漁夫の利」という不自然な結果を排除して、当選する人物が有権者の多数派に支持されているという状況を実現するために必要である。

しかし、従来型の調整過程は、一般の有権者にとっては不明瞭で、近年では、そのこと自体が批判を招くことになりやすい。舞台裏での政治工作を不透明と考えがちな有権者が関心を失って、「棄権」が増加したり、多数派のためにと一本化した候補者への評価が、かえって下がりがちなことが問題である。公募制と言っても、一本化プロセスに参加するのは、その党派の構成員にすぎない。その結果で選定にはずれたら、本人は納得できず、その党派に敵対しての立候補をして、票を割りかねない。

それに対し2回投票制は、立候補希望者は、同じ陣営に他の有力候補がいる場合でも、必ずしも始めからは一本化調整に従わず、自分も1回目には立候補して有権者の判定を受ける。その得票状況をふまえてから、2回目に向けて一本化への調整過程に入る。すなわち多数派形成のプロセスを、1回目の「投票」という有権者の明示の評定と関連づけ、公明正大にする機能も持っている。もちろん、「乱立」の結果、通常なら多数派たりうる勢力といえども票が分散しすぎて、2回目進出の敷居を誰も越えられないという事態が生じ、結果として少数派が「漁夫の利」を得ることはあり得る。それでも、そうしたリスクは、1回で直ちに決着という仕組みの場合よりは、はるかに少ない。

② **「民意」に応じた分かりやすい多数派形成**　　有権者の「支持」には必ずしも粘り気がなく、「民意」と表現されるものも、抽象的な議論で使うことはできても、実際には流動的な摑みにくいものであることは、日常的に経験するところである。そういう実態を明瞭に示すのが、フランス各地のコミューン議会選挙である。

　人口が3,500人以上のコミューンの議会選挙では、拘束名簿式での2回投票制になっており、それぞれの政治情勢に応じて、異なる党派間での名簿の1回目投票からの「混合」や2回目投票での「融合」という形で、選挙の時に有権者の審判を受けるように多数派形成が行われるということは、具体的な事例を含めて観察してきた。取り上げてきた各地の事例は、さまざまな党派の離合集散の形が、文字どおり、それぞれの地域における実情を反映して、きわめて多様であり、一口にまとめるのは困難を感じる。しかし、おおまかに言ってしまえば、コミューンの選挙制度は、最終的には安定多数派の形成を促す仕組みではあるが、2回投票制によって、1回目には、いろいろな党派がそれぞれに有権者の「支持」を求めて競い合うことが可能になっている。

　そうした多数派形成の過程がよく分かるように、1995年春の統一地方選挙におけるエクス・アン・プロヴァンス市議選の事例（〔表-2-6〕）を〔図-3〕

第4編　フランス選挙制度の特色

として図式化してみた。同図を見れば、1回目に各党派がそれぞれ有権者の支持を競い、2回目には「左派」（得票率5％ラインを越えて融合する資格を得た「社」と「共」のみ。「社分派」と「緑」は名簿融合に参加できず、投票を寄託して「左派」支持に回る。）と「中道・保守」（いずれも敷居を越えた中道・保守系の3党派）が名簿の融合によってそれぞれ一本化し、多数派形成を狙っている。数字だけで見る限り、1回目「棄権」で2回目には参加した有権者の多くは、融合した「左派」に投票をしたように推測される。各党派への有権者の支持状況が1回目で明瞭だから、「連立」する場合でも、各党派の立場の強弱が有権者の支持状況に関連づけられ、その仕上がった姿が2回目に有権者の評定に晒される。1回目から実際には複数党派が融合した状態の名簿になっていると、連立の組み方は党派間の交渉によることにな

〔図-3〕名簿「融合」による多数派形成と投票の党派間移動
　　　　（1995年エクス・アン・プロヴァンス市議会選挙）

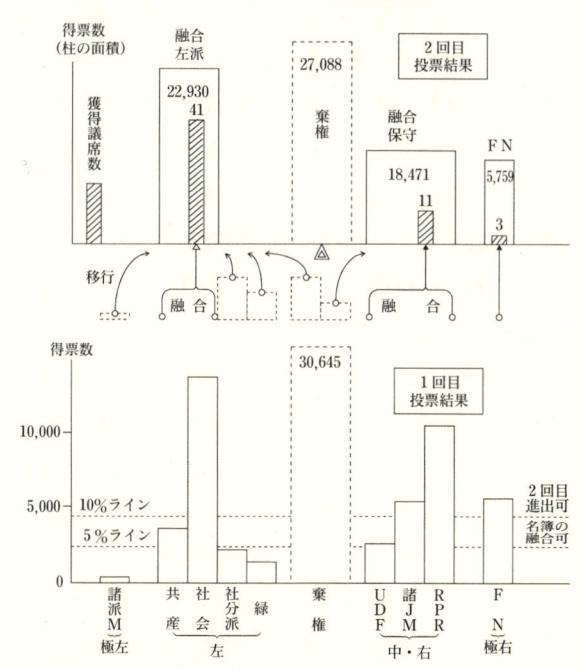

るが、それでもその結果が名簿の形で有権者に提示される。それを支持するかは、有権者の判断にかかっている。個別に支持された個別の党派が、選挙後に議員たちの判断で交渉して連立するのとは違う。

　選挙制度について議論する場合には、単に「民意の反映」というモノサシだけでなく、制度がどのようにして多数派と「政権」を生みだし、時には現政権を権力の座から（流血の惨事を招くことなく）追いやるかが重要なポイントとなる。単純な比例代表制では、多数派形成は選挙後に新たに生み出された各党派が、与えられた勢力の大きさを背景に交渉（合従連衡）して多数派を組立て、「連立」政権を作り出すことが、むしろ通例である。どういう政権の組立てになるかは、当選した議員、各党派の間の交渉で決まることであり、有権者が投票で「連立」の形まで選んだわけではない。

　これに対し、フランスのコミューン選挙では、その合従連衡を2回目の投票までに行って、その結果は、たとえば「融合」名簿という形で有権者に提示される。それによって、有権者は自ら「連立」の形自体を投票によって選択する機会を持つ。しかもその時、たとえば複数党派が「融合」した名簿の筆頭に掲載された候補者が「連立」の首長候補であり、以下順位を付けて並べられた助役候補たちの顔ぶれまでも知ることができる。このような分かりやすい多数派形成の手順は、2回投票制なればこその特色と言えるだろう。

(3) 新人の挑戦が容易に：2回投票制の機能その3
① **同一陣営内から新人が挑戦**　　1回しか投票しない我が国では、多数派たりうる勢力の内輪で事前に「一本化」がなされがちなために、当然に「現職」が強くなる。反面から見れば、志ある新人が「本命」に集結する陣営群の中からは挑戦しにくくなる抑制的効果（「新人挑戦抑制効果」とでも呼ぶべきもの）が生じているのである。それが結局、政治家の顔ぶれを必要以上に長い間にわたって固定化する結果を生む。定年制や多選禁止制が議論される遠因にもなっている。有力新人が、本当は政治的信条を共有しない陣営から決然として立ち、たまたま時の「風」に乗るなどして当選を果たして後、結局は「転向」して元来の信条に一番近い陣営に合流するような現象が生じ

たりもする。

　それに対し2回投票制では、元来の多数派を基盤にする候補者・党派が乱立して誰も2回目進出の敷居を越えられないという事態にならない限り、志ある新人・新党派が、大きくは同じ考えの陣営に属する現職・現党派と並んで立候補しうる。1回目の投票結果で、まだまだ有権者の支持を集めるに至らないと判明すれば、2回目には進出できない。進出の敷居値を越えることができても現職に及ばないうちは、考え方が基本的に食い違い対立する反対側の候補者が当選することを阻止するため、通常は大同団結して潔く現職の支持に回る。1回目には新人・新党派に期待した元来多数派の有権者も、「次善」の選択として、現職に投票する。それで通常は、多数派を基盤にした人や党派が当選する。しかし、「現職」だからと安心しきって実績を上げずにいると、同じ政治勢力の内部から、志あふれる新人の挑戦を受けることになりやすい。

② **同一陣営内での新旧交代の事例**　　実際の事例として分かりやすいものとして、たとえば2001年のエクス・アン・プロヴァンス市議会選挙がある。「右」から「右諸派J―M」が挑戦。1回目に「右」3党派のうちで最大の得票をしたことによって、融合名簿「保守連合」の中心になり、2回目の決選で市政政権を「左」から奪取した。従前はRPRが「右」の中心であり、現「右」から新「右」への交代でもあった。1回だけの投票では、「左」への対抗上、「右」内部で事前調整するだろうから、こうした転換は起こりにくかっただろう。

　1回目には、左派連立である「社会＋」の名簿が「右」のどの名簿と較べても2倍以上という得票率で断然トップ。2回投票制でなければ、「J―M」派にチャンスはなかった。新市長はジョワセン・マッシニ女史。彼女は勢いに乗って、2002年下院総選挙にも、保守系の現職と並んで立候補し、1回目にトップに立つ。「社」との一騎打ちになった2回目決選投票で現職分まで含めた保守系の票をまとめ、見事に初当選して世代交代を実現している。これも、すでに紹介したとおりである。

199

⑷ 我が国への教訓

　フランスのように有権者にも見えやすく、有権者の評定に基づいて多数派陣営内での調整をすることの方が、今の我が国には適している。そうすれば政治への有権者の関心や信頼も高まると、筆者は推測する。2回投票制は、有権者の前に新しい候補者をつねに補給・提示しながら、最終的には大勢の支持する人物に選択を収斂させていく機能を持つ。必要な場合には新陳代謝を促進しうるものであり、現職に与えるプレッシャーは大きい。

　立候補定年制や多選禁止制など問題にする必要がない。公選職の兼任が可能であるから、ある公職での業績で既に人格・識見・能力について一通り世間の評定を受けている新人に、ベテランの現職と並んで挑戦する機会を与え、1回目の投票で有権者が表明する支持の具合を見定める。大勢がやはり現職により多くの票を与え、彼（彼女）を「最善」と考える間は、新人は、たとえ2回目への進出が可能であっても、対抗勢力に「漁夫の利」を与えかねないような情勢の時には身を引いて（「辞退」）、多数派の票をベテランに集約させ（有権者自身もそう判断するだろう）、そこに落着していく。

　フランスで、非常に早い時期から、前途有為の青年が政治の世界に進出できるのは、法律による一般被用者や公務員の身分保障、公選職の兼任などに加え、2回投票制が新人の挑戦を容易にする機能を持つからでもある。筆者が、フランス地方制度の調査のために来仏された我が国の県議会議員調査団にさまざまな説明をする中で、2回投票制の仕組みを簡略に話した途端、「それは、新人が出やすくなりますねェ」という反応が真っ先に返ってきたことがある。それが、以上の議論についての、何よりの論証にもなろう。

4－2－3節　「多数派プレミアム」：特色その3
⑴　コミューンでの「多数派プレミアム」

　筆者は規模の大きなコミューンでの選挙制度を「拘束名簿2回投票式比例代表併用多数派プレミアム制」と呼んできた。『選挙法典』自体の中で一口に表現している呼称としては、「名簿式2回投票制」（scrutin de liste à deux tours.同法典第L.260条）程度しか用いられておらず、「拘束」「比例代表」「多数派プレミアム」などという表現は、関係条文の中で散文的に登場するのみである。複雑な制度のどの要素に重点を置いて名前を付けるかは、各論者の判断による。

　筆者が、フランス国内で比較的多く使われる用語の直訳である「多数派プレミアム付き拘束名簿式比例代表2回投票制」という呼び名を使わない理由は既述した。繰り返すと、コミューン選挙での「多数派プレミアム」は議席の半数にまで達するということを重視して、それを締め括りの位置に置いているのである。「多数派プレミアム」の意味、計算法、機能（「安定多数派形成機能」）、さらには実例の数々については、すでに詳述している。

(2)　州での「多数派プレミアム」

　州の場合は、2004年春の選挙から制度が改められ、「拘束名簿2回投票式多数派プレミアム・比例代表併用制」とでも呼称すべき仕組みとなった。従前の1回投票式単純比例代表制では、州議会での安定多数派形成には支障が多かったのを改正したものである。改正は、左派連立のジョスパン内閣の時代に実現していたが、その後、ラファラン保守内閣が再度手直しした。左右いずれの政権の下でも、「多数派プレミアム」を導入する点には差異がなかった。コミューンと違うのは、多数派プレミアムの大きさであり、多数派に優先的に与えられるのは全議席数の4分の1だけで、残り4分の3が比例配分に回される。したがって、有効投票の3分の1超を獲得して初めて、議席の過半数を占めることが出来る。

(3)　安定多数派（「機能する多数派」）による行政執行

　地方選挙のあり方は、地方団体の行政執行を担う仕組みのあり方と密接不可分の関係にある。今後、我が国においても、地方団体の執行機関をはじめとする内部組織のあり方が多様化していく可能性があるとすれば、それぞれの組織構造にふさわしい選挙制度を組み合わせていくことが不可欠となる。その意味から、「比例代表」の要素を加味し（「死に票」などと呼ばれるものは少なくなる）ながらも、安定多数派（「機能する多数派」）の形成を中心に

して、コミューンでの行政展開と責任体制を住民に明確にしているフランスの選挙制度は、おおいに参考とするに値する。

4－2－4節　地方の首長を実質的に「直接」選挙：特色その4

　運用上の実態であるとはいえ制度に密接に関連したものとして注目すべき点に、党派名簿の編成方法がある。各党派の提示する候補者名簿の筆頭には、通常、その党派が多数派となった場合に首長（「メール」）に互選することを予定している候補者名が記載される。選挙人は名簿に投票するが、実質的には、首長候補とそれを支える仲間（党派）とを一括して同時に選択するのと同じである。マスコミ報道でも、各地の結果について、党派の勝敗ではなく、首長候補の当落のような言い方での報道がなされている。

　我が国での比例代表向け党派名簿で見受けられるように、指導者と仰ぐわけでもない人物を、TV等を通じて獲得した知名度を理由にトップに据えるようなことは、制度上も想定していないし、運用上も行われない。ただ、制度の建前上は、首長はあくまでも議員間での互選によるのだから、中央政界でも有名な人物をトップに据えて選挙を闘い、勝利して多数派となり、いざ首長を互選する段になってから、中央での役職の多忙や兼職禁止規定への抵触を理由として、結局、別の人物が首長に選任される場合はある。

　その場合、トップの人物は「筆頭助役」等に退いた形にして、実質的な影響力を行使する場合が多いようである。具体的な事例としては、「社」のファビウス元首相が、2000年春に政府の閣僚（経済・財政・産業相）に就任した折り、地元コミューンのメールを辞任して、「筆頭助役」に「退いた」事例や、ラファラン政権のドゥルヴォワ公務員・行政改革・地域整備相（全仏メール会の前会長でもある）が、地元バポームでは、メールから「筆頭助役」に「退いている」事例等を参照されたい。

第4編　フランス選挙制度の特色

4－2－5節　首長と安定多数派の同時選択：特色その5
(1)　首長と安定多数派とを同時に選択
　規模の大きな（と言っても人口3,500人以上に過ぎないが）コミューンでの安定多数派形成を重視した2回投票プラス「プレミアム」付きでの議席配分ルールの下では、少なくとも相対多数を得た党派（融合名簿の場合には、有権者が評定したうえでの「連立」のような形になる）が議席の安定過半数を占める結果となる。そこから首長と、それを補佐して各行政分野を所掌する数人の助役を自派議員（融合名簿での「連立」の場合が多いが、名簿の異なる他党派と選挙後に連立する場合もある）の中から選出して、選挙制度によって意図的に形成された安定多数派が、実質的な「直接」選挙によって選任された首長を中心に責任を持って行政執行にあたる。6年間の任期中、その行政執行の状況などを見た結果、有権者の支持動向に変化が起きて、多数派が交代するほどの場合には、次の選挙で与野党の交代が大きな議席配分の変更とともに実現し、新しい安定多数に支えられた新しい首長と執行部の形成で、メリハリがきいた政策変更がなされうる。

(2)　小規模コミューン（非拘束名簿式）でも同じ機能
　小規模なコミューン（実際には総数3万6千超ものコミューンの9割以上）の場合には、名簿の拘束性が低く、選挙人が自分の選択する名簿から一部の候補者を削除したり、別の名簿に掲載された候補者を追加したりできる。人口が少ないことや地域社会における党派以外の要因の重要性にも配慮した方式である。しかし一般的には、1つの党派がまとめて当選ラインに達しやすく、これも特定の首長候補者とそれが率いるグループとをまとめて選ぶ仕組みを基本としている。

(3)　県議会議員の選挙は小選挙区制
　県議会議員の場合には小選挙区制（単記式）での2回投票制。2回の間に多数派工作が行われる。小選挙区制であることから、連立する場合も含めて比較的に明確な多数派が形成されやすく、選挙後に首長（県議会議長でもある公選県知事）と副首長（副議長でもあり、順位付けされる）数人を互選し

203

て、県自治行政の執行部を形成する。

　ただし任期6年で、3年ごとに半数を改選する。その点では、安定多数派の形成が必ずしも明瞭にならない要因を含んでいる。我が国参議院選挙とは「半数」の意味が異なる。選挙区を2つのグループに分け、3年ごとに交代で片方のグループずつ選挙を行うという方式である。したがって個々の選挙区では、6年に1回だけ県議会議員選挙があり、その時点の各選挙区での「多数派」に支えられた人物が各々当選することにはなる。それが「非改選」区から3年前に選出された議員を含めた議会全体の多数派になるとは限らないことは「イゼール県」の事例で明らかである。

⑷　州議会議員の選挙へも多数派プレミアム制導入

　州議会選挙は、従前は州内の各県を選挙区とする拘束名簿式の単純比例代表制（投票は1回のみ）で、有効投票総数の5％以上の得票をした名簿に直ちに比例的に議席配分がなされていた。このため、もともと多くの政党が存在するフランスでは、州議会には多数派が形成されにくく、政治状況が常に不安定で、毎年のように新年度の予算が成立せず国の介入を招くような州が生まれてきた。所定の期日までに予算が議会で可決成立しないときは、国が任命している地方長官（「プレフェ」）が当該地方団体の予算を決定するに至る場合もある。

　少数派政党とくにFNが州議会のキャスティング・ヴォートを握る状況になるという懸念（実際、1998年の選挙後には一部の州でそうなった）は、「左」内閣にも「右」内閣にも共通していたから、「多数派プレミアム」導入が既述した改正のポイントになった。州の選挙制度改正は、安定多数派の形成を従前より遙かに容易にし、有権者が首長と併せて執行部を選択するのと同じになることを狙っている。

　ただし、2002年の大統領選挙における投票結果から見ると、FNなど「極右」が、2回目の投票でも相対多数派となって、プレミアムを獲得し、「機能する多数派」を形成する州議会が生まれる可能性もあったので、2004年春の州議会選挙が、その意味からも注目されていたのである。

第4編　フランス選挙制度の特色

4－2－6節　地方での行政執行は準「議院内閣制」：特色その6
(1)　多くの公選議員が行政執行責任を担う

以上に見たように、フランスの地方団体では、それぞれのレベルや人口規模ごとに工夫を凝らした選挙制度の結果、多くの党派が存在していながら、安定多数派が形成されやすい。その多数派勢力に支えられた政治指導者たる首長を中心に、多数派に属する議員たち自身が行政執行の責任を負うように、粗雑に表現すれば「議院内閣制」と類似した制度が仕組まれている。そうした統治のための組織構造と、多数派形成機能を重視した選挙制度とは、密接不可分のものである。

議会内で議員の中から互選される首長を中心とし、同様の政治勢力から支持された相当数の助役（副首長）も互選されて、それらの人々が地方団体での「内閣」のような執行部を形成する。各行政分野別に、首長から一定の権限を受任した「閣僚」的な副首長たちの指揮監督の下に事務組織が置かれ、一般の公務員が行政実務にあたる。事務組織トップの公務員は、事務総長（directeur-général）で、その総合調整下に個別行政部門担当の部局長たちがいて、それぞれ首長と担当「閣僚」たる副首長の指揮監督のもとで業務を進めている。

(2)　審議機能に「純化」している我が国の地方議員

地方議員が「審議」機能しか果たさない制度を全国一律にとっているのは、いわゆる先進国では、おそらく我が国だけであって、他には米国、カナダ、ドイツのそれぞれ一部で、類似性のある制度が採用されているに止まる。フランスに限らず、英国、イタリア、さらにはドイツの一部（かつては大部分）など、欧州諸国では、議員の中から執行理事会的なグループを形成し、多数派内の主要議員自身が手分けして地方自治行政の執行にあたり行政責任を負う方式（筆者のいう準「議院内閣制」）が一般的なのである。

伝統的には純粋な「議会（＆委員会）型」で、各委員会が分野別に行政執行を担う仕組みであった英国では、1970年前後から横断的な「政策資源委員会」を設けて、そこに行政分野を横につなぐ機能を負わせてきた。ごく近年

になって変化が見られ、一部で我が国に類似した方式も選択可能になったが、それもまだごく少数派である。

(3) 政治家を鍛錬・育成する場が少ない我が国

我が国の地方自治制度の下では、直接公選により選ばれた議員は、別途に直接公選された首長とその下の一般公務員たる部局長などに対して、議会審議等を通じて、政策面まで含めた質問をし、答弁を求め、彼らの行政責任を問う。議員自らは行政責任を直接に負うことがない。条例制定も執行部からの提案がほとんどである。直接公選職の中で、行政責任を担う立場にあるのは首長のみに過ぎない。政策形成や公権力行使の責任者、また共同社会のルール形成者として、政治家が自らを鍛錬し育っていく機会が、諸外国に較べて著しく不足している。これでは、地方自治が民主主義の「学校」としてすら機能していない。まして、地方団体は民主主義の「現場」なのである。住民の代表に、もっと行政責任を負わせる方がよい。

4－2－7節　公選職の兼任：特色その7

(1) 公選職は兼任が普通

さらに、政治家の人材調達・育成訓練と業績評価機能をみるうえで、とくに注目されるのが、前述した一般被用者の公選職進出に際しての法的身分保障（なお、同様の制度はドイツ等にもあり、フランスだけの特色というわけではない）、そしてフランス政治の大きな特色の1つと言われる「公職の兼任」（筆者自身はより厳密に「公選職」の兼任と表現する場合が多い）である。公職の兼任自体は、多くの国で制度上は必ずしも禁じられたものではないが、フランスでは、実態として中央・地方における公選職で幅広く兼任が行われていることが、とくに注目される。

行政執行機能を担う人々の職務が複雑化した今日では、公選職の兼任には一定の制限が加えられてはいるが、それでもなお、国・地方を通じて顕著な特色たる「制度」（禁じられておらず、緩やかにしか制限されずに来たという意味で）かつ実態であり、政治の動向や政府間関係を見る場合に基幹的な

重要性を持つ。中央政府の大臣や国会議員は、多くの場合、同時に地方団体の首長、副首長や有力議員でもあり、地方の声を国政に反映させる機能も果たす。指導的な政治家は、ほとんど例外なく複数の公職を兼任している。

(2) 公選職兼任の人材調達・養成訓練機能

複数公職の兼任は、とくに「エリート主義」であるとして、しばしば批判の対象になり、「必要悪」などというレッテルを先験的に貼る論者もある。しかし、政治家自身にとっては、新しい立場への挑戦を容易にしたり、支持基盤を安定させる機能を持つ。高級官僚など「エリート」でも、指導的な政治家としての立場を固めるには、地方での基盤づくりをする。そうでなく「叩き上げ」で階梯を上っていくタイプの政治家は、若いうちから政治の世界に踏み出し、行政責任のある立場を経験しやすいコミューンから始めて、県や州、そして国会へ、欧州議会へと、新しい立場に挑戦し活動範囲を拡大する。いずれにとっても、公選職の兼任が、政治家にとっては好都合である。また、選挙民にとっても、政治家の適性や能力を早いうちから身近に観察することが出来るから、選挙してから「期待はずれ」で失望することは少なくなるだろう。

生誕、学歴、職歴などでの「エリート」ではない主要政治家の道筋を見る上では、ドゥルヴォワ公務員・行政改革・地域整備相が注目される。学歴があっても「エナルク」ではないラファラン首相やエイロー下院社会党議員団長など、地方からの「叩き上げ」事例として取り上げた人々も、地方での準「議院内閣制」的な行政執行システムの中で要職をこなし、さらに公選職兼任で、次第により広い世間から認められながら、生活の基盤を壊しかねない危険な「賭け」をすることなしに階梯を上り、やがて中央政界に重きをなしてきた。

公選職の兼任については、それが一部の政治家へのポストと権力の集中を結果してエリート主義を支えているとして、研究者であってさえ先験的に「悪」のシンボル扱いをしている場合がある。しかし、この「制度」は、ある人物に兼職させるか否かを有権者の選択に委ねている。兼職がエリートづ

くりに結びつくとしても、その「エリート」たちは、これまで見てきたような道筋を辿って、何回もの地方と国政の選挙を通じた有権者による評定とプロ政治家の世界での切磋琢磨によって鍛えられ、磨き上げられた「エリート」であって、神がア・プリオリに選んだ（と自称する）選良の民なのではない。

4－2－8節　ポストが人をつくる：特色その8

　地方での行政執行指揮責任をより多くの政治家が担う方式と、公職の兼任とがプラスに補完しあって相乗効果を発揮すれば、地方で責任ある立場を経験し、実績や失敗を積み上げ、周囲の業績評定を受けることによって厳しい選抜をされ磨かれ続けた政治家が、次第に活動範囲を拡げて国会や内閣の一員となり、心身ともに働き盛りの年代のうちから、国家や世界全体を率いるという道筋も生まれやすい。我が国でしばしば見られてきたことであるが、初入閣の新大臣が、大臣に就任して初めて記者会見や議会答弁を経験したり、まして国際交渉の場に臨むというのでは、どんなに潜在能力のある政治家でも十分に持てる力を発揮することが出来にくい。政治家の政策形成能力や行政執行指揮能力を試す機会が訪れるのが、いよいよ本番になってからであっては、国家的にも世界的にもリスクが大きすぎる。

　フランス式では、地方行政の現場で政治家自身が行政執行の責任を担う機会が多く存在する。シンポジウムや討論会などで、公衆を前にして、政策を説明し、意見を表明し、侃々諤々の議論を闘わすのは、地方でも国政でも政治家自身である。国際政治や国政全体と較べれば影響範囲が限定される（すなわち国家全体でのリスクは少なく、政策形成でも思い切った「実験」が可能である）地方行政の土俵での実際の活動を見て、有権者やプロたちが、各政治家の資質、見識、能力、信頼性などを評定できる。

　議論に長けていても行政責任を担うには決断力が欠けるということはないか？　人気はあっても責任ある立場には不向きであることはないか？　自らの利益にばかり拘る性格ではないか？　などなど、有権者や政治家同士の間

でのさまざまなチェックを経て後に初めて、国政の場で、あるいは世界で活躍させるかどうかが判定される。「ポストが人をつくる」のは、政治家についても真理である。そういう政治家の人材調達、自己鍛錬と適性や業績の評価システムが、フランスには存在している。

4－2－9節　「選挙」を改めて考えさせる：特色についての補論

　本稿の主たる道筋から脱線気味にはなるが、そもそも「選挙」によって自分の「代表者」を選ぶというのは、どういうことか？　ある候補者や党派に「投票」するとか、「支持」を与えるとかいうのは、どんなことか？　そうしたことを考えるヒントが含まれているのも、フランスの選挙の特色である。

　本書では、話を単純にするために、さまざまな政治的立場を、マスコミがしているように極「左」から極「右」へと一直線上に配列して叙述してきた。実際には、選挙で自分の支持する候補者や党派を選択する有権者が、そのような単純な配列で表現し得るような価値体系を持っているわけではない。おそらく相当に複雑な多次元の評価尺度を、自覚的か暗黙のうちにか持っているが、実際は選挙制度上の制約などから、提示される限定された立候補者・党派のうちから、自分に一番ないしは比較的に近いと判定できるものを選択して投票するのではないか？

　2002年大統領選挙では、1回目にはさまざまな立場（「お気に入り」すなわち「最善」の「第1次選好」）を表明した有権者が、2回目にシラクへと集結（「第2次選好」。この時、選好が「第1次」と同じでありえた有権者は幸いなるかな！）して、彼の大量得票に結果した。極端な事例ではあるが、一面、選挙で複数の立候補者の中から、有権者が自らを代表する者を「選択」する、すなわち「支持」し「投票」するということの意味を考えるには、興味深い事例になっている。

(1) 有権者の「選択の幅」

　有権者として、さまざまな選挙で実際に投票してきた人ならば、自らの意思決定に苦心した経験があることと推測する。選挙時の世論調査で、投票日

の直前になっても「態度未決定」と回答する有権者が多いことにも、それが現れている。選挙では、選挙人各々が「最善」と認めうるような候補者や党派（以下まとめて「候補」と呼ぶ）がいつも立候補していて、しかもその候補に投票すれば必ず当選して自分の票が活きるというわけではない。「最善」とは思っても、負ける可能性が大きいような候補にでは、なけなしの１票を投じることを止める。「次善」「三善」であっても、自分の考えに遠くない（自分とは考えが大いに違う他の候補よりも、「比較的」に見て自分に「近い」）候補者・党派がいれば、そのうちで勝つ可能性が一番ありそうな候補に投票する。有権者は、そうした「選択の幅」を持っているというのが、常識的・経験的な観察であろう。

　「連立」中の党派間で票の「寄託」をできるのも、そういう柔軟性があればこそである。柔軟たりうる支持の集まりが、いわば潜在的な「多数派」を形成しており、そういう多数派（天下の大勢）に適合しうる候補が当選して全体を代表する立場に立つのが、最も多くの有権者の意思に相応するはずである。とすれば、候補が「乱立」した場合には「天下の大勢」が結果に反映されにくい１回だけの投票は、リスクが大き過ぎる。上述した「ル・ペン当選！」の可能性を見よ。

　(2)　投票の「移行」：状況に応じた柔軟な「支持」

　「投票」の形で表明される「支持」が意味するところは、選挙制度の枠組みと、各時点での選択肢の状況如何によるのであり、有権者が候補者や政党・党派を、「貴方だけ」が「お気に入り」と堅固一直線に選択するばかりではない。

　2002年春の大統領選挙に関する既述の具体的なデータのうち、１回目と２回目の間での「投票」すなわち候補者への「支持」表明の「移行」を推計した全国紙『ル・フィガロ』の記事を筆者なり一覧にした〔表-1-2〕を、もう一度想起して頂きたい。

　今回は、同じデータを〔図-4〕としてグラフ化してみた。元の表では各候補者の政治的な立場を考慮して新聞が「上」（極左）から「下」（極右）へと

第4編　フランス選挙制度の特色

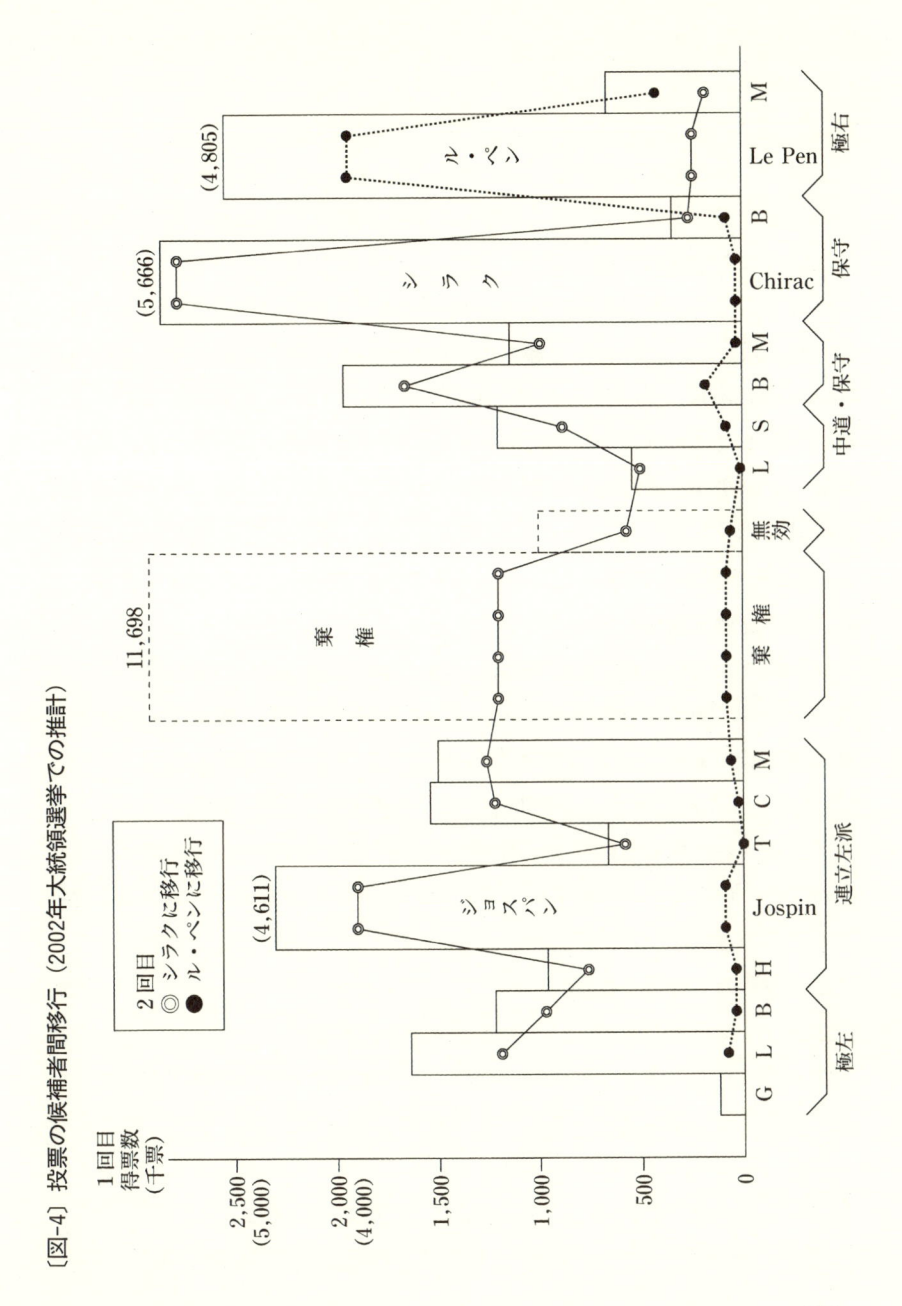

[図-4] 投票の候補者間移行（2002年大統領選挙での推計）

配列した候補者を、それに見合った形になるように「左」（極左G氏）から「右」（極右M氏）へと配列し、各候補者の1回目投票数を柱状のグラフ（各柱の面積）で比較できるように示した。大量に得票したシラク、ル・ペン、ジョスパンの3人については、作図の都合上、柱の太さを他の2倍にして高さを半分に抑え、頂上に実際の得票数を記入してある。また「棄権」は、柱の太さを他の4倍。

　そのうえで、新聞の推計による2回目「決選」での投票ぶりを示すため、◎（勝ったシラクに移行）と●（負けたル・ペンに移行）で、それぞれの1回目候補者からの票の移行状況を示した。「極左」から「極右」まで、◎と●をそれぞれに折れ線で結んであるから、ごく大雑把には、その折れ線グラフから下の空間を寄せ集めた総面積が、シラク、ル・ペン各々の2回目の得票合計を示すことになる。また、「極左」から「極右」まで連続した直線的（単純にそう配置した場合の）政治スペクトルの中の、どのあたりから、どの程度の支持を獲得しているかを大まかにイメージできる。

　具体的な数字を基礎にした観察は、既に行っているから、読者はグラフを眺めながら、それを再読して頂きたい。このグラフでも、紙面での表現と議論の簡略化の都合上、さまざまな政治的立場に対して伝統的な「左」から「右」という単純なレッテル貼りをして、1次の直線上に配列している。筆者は、そういう捉え方に必ずしも賛成できないのであるが、ここでは、こうしたグラフ化によって浮き上がってくる、選挙で有権者が自らの代表を選択することの意味について考えたい。

(3) 投票の「移行」状況

　2回目にシラクを圧倒的に多数で当選させた有権者は、元来どのような政治的立場にあるのか？　比較的に少数にとどまった一部の有権者を別とすれば、元来「左」支持者の中で大勢を占めたのは、「左」を「最善」と考えながらも、2回目には自陣営の候補者を失ったため、もっとも排除すべき人物と考えるル・ペンの影響力を極小化するために、おそらく「次善」ならぬ「三善」以下の策として、シラクに投票を「移行」した（◎印）人々である。

もちろん、元来から「保守」の支持者は、1回目に別の候補者を選んだ場合でも、2回目にはシラクに「移行」するのは、最初から折り込み済みの「次善」の選択であって、大方がそうしている。また、元来が「中道」の人々は、場合によっては、2回目にジョスパンに「移行」することを予定していた場合もあり、必ずしもシラクが「次善」ではなく、「三善」であったかもしれない。

　さらに注目すべきは、1回目には、極端な例で言えば、自他共に認める「トロツキスト」たるL氏（所属党派名は「労働者の闘い」〔略LO〕）を自分の一番の「お気に入り」＝「最善」として支持しながら、決選で選択肢を絞られるや、許容できる枠内での策（この場合は「必要悪」の緊急避難か？）として、シラクに「移行」した有権者が随分と多い（推計で110万人超）ことである。

(4)　「極左」が「極右」を支持？

　一方、同じL氏を「最善」と考えつつ、決選では反対側の極端に位置するル・ペンを選択した（●印）有権者も、少なからず（推計8万人ほど）存在する。現在の国家体制のありかたに大きな不満を抱き、過激な方策によって事態を転覆しようと考えることは、左右を問わず、その昔から、我が国における場合を含めて、極端な立場の人々に共通する考え方である。エスタブリッシュメントの代表たるシラクを支持するよりも、現状の「打破」を声高に、しかも巧妙に（まるで国家社会主義者のように）「私は経済的には「右」、社会的には「左」、そして国民的には「フランス」だ！」と叫んでいたル・ペンに魅力を感じる有権者がいても不思議ではない。

　こうした人々が存在するのは、「左」対「右」という対立軸のほかに、現政治システムを支える基本的な価値観（「共和国」）の「擁護」対「打破」とでも表現すべき対立軸などが存在し（対立軸の多次元性）、エスタブリッシュメントの「打破」という点では、「極左」と「極右」が近い位置取りをしているからに他ならない。

(5) 「投票」による「支持」の意味

　こうした観察を経た上で改めて指摘すると、「投票」の形で表明される「支持」というのは、何かまっしぐらな堅固一直線的結びつきでの選択(「お気に入り」不在の場合は直ちに「棄権」)ではなく、その時々に各有権者に与えられた選択肢の中から、少なくとも各人の許容範囲にある、できれば勝ちそうな候補を選ぶことを意味する。同じ共同体内に生きながら利害は一致しない人々の間の駆け引きや妥協が不可欠である以上、「最善」の「お気に入り」がいなければ棄権するという判断のみをする人を別にすれば、有権者は、自らの「代表」を選ぶに際し、その時々に置かれた情勢を考慮して、場合によっては「次善」、「三善」以下、さらには「最悪よりマシ」といった選択をして、できるだけ多数派を我が身の側に引き寄せようとする。民主制の下で形成される「多数派」は、そのような妥協の産物であるからこそ、社会全体として「合意による支配」の主軸として受容される。

(6) 「箱庭内砂山」モデル

　そうした実態を図式的に把握しようとすれば、〔図-4〕のようなグラフでなく、もっと多次元の見取り図が必要である。我が国で、かつて国政選挙によって大きな政治変動があった際に「山が動いた」と描写されたことがある。複雑な多次元的利益対立の場での有権者の位置取りを表現するには、単純至極な一直線上への諸勢力の配列ではなく、せめて紙や画面上での図示が可能な3次元空間になぞらえて考えたい。それには、「山」の比喩は頃合いである。

　ただ、政党などへの「支持」の柔軟性・流動性に鑑みると、有権者が形成する「山」は、岩盤の強固な岩山ではない。主権者たる国民を表すのには不謹慎な喩えだが、むしろ都市地域では、個々にはバラバラでありながら、状況に応じて離合集散を繰り返し、折々に異なる姿の起伏を形成する砂粒(「孤独な群集」)から構成される「砂山」の方が実態に近くはないか？　かつて流行歌で「砂漠」と歌われたような都市部で、立候補して投票獲得運動をする人々の目に見えるのは、そのような有権者群のイメージではあるまい

か？「風」が吹くと「山」が動いて様相が変化するのは、岩盤でなく砂の集積なればこそである。

　天然自然に存在する砂山は、1人の研究者が掌握できる範囲を超える。もっと操作性のある模型として、小さな箱庭を用意し、その箱という枠組みを一国全体と見立てて、中に砂粒（群集）を入れ、それをいくつかの小山状に盛り上げてみよう。基盤にしっかりした粘土塊（党派支持層の中核部隊）があり、砂に適当な湿り気があれば、風を当てても動きにくくなる。山の数を大統領選挙の立候補者数に合わせ、中核の粘土の真ん中からそれぞれの「旗印」を掲げておけば、より分かりやすくなる。

　それらの砂山を箱庭内に配置するに当たっては、1本の直線上で左から右にではなく、たとえば「左」対「右」の軸に加えて、現政治体制（共和制）の「擁護」対「打破」の軸を交差させて、4つの象限をつくると、「極右」と「極左」が隣り合う配置になる。〔図-5〕は、1つの試みとして、2002年大統領選挙における「右」「左」「極右」「極左」の分布状況をもとに、フランスについて、そうした政党支持の状況を極端にデフォルメして簡略化し、「箱庭内砂山」モデルをイメージ図としたものである。実際の政党支持は、せめて、このような姿で考察するのに適している。

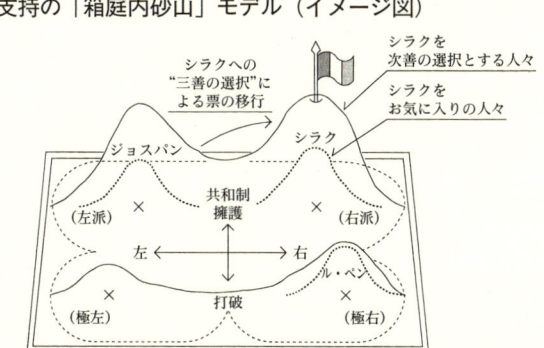

〔図-5〕政党支持の「箱庭内砂山」モデル（イメージ図）

結　論　政治エリートを磨き育てるフランスの選挙制度

　フランスにおける選挙制度の特色として注目されることを、やや羅列的にではあるが、これまで順次挙げてきた。一覧のため、改めて見出しのみ繰り返すと、
1) 一般被用者（公務員を含む）の公選職進出に際しての法的身分保障。
2) 2回投票制。これは〔1〕「多数派」の勝利と「漁夫の利」の防止〔2〕公明正大な多数派形成プロセス〔3〕新人の挑戦が容易に、といった機能を持つ。
3) 多数派プレミアム。これは安定多数派による行政執行を生み出す。
4) 地方の首長を実質的に「直接」選挙。
5) 首長と安定多数派の同時選択。
などであった。
　さらに、そうした選挙制度を通じて選出された代表者たちとの関わりで、政治制度について指摘しうる特色として、
6) 地方での行政執行は準「議院内閣制」。
7) 公選職の兼任。
8) ポストが人をつくる。
などの点を挙げたうえ、フランスの制度には、観察者に「選挙」の意味を改めて考えさせるヒントが含まれているとも述べておいた。
　以上のほかに、男女の均等化（パリテ）や補充人制度などもあるが、論点を絞るために省略する。以下では、とくに政治の世界への人材調達等、先に提示した問題意識に関わって本書全体での観察を通じて得られる結論と、それを踏まえた我が国向けの提言を述べて、締めくくりとしたい。

結論1　立候補のリスクが少ない

　我が国では、一般被用者や公務員が政治の世界に志すことは、えてして立候補するだけで職場を失うから、生活上のリスクが極端に大きな人生の「賭け」になっている。運よく政治家の途に踏み出すことに成功した人材でも、別の新しい公選職に「立候補」するだけで、当選するか否か分からないうちに現職を自動的に失うという「潔癖主義」的な仕組みである。政治の途には、青雲の志あふれる前途有為の青年ですら、なかなか踏み切れない。結局、運良くか已む無く親などの地盤を引き継ぐか、マスコミの寵児であるか、よほど生活に余裕があるか、寛大な後援者など特別な資金源があるか、あるいは家族を含めて悲惨な生涯を送ることにも甘んじる悲壮な覚悟をする、とかいうのでない限り、高い志があっても、挑戦すること自体を断念するしかない場合が多い。

　政治の世界に、一般国民とも共通した生活感覚や価値観を持った人々が、より多く参画していくようにするためには、立候補のリスク（本人だけでなく、家族、地域、国家それぞれに生まれるリスクを考えて、制度を立てる必要がある）は極小にした方がよい。志ある人々を調達し、養成・訓練するには、その経験の幅を広げられる新しい立場に「挑戦」すること自体は容易にした方がよい。我が国でなら、少なくとも、潔癖過ぎる現在の兼職（正確には立候補）禁止の制度を見直すことが考えられてよい。公務員を含め、公選職に立候補しようとする一般被用者がいる場合には、雇用主が辞任を求めるのでなく、むしろ国民全体のためにおおいに応援し、もし落選しても職場復帰を暖かく迎える。それぐらいの配慮をしてでも、政治の世界に資質と志豊かな人材を供給する必要があるのが、我が国の現状ではないのか？　フランスやドイツにある制度が、なぜ我が国では関心を持たれないのか？

結論2　叩き上げ、磨き上げられる「代表」たち

　フランスで公選職に就き政治を担っている人々の中心は、これまで多くの

結　論　政治エリートを磨き育てるフランスの選挙制度

　実例によって観察してきたとおり、有権者が間近で見られる地方行政の現場でも行政責任を担ってきた人々である。国政の場が活躍の中心になってからも、地方の現場に繋がっているから、国・地方を通じる政府部門全体での政治・行政の仕組みのあり方、政策の立て方を承知している。そうして進めてきた政治・行政の実績について、プロや有権者からの業績評価を受ける。

　同一の人物が中央と地方にわたって複数の公選職を兼任することに異和感を抱く人がいるだろう。しかし、私たち有権者は誰もが日本国の国民であると同時に、自分の暮らすまちやむらの住民である。中央―地方を通じて同一人物に自分の立場を「代表」させる方が「自然」かもしれないぐらいだ。ただ、議員報酬は相当に値切ればよい。

　有権者が自分たちの代表を選挙するプロセスを通じて、挑戦する新人たちと対比しながら選択され続ける。場合によっては急激に支持を失って落伍するリスクを常に負っている。そういう政治「エリート」、神ならぬ有権者が、自らの眼力によって、年月かけてア・ポステリオリに選び、叩き上げ、磨き上げた我等が「代表」なのである。

　そのような政治エリートを養成し活用することなくして、主権者たる国民が、官僚たちの専門的な助言を活かしたり、取捨選択したりしながら、適時適切な政策方針を立て、国家の難局に立ち向かうことが出来るだろうか？百戦錬磨の政治家群が率いる国々と、政治家同士で意見交換し、交渉し、利害調整しながら、自国たとえば我がニッポンの進むべき道を切り開いていくことが出来るだろうか？　フランスが、今日なお、特に国際政治の場で維持し続けている影響力の源泉は、そうした意味の政治エリートたちである。

提言　制度ならば改革できる

提言1　　岩倉具視ご一行の慧眼に学ぶ

　我が国では、政治的な仕組みの話になると、いわば自動的に英国を模範として考える人たちが多い。筆者も英国政治の制度や運営には敬意を抱いている。若い頃に英国留学させて頂き、じっくり調べてもみた。しかし国情の違いは、なかなか消えるものではない。

　はるかな昔の明治維新直後に、不平等条約改正交渉にあわせて、海外主要国の視察をした特命全権大使岩倉具視公の一行は、米・英だけにとどまらず、欧州大陸にわたって、仏、白、蘭、普、露、嗹、瑞典、以、墺、瑞士を巡って、広く世界の実況を見聞して情報を求めている。そのうえで、フランス人が「我日本人ノ気象ニ似タリ」（久米邦武編『特命全権大使・米欧回覧実記3』〔岩波文庫〕35頁）と判断している。国民の「気象」は、政治のありかたを規定する前提である。外国での経験に学ぶに際して、目下の覇権国だとか、単に言葉が分かりやすいとかいうだけで、ごく僅かの国での仕組みや経験を金科玉条のごとくに扱うのでは、明治維新に匹敵しうる的を射た改革に達することは到底できない。

提言2　　「政治家稼業」を「賭け」から解放する制度に

　他国のどういう側面を重視し参考とするかは、国情や時代状況などで違ってしかるべきであり、それぞれの国でそれぞれの時に応じて判断する必要がある。我が国とは前提となっている状況が随分と違い、なかなか見習いにくい国でのありかただけを参考にしていたのでは、なかなか実効は上がらない。無い物ねだりをするよりは、手元に有る制度の中で手をつけられるもの

を改革していくことの方が、目標に到達する可能性は遙かに大きい。

　選挙で選ばれた政治家自身が、責任を引き受け、自らの力で行政執行の指揮を取り、業績評価を受けて、有権者からの信頼を増し、その結果、場合によっては長期政権となる。そういう意味での叩き上げられ磨き抜かれた政治エリートが、もっと多く必要なのではないか。制度的な障害を除去せず、政治に取り組む志ある人々に、愛する家族を含めて人生全体を「賭け」させるという過大なリスクを負わせて尋常の生活を送れないようにしておいたのでは、結局、国民自身の不幸である。

　代表を選ぶ責任は有権者にある。代表を選ぶ方法や働かせる仕組みに問題があれば、民主主義は適切に機能しない。フランスの政治家たちの国内外における潑剌たる活躍ぶりを見るにつけ、わが国での「政治家稼業」の危うさが思い遣られてならない。

提言3　　実験的取り組みを

　ただ、政治の制度に関する「改革」は、なかなか進展しにくいのも、また事実である。「改革」が、つねに所期の目的を達するとも限らないし、そもそも実行に移される「改革」自体が不適当なものである場合もありうる。たとえばフランスにおけるような仕組みが、そのままで、あるいは修正した形ででも、我が国に、国全体にも、あるいは何処かの地方団体だけにでも適合しうるものかは、正直のところ、やってみなければわからない。

　そういう場合には、事柄に応じて、一定期間や一定分野だけでの「実験」をしてみたらよい。あるいは、岡山県新見市が電子投票への勇気ある取り組みをしたように、一部の地方団体で、自らの判断において実行できるように、法律の枠組みを改正したらよい。地方団体における意思決定システムや選挙制度が、全国均一でなく多様であってよいものであることは、米国や独国での長年にわたる経験、そして近年の英国の動きなどから見ても、すでに実証されている。我が国でも、かつて地方制度調査会で検討された経緯もあり、地方制度の多様化は荒唐無稽な話ではない。それが、自分たちの代表を

選ぶことや、自分たちが公権力を付託した代表たちに仕事をさせる方法を、住民自身の選択で仕組みの段階から決めていくことになる。国家全体としてみれば影響の少ない形での社会「実験」をして、その効果を見極めるチャンスを持つことになる。

提言4　　制度は我々が創るもの

　以上、フランスの選挙制度をつぶさに観察すると同時に、それによって生まれる管見を必ずしも実証的な証明をし切れない場合も含めて、ある意味では大胆に申し述べた。それでも筆者は、政治制度を設計するという目的に必要な程度の実証は出来ていると信じる。我が国のために考えられる方策は他にもいろいろあるだろう。フランスでも、長年にわたって、さまざまな仕組みを実行し、いわば試行錯誤してきた。その気になれば出来ることで、個別の地方団体で「実験」可能なことは実行してみればよい。それが可能なように制度を組み替えればよい。その場合、たった1カ所たった1回の「成否」だけで、すぐには全国に通じる判定をしないように注意しながら、成功と失敗の経験を積み重ねることが大切である。

　我が国において、「政治家を人材調達、育成訓練、業績評価する」という観点から、長年にわたって巷間指摘されてきたさまざまな問題は、ステレオタイプ的な議論で言われるような「人材」資源の不足や、アクターたちの「心がけ」に起因するのではない。筆者の見るところ、選挙や統治の仕組みという「制度」の問題なのである。

　純粋な「志」にあふれる若手や、知恵とエネルギーを「公共」のために尽くしたいという働き盛り、人生経験豊富で世の中への恩返しをしたい熟年世代は、あふれるほどに存在している。潜在的なアクターたちが、人生の全てを擲った「賭け」をしなくとも、みんなの代表に立候補できるようにすることが必要なのである。有徳の人ですら「井戸と塀」しか残らなくなる（さらには、しばしば多額の借金に苦しむ）タイプの政治家稼業を礼賛するような古典的な観念から脱却しなければならない。そんな名望家や金満家だのみの

制度で、現代民主主義の担い手を調達できるわけがないではないか！

　政治のための仕組みは天賦のものではない。すべて人為のなせる業である。ポストが人を、人の経験が民主主義を、そして人為の制度がその基盤をつくるのである。

〔参考文献等と原論稿〕

　「はしがき」でも述べたとおり、本書の大部分の元となった原論稿は次の3つである。執筆順に列記すると、

・山下茂　「フランス地方自治管見―政治家を人材調達、育成訓練、業績評価する制度的工夫」、『地方自治』第653号〔平成14年4月号〕所収
・　同　　「フランス選挙制度の特色と動態―地方選挙を中心として」（1）～（12）、『自治研究』（良書普及会～第一法規出版）第78巻第12号〔平成14年12月号〕～第80巻第4号［16年4月号］所収
・　同　　「フランスの「州」選挙制度―その特色と動態―」、『ガバナンス研究』No. 2（2005年度）、明治大学大学院ガバナンス研究科紀要所収。

　これらの論稿では、基本的に、フランス国内で発行されている全国紙に掲載された各種選挙についての記事やデータ、関係法令の規定、仏国中央政府の公刊印刷資料とホームページなど、公知の事実についての情報を原資料として叙述するとともに、議論を組み立てている。

　本文中や脚注で引照したものを含め、公刊されている書籍等で最も参考にしたものとしては、次のようなものがある。

1．（財）自治体国際化協会（略 CLAIR）の刊行物

　クレア・レポート（下記で No. が付されたもの）ほかであるが、これらは現在では、同協会のホームページを通じて PDF 版がダウンロードできる。

（1）「フランス地方選挙の制度と実態―コミューン議会議員選挙・県議会議員選挙―」（No. 222：Nov. 30, 2001）
（2）「フランス地方選挙のあらまし」（No. 105：Jul. 20, 1995）
（3）「フランスの地方公務員制度　第1部」（No. 066：Mar. 31, 1993）
（4）「同　第2部」（No. 070：Jul. 12, 1993）

（5）『フランスの地方自治』（平成14年1月）

＊このうち（1）と（5）は、筆者自身が同協会のパリ事務所長であった時期の刊行物であり、監修者（かつ分担執筆者）としての責任を筆者が負っている。

2．仏語文献・資料等
- J.-Y. VINCENT et M. de VILLIERS, "Code Electoral", (Litec)
- J. MOREAU et al., "Code Général des Collectivités Locales", (Litec)
- S. SALON et al., "Code de la Fonction Publique", (Dalloz)
- F. FAVENNEC-HERY, "Code du Travail", (Dalloz)
- J.-L. PEZANT et al., "L'Election des députés : Connaissance de l'Assemblée 8", (1997, Assemblée nationale)
- P. MARTIN, "Les systèmes électoraux et les modes de scrutin", (2/e 1997, Montchrestien)
- E. VITAL-DURAND, "Les collectivités territoriales en France", (4/e 2000, Hachette)

〔付録〕 本書に掲載していない参考事例〔表〕のリスト

　　事例　　　　　　　　　　原論稿『自治研究』掲載／巻・号・頁・表番号

○国会下院（国民議会）2002年6月総選挙
・ジロンド県第2区「ボルドー中央」　　79巻7号93頁〔表-20-1〕
　　＊中道・保守系の大同団結でジュペの勝利
○コミューン　2001年3月選挙
・トゥールーズ市　　　　　　　　　　79巻2号31頁〔表-5〕
　　＊中道・保守系が大同団結で逃げ切り市政政権維持（＋リーダー交代）
・オーセール市　　　　　　　　　　　79巻2号34頁〔表-7〕
　　＊「右」が分裂、「左」が融合で勝利し市政政権奪取
・リヨン市第Ⅴ区　　　　　　　　　　79巻3号32頁〔表-9-5〕
　　＊中道・保守系が分裂し、「左」が漁夫の利
・マルセイユ市／市議会全体見取り図　　79巻3号35頁〔表-10-1〕
　　＊現職首長ゴーダン率いる保守連合の順当勝利
・マルセイユ市第Ⅶ選挙区　　　　　　79巻3号36頁〔表-10-2〕
　　＊前回同様「左」が勝利。他に中道・保守系と注目の「極右」2派
○県　2001年3月選挙
・アリエ県モンリュソン東選挙区　　　79巻4号65頁〔表-13-3〕
　　＊「社」の辞退あるも「共」が議席継承に失敗。保守系の勝利
・クルーズ県／県議会全体見取り図　　79巻4号68頁〔表-14〕
　　＊「右」から「左」へ県政権交代

〔索　引〕

＊この索引は、各項目について、その意味を説明している主要な箇所などに限って該当ページを示しているものであり、出現する箇所全てを網羅的に示すものではない。なお、規模が比較的に大きなコミューンの名には「市」(仏国では市・町・村の区別はないが、索引を見やすくするため)を付けている。

あ行

アヴェロン県 ……………………*177*
アジョワン(助役) ………………*54*
アリエ県(議会選挙) ………*122～126*
アリエ県(での州議会選挙) ……*141～*
アリオ・マリ ……………………*5*
アルザス州 ………………………*15*
アルザス州(議会選挙) …………*145*
アルジャントゥイユ市 ……………*36*
アロンディスマン　→　郡、区(3大都市の)
安定多数派 ………*63, 137, 201, 203*
移行(票の) ………*3, 24, 210～213*
イゼール県 ……………*127～129*
1回投票 ………………*9, 14, 132*
一斉改選 ………………*12, 136*
一本化工作 ………………*195, 198*
井戸と塀 ……………………*223*
岩倉具視公 …………………*221*
ヴァル・ド・ワーズ県 …………*165*
ヴォークリューズ県 …*130, 164, 180*
ヴィシー市 ……………*122, 125*
ヴィトロール市 …………*100～105*
ヴァイヤン ……………………*61*
ヴォワネ ………………………*36*
右派　→　右(右派)

ウール県(県とコミューンの選挙)
　……………………………*149～155*
エイロー …*32, 72～, 109, 176, 179*
エヴルー市(県とコミューンの選挙)
　……………………………*149～155*
エクス・アン・プロヴァンス市
　……………………*30, 83, 196, 199*
エナ　→　国家行政学院(ENA)
エナルク(エナ卒業生)
　……………………*167～, 184, 207*
エリート …………………*207, 219*
オー ………………*130, 164, 180*
オーヴェルニュ州 …………*138～143*
欧州議会 ………………………*49*
欧州議会議員 …………………*49*
欧州議会議員選挙 ………………*2*
欧州議会議員選挙制度 …………*49*
欧州市民 ………………………*9*
欧州社会党(PSE) ………………*52*
欧州自由民主改革党(ELDR) ……*52*
欧州統一左翼党(GUE-NGL) ……*52*
(欧州)緑の党 …………………*52*
欧州民党・欧州民主党(PPE-DE) *52*
欧州連合(仏略 UE. 英略 EU) ……*81*
オート・ソーヌ県 ……………*130*
オブリ……………………………

33,48,78〜,118,165,169,178,186
オランジュ市 ……………………37
オランド ……………170,179,185

か行

会計監査院 ………………167〜,185
会計監査官 ………………167〜
下院(議員) → 国会下院(議員)
下院議員－メール ……………158
革命的共産主義者同盟(LCR) ……78
賭け(人生の)…………218,221〜222
風 ……………………198,215
ガール県 ……………………40
間接選挙 ………………………8
カントン ………………119,122
議員(地方) ……………………54
(準)議員内閣制 ……………205,207
議会(地方) ……………………54
棄権 …………………2,7,18〜
寄託(票の)…………3,104,197,210
議長(県)……………………14,54
議長(コミューン) ……………54
議長(州) ……………………54
キャスティング・ヴォート 134,204
休職(公選職就任のための)……182〜
教員(教授含む)………………179
共産党(PCF＝仏共産党) …(3),8,36
共和国 ……………116,213〜
共和国大統領 → 大統領
共和国民運動(MNR) 7,19〜,100〜
共和国連合(RPR) …………5,167

極右 ……………………………
(3),4,6〜,13,16,18〜,37,51,134
極左 ………………8,19〜,51
漁夫の利 ………………………193
キリスト教右派自由党(DLC) ……84
区(3大都市のアロンディスマン) 60
区議会(3大都市の) ………………60
区議会議員 ………………………60
区長(メール) ……………………60
グルノーブル市 …………127〜129
郡(アロンディスマン) ……………122
決選投票 ………3,4,6〜,18〜,135
ケラー …………29,82,117,165
県 ………………………………53
県議会 …………………………13〜
県議会議員選挙 ……1,13〜,119〜
県(議会議員等)選挙制度
 …………………………13〜14,119
県議会議長 → 議長(県)
県議会副議長 → 副議長(県)
現職(公選職の) ………………195〜
兼職(公選職の) → 兼任
兼職禁止 ……………………158〜
兼職制限 ……………………158〜
兼任(公選職の) 44,158〜166,206〜
憲法院 ……………………………45
コアビタシオン(左右共存) …5,112
広域議会 ………………………106
広域行政組織(コミューン間の)
 …………………105〜106,160
広域行政組織の首長・副首長
 ……………………106,160
広域行政組織での選挙 ……106〜118

230

広域共同体(議会) ･････････････････････106
(広域)事務組合(管理会) ･･･････････106
広域組織　→　広域行政組織
高級官僚　→　高等官
公職の兼任　→　兼任
公選職　････････････････････53～55,159～
公選職の兼任　→　兼任
拘束名簿　･･･9,12,14,57,70～,132
高等官 ･･････････････････････････178～180
公募制 ････････････････････････････････195
公務員(の公選職就任)･･･178～187
公務員一般身分規程 ･･･････182～183
公務員法典 ････････････････････････183
国民議会　→　国会下院
国民戦線（FN）
　････････････(3),4,7～,16,18～,134
国務院(CE) ････････････････99,182,185
国会下院（国民議会） ･･････････････6
国会下院(国民議会)議員選挙(総選挙)
　･････････････････････････････2,6～,26～
国会下院議員選挙制度 ････････6,26
国会上院 ･･････････････････････････8,42
国会上院議員選挙 ･･････････1,8～,42～
国会上院議員選挙制度 8～9,42～43
国家行政学院(ENA=エナ)
　････････････････････････167～,183～186
孤独な群集 ･･････････････････････････214
コミューン ･･････････････････････12～,53
コミューン間広域行政組織　→　広域
　行政組織
コミューン議会 ････････････････････12～
コミューン議会議員選挙 ･･･1,12～,
コミューン(議会議員等)選挙制度

　････････････････････････････････55～63
コルス州 ････････････････････････････15
コロン ･･･････････････････････････････30
混合(名簿の) ･････････････････････70
混合投票(パナシャージュ) ･･･････56

さ行

再選挙(やりなおし) ･･････････････99～
左派　→　左(左派)
サルコジ ････････････････････････173～
3大都市の選挙 ･････････59～61,85～
3分の1(1/3)改選 ･････････････9,42
シアンスポ(IEP)･･････････････167～
敷居(=2回目投票進出等の最低ライン) ････････････････････････････････70
支持(有権者の候補者への) ････214～
ジスカール・デスタン(VGE) 51,138
辞退(2回目進出の) ･･･････104,200
市(町・村)長　→　メール
市町村　→　コミューン
実験(制度の) ････････････････････222
執行部(地方団体の) ･･･････････････54
死に票 ････････････････････････････201
市民運動党(MDC) ･････････････37,46
事務総長(地方団体の) ･･････55,205
指名 ･････････････････････････････････66
社会党（PS）･･･････････････(3),8,51
シャバンデルマス ･････････････････76
シャンパーニュ・アルデンヌ州(議会選挙) ･････････････････････････････145
州 ････････････････････････････････････53
州議会 ･････････････････････････････14～

州議会議員選挙 ……… 2, 14～, 50～
州(議会議員等)選挙制度 132～137
自由民主党(DL) …………………… 10
首長 → メール(コミューン), 知事＝議長(県), 知事＝議長(州)
ジュペ …… 26, 75, 112～, 178, 184
シュベーヌマン ……………… 37, 46
狩猟者・漁労者党(CPNT)………… 50
上院(議員) → 国会上院(議員)
上院議員ーメール ………………… 158
小規模コミューン …… 12, 63～, 203
小選挙区 …… 6, 13, 26～, 119, 203
ジョスパン ……… 4, 18～, 168, 212
ジョスパン内閣 ……………… 13, 35
諸派(地方選挙での) ……………… 130
助役(コミューンの) ……………… 54
ジョワセン・マッシニ ……… 30, 84
シラク
 … 4, 6, 18～, 167～168, 185, 212～
シラク派(RPR → UMP)
 ……………………(3), 5, 51, 167
新旧交代 …………………………… 199
新人 ………………………………… 198
新人挑戦抑制効果 ………………… 198
ストラスブール市 ……… 27, 47, 81
ストラスブール大都市共同体
 ………………………………… 105, 116
正規職員(公務員) ……………… 182～
制裁投票 …………………………… 15
政治エリート ……………… 218～222
政治家 ……………… 206～, 221～223
政治家稼業 ………………… 221～224
制度 ………………………… 223～224

政党支持 ……………………… 214～215
セガン ……………………… 94～, 186
世代交代 …………………………… 199
セリエ ……………………………… 165
選挙運動休暇 ……………………… 181
選挙区 ……………………… 6, 8, 14
選挙人団 ……………………… 8, 42
選挙法典(CE) …… 45, 137, 182～
選択の幅(有権者の) ……………… 209
総選挙 → 国会下院議員選挙
相対多数での当選 ……………… 194
ソーミュール市 …………………… 32

た行

代議員(コミューンから広域議会等へ)
 ……………………………………… 106
第5共和制 ………………………… 4
大同団結 …………………………… 194
大統領(共和国大統領) …………… 4
大統領選挙 ……………… 1, 4, 18～
大統領選挙制度 …………………… 4
大統領多数派連合(UMP) … 6～, 27
大都市共同体 ……………… 105～107
多数決制 …………… 43, 56, 64～69
多数派プレミアム(コミューンの)
 ……………… 12, 57～63, 70, 200
多数派プレミアム(州の)
 …… 14, 132～137, 140, 147, 201～
多選禁止 …………………… 198, 200
叩き上げ 172～177, 207, 219, 222
単記 ………………… 6, 13, 26, 119
男女同数制 → パリテ

232

索引

地域圏 → 州
知事(県) …………………………54
知事(州) …………………………54
地方議会 …………………………11
地方選挙 …………………………10～
地方団体 …………………………54
地方団体総合法典(CGCT) ……181～
地方長官(プレフェ)
　………………………54,171,179,204
中道 …………………………(3),4,6～
直接選挙 …………………………202
定数 ………6,8,42,49,55～57,60
定年制(公選職の) ………198,200
ティベリ …………………………93～
デパルトマン → 県
転向 ………………………………198
ドイツ …………………205,206,217
統一地方選挙 ……………………12
党派 …………………………………(3)
投票箱 ……………………………115
得票率 ……………………………18～
ドゥブレ …………………110,149～
トゥールーズ市 …………………110
(大)トゥールーズ都市圏共同体 110
ドゥルヴォワ ……………………175
登録有権者 ………………………6
ド・ゴール派 ……………………20
ドストブラジ ……………………110
ド・ビルパン ……………………174
ドラノエ ……………………88,95
トロツキスト ………………8,25
トロットマン …………27,47,81
ドロール …………………………78

な行

2回投票……………………………
　4,6,9,12,14,56～,63,70,119,
　132～,191～
任期 …………4,6,8,12,13,14,42
ナント市 ………………32,71～,176
ナント大都市共同体 …………109～
ヌイイ市 …………………………173
年長者 ……………………………129

は行

バイルー ………………………19～,179
派遣(公務員の公選職就任への) 182～
箱庭内砂山モデル ………214～215
パスクワ …………………………93
バラデュール …………………20,195
パリ(市かつ県) …………………93
パリ議会 …………………………59
パリでの地方選挙(パリ議会と区議会)
　………………………………93～99
パリテ(男女同数)制 ………58,191
バール ………………………31,86
半数(1/2)改選 13,42,119,136,204
ピエシュ ………………………164,177
非拘束名簿 ……12,56,63～69,203
非正規職員(公務員) ……………181
左(左派)……(3),7,13,14,15,18～,
　51,120
筆頭助役 …………………………202
ピュイ・ドゥ・ドーム県 …142～143
被用者(の公選職への就任)

233

………………………………180～,192	マルセイユ市 …………………………59
比例代表…………………………………	磨き上げ ………………………218,222
9,12,14,43,57,70,132～	右(右派)…………………………………
ファビウス…48,112,169,179,184	………(3),13,14,15,18～,51,120
副議長(県)…………………………14,54	三つ巴(決選投票)……………37～,101
副議長(州)…………………………………54	緑の党………………………………(3),36
復職 ……………………………………181	身分保障 ………………………187,192
副首長(地方) ……………………………54	民意 ……………………………… 196～
副知事(県) ………………………………54	民間被用者　→　被用者
副知事(州) ………………………………54	ムルト・エ・モーゼル県 ………130
仏共産党（PCF）　→　共産党	メグレ ……………………………19～,100
仏民主連合(UDF) ……………8,21,51	メール(コミューンの首長) …12,54
フランス連合(RPF) …………………93	モスコヴィシ ……………………48,186
フルカド ……………………………180	モロワ ………………………33,78,117
プレザンス ………………………149～	
プレジダン(県・州)　→　議長＝知事	**や行**
プレフェ　→　地方長官	
ペタン ………………………………122	やりなおし(コミューン選挙の) 99～
ベルフォール市 ……………………37,46	ユー ………………………………………36
ポワティエ市 ………………………171,172	融合(名簿の)……59,70,135,196～
ポワトゥ・シャラント州 ………5,171	
補欠選挙 ……………………………44	**ら行**
保守 ……………………………………(3)	
補充人 ……………………………28,44～	ラファラン …5,15,133,171～172
ボルドー市 …………………………26,74～	立候補のリスク …………………218
ボルドー大都市共同体 ………112～	リムーザン州 ……………………146
ポンスレ ………………10,164,180	リモージュ市 ……………………146
	リヨン市 ……………………………30,59
ま行	リヨン市での地方選挙(市議会と区議会) ………………………………85～92
マコン市 ……………………………76	(大)リヨン(圏)大都市共同体での選挙
マドラン ……………………………19～	……………………………114～116
マリーヌ・ル・ペン ………………38	リール市 ……………………………33,78～

索引

リール(中枢)大都市共同体　*105*,*117*
ルーアン市　…………………*108*,*110*
ルーアン都市圏共同体　……………*111*
ル・ペン　………………*4*,*18*～,*208*
レジオン　→　州
連記　………………*56*,*57*,*63*～*69*
連合区(マルセイユ)　………………*60*
連立　………………*59*,*197*～,*203*

労働者党(PT)　……………………*78*
労働者の闘争党(LO)　………………*72*
労働法典　……………………*180*～
路面電車　……………………*109*
ロワイヤル　………*49*,*170*,*179*,*184*

わ行

235

〔仏語索引〕

*この索引は、本文中に仏語の原語を掲げたもののうち一部のみを示している。

A

ADF（全仏県連合会）………164, 177
adjoint au maire（助役＝コミューンの副首長）……………………54
Aix-en-Provence（エクス・アン・プロヴァンス市）…………………83
Allier（アリエ県）…………122, 141
Alsace（アルザス州）……………146
arc républicain（共和国的アーチ）
　………………………………116
arrondissement（郡または3大都市の区）…………………………122
Assemblée nationale（国民議会＝国会下院）………………………6
Auvergne（オーヴェルニュ州）…138

B

Basse-Normandie（バス・ノルマンディー州）……………………144
Bordeaux（ボルドー市）…………74
Bordeaux-Métropole（大ボルドー中枢都市）………………………112
Bourgogne（ブルゴーニュ州）…144
bureau（執行部）…………………54

C

Cantal（カンタル県）……………141
canton（カントン＝県議会議員の選挙区＝小選挙区）………………119
CE（欧州評議会＝仏略＝英略同じ）81
CGCT（地方団体総合法典）159, 181
Champagne-Ardenne（シャンパーニュ・アルデンヌ州）…………146
CLAIR（クレア＝自治体国際化協会）
　………………………………225
Code de la fonction publique（公務員法典）………………182〜183
Code du travail（労働法典）……180
Code électoral（CE＝選挙法典）
　………………………137, 159, 162
Code général des collectivités territoriales（CGCT＝地方団体総合法典）……………………159, 181
cohabitation（左右共存）……4, 112
colistiers（同一名簿掲載立候補者＝複数形）………………………104
collectivité locale（地方団体）……54
collectivité territoriale（地方団体）
　………………………………54, 163
collège électoral（選挙人団）………8
comité（管理会＝広域事務組合の）
　………………………………106

236

索引

communauté（広域共同体）……106
communauté d' agglomération（都市圏共同体）……110
Communauté d'agglomération du Grand Toulouse（大トゥールーズ都市圏共同体）……110
Communauté d'agglomération Rouennaise（CAR=ルーアン都市圏共同体）……111
communauté urbaine（CU=大都市共同体）……107
Communauté urbaine de Bordeaux（CUB=ボルドー大都市共同体）…112
Communauté urbaine de Grand Lyon（CUL=大リヨン圏大都市共同体）114
Communauté urbaine de Lille Métropole（CUDL=リール中枢大都市共同体）……105
Communauté urbaine de Nantes（CUN=ナント大都市共同体）……109
Communauté urbaine de Strasbourg（CUS=ストラスブール大都市共同体）……105
commune（コミューン=基礎自治体）……53
conseil（議会=地方の議会）54,106
Conseil constitutionnel（憲法院）45
conseil d'arrondissement（区議会=3大都市の区の）……60
Conseil d'Etat（CE=国務院）……99,182,185
Conseil de Paris（パリ議会=市議会かつ県議会）……59

conseil municipal（コミューン議会）……60
conseiller（議員=地方議会の議員）……54
conseiller d'arrondissement（区議会議員=3大都市の区の）……60
conseiller municipal（コミューン議会議員）……60
consigne（寄託=票の）……104
Corse（コルス州）……145
Cour des comptes（会計監査院）……167,185
CPNT（狩猟者・漁労者党）……50
cumul des mandats（職の兼任=兼職）……158
cumul des mandats électoraux（公選職の兼任=公職兼任）……158

D

délégué（代議員）……106
délégué de commune（コミューンの代議員）……106
département（デパルトマン=県）53
député européen（欧州議会議員）49
député-maire（下院議員-メール）158
détachement（派遣）……182
directeur-général（事務総長）55,205
disponibilité（休職）……182
DL（自由民主党）……10,22
DLC（キリスト教右派自由党）84,86

E

237

ELDR（欧州自由民主改革党）……52
élu（公選された者＝議員）……53, 55
ENA（エナ＝国家行政学院）167, 183
Eure（ウール県）……………………149
eurodéputé（欧州議会議員の略称）49
Evreux（エヴルー市）………………149

F

fief（封土）……………………………47
Franche-Comté（フランシュ・コンテ州）……………………………………144
Front National = FN（国民戦線）
………………………………4, 18, 134
fusion（融合＝名簿の）
………………………59, 70, 135, 144

G

GUE-NGL（欧州統一左翼党）……52
Giscard d'Estaing（VGE＝ジスカール・デスタン＝元大統領）…138, 142
grands corps（高等官職団）……179

H

haut fonctionnaire（高級官僚＝高等官）……………………………178〜179

I

IEP（シアンスポ）…………167, 173

inscrit（登録有権者）…………………6
Isère（イゼール県）…………………127

J

K

L

Languedoc-Roussillon（ラングドック・ルシオン州）……………………144
LCR（革命的共産主義者同盟）……78
Lille（リール市）………………………77
Limousin（リムーザン州）…………146
LO（労働者の闘争党）………………72
Lozère（ロゼール県）…………………9
Lyon（リヨン市）………………………85

M

Mâcon（マコン市）……………………76
maire（メール＝コミューンの首長）
………………………………12, 54, 93
maire-adjoint（助役＝コミューンの副首長）……………………………………54
maire d'arrondissement（区長＝3大都市の区の）……………………………60
mairie（市役所・区役所）……………93
MDC（市民運動党）……………37, 46
Meurthe-et-Moselle（ムルト・エ・モゼール県）…………………………130
MNR（共和国民運動）……7, 21, 100

N

Nantes（ナント市）……………71
Neuilly-sur-Seine（ヌイイ市）…173
non-titulaire（非正規＝公務員の）181
Nord（ノール県）………………9

O

P

panachage（混合投票）……………56
Paris（パリ）……………………93
parité（パリテ＝男女同数制）58,191
Parlement européen（欧州議会）49
PCF（仏共産党）……………8,51
Poitou-Charentes（ポワトゥ・シャラント州）………………………171
PPE-DE（欧州民党-欧州民主党）…52
préfet（プレフェ＝地方長官）
………………………54,171,179
président（共和国大統領のほか、県・州・広域行政組織の議長＝首長＝県知事・州知事など）
………………………14,54,106
PSE（欧州社会党）……………52
PS（社会党）…………………8,51
PT（労働者党）………………78
Puy-de-Dôme（ピュイ・ドゥ・ドーム県）……………………141

Q

R

région（レジオン＝州）………53,132
remplaçant（補充人）……………44
Renne（レンヌ市）………………110
Rouen（ルーアン市）………110〜111
RPF（フランス連合）……………93
RPR（共和国連合＝シラク派）
………………………5,19,167

S

scrutin（投票）……………………56
scrutin de liste（名簿式投票制）137
scrutin de liste à deux tours（名簿式2回投票制）………………137,200
scrutin majoritaire（多数決制）…56
scrutin majoritaire plurinominal（連記投票多数決制）………………56
scrutin majoritaire plurinominal à deux tours（連記2回投票多数決制）
……………………………………56
＊本文では「非拘束名簿式(完全連記可能)2回投票多数決制」と意訳
scrutin proportionnel（比例代表制）
……………………………………57
scrutin proportionnel de liste（名簿式比例代表制）……………………57
scrutin proportionnel de liste à deux tours（名簿式比例代表2回投票制）57
scrutin proportionnel de liste à deux tours avec prime majoritaire
（多数派プレミアム付き名簿式比例代

239

表2回投票制）……………………57
　＊本文では「拘束名簿2回投票式比例代表併用多数派プレミアム制」と意訳
scrutin uninominal（単記投票制）119
scrutin uninominal majoritaire（単記投票多数決制）………………119
scrutin uninominal majoritaire à deux tours（単記2回投票多数決制）
………………………………119
secteur（連合区＝マルセイユ市の）59
Sénat（国会上院）……………8, 42
sénateur-maire（上院議員-メール）
………………………………158
statut général（一般身分規程＝正規公務員の）………………182, 183
Strasbourg（ストラスブール市）…81
suppléant（補充人）…………28, 44

T

triangulaire（三つ巴戦）…………101

tramway（路面電車）……………109

U

UDF（仏民主連合）…………8, 21, 51
UE（欧州連合＝仏略、英略＝EU）81
UMP（大統領多数派連合→大衆運動連合）………………6, 51, 175, 184
Union pour la majorité présidentielle（＝UMP）………………………6

V

VGE＝Valéry Giscard d'Estaing（ジスカール・デスタン＝元大統領）138
vice-président（県・州・広域行政組織の副議長＝副首長＝副知事など）14, 54
Vitrolles（ヴィトロール市）……100
vote-sanction（制裁投票）…………15

W　X　Y　Z

明治大学社会科学研究所叢書

■著者略歴

山下　茂（やましたしげる）

　昭和46年東大法（政治コース）卒、自治省入省。50～52年英国留学（政府派遣）、ケント大学大学院地方自治専攻修士（M.A.）、バーミンガム大学地方自治研究所（INLOGOV）名誉研究員。自治省では、大臣官房文書課長（細川～村山内閣で国会関係と法規など所管）、消防大学校長など、地方団体では、岡山県地方課長兼選挙管理委員会事務局長、広島市財政局長、栃木県総務部長、和歌山県副知事など歴任し、平成12年～（財）自治体国際化協会パリ事務所長。16年4月～明治大学公共政策大学院ガバナンス研究科教授。

　主要著書／論文に『比較地方自治』（共著／第一法規／増補改訂版／平成4年）、『日英米地方自治用語辞典』（共著／ぎょうせい／平成4年）、「英国の地方自治」（月刊『自治研究』昭和52～63年）、「南欧3か国の地方制度に学ぶ」（月刊『地方自治』平成17年5月）など。

サービス・インフォメーション
―― 通話無料 ――
●商品内容に関するご照会　　　　　：TEL 0120(203)694
　　　　　　　　　　　　　　　　　　FAX 0120(302)640
●住所変更・支払いに関するご照会　：TEL 0120(203)695
　　　　　　　　　　　　　　　　　　FAX 0120(202)973
●商品申込み・追加差替え・落丁・　：TEL 0120(203)696
　乱丁に関するご照会　　　　　　　　FAX 0120(202)974

●お電話の受付時間は、土・日・祝日を除く
　8：30～18：30です。
●24時間受付のFAXをご利用下さい。

フランスの選挙
―その制度的特色と動態の分析―

平成19年3月31日　初版発行
著　　者　山　下　　　茂
発　行　者　田　中　英　雄
発　行　所　第一法規株式会社
　　　　　〒107-8560　東京都港区南青山2-11-17
　　　　　TEL　03（3404）2251（大代表）
　　　　　ホームページ　http://www.daiichihoki.co.jp/

フランス選挙　ISBN978-4-474-02285-0　C3031　(5)

この書籍は再成紙を使用しています。